大展好書 好書大展

大展好書　好書大展

心靈雅集
47

佛教生活風情

洪丕謨　姜玉珍／著

大展出版社有限公司
DAH-JAAN PUBLISHING CO., LTD.

前　言

作為一個佛教居士，我皈依龍華寺方丈，現任中國佛教協會副會長的明暘大和尚至今已有多年。在幾年來的居士生涯中，我欣喜地看到，作為學術文化研究，全國各地出版社出版的佛學書刊好比雨後春筍，呈現出一派欣欣向榮的繁榮景象，受到佛教界和佛教研究者的一致好評。

在我的案頭，僅隨手可得的就有中華書局的《中國佛教典籍選刊》，中國社會科學出版社的《中國佛教史》，中國大百科全書出版社的《佛教名相通釋》，中國文史出版社的《名僧錄》，人民出版社的《佛教哲學》，上海人民出版社的《中國佛性論》、《中國佛教與傳統文化》，四川教育出版社的《中國佛教教育》等近百餘種之多，聽說近來好多家出版社有出版佛教總滙《中華大藏經》的打算，一個佛學研究鮮花簇簇，碩果纍纍的局面已經形成。

儘管出版界溫風習習，佛教的文學之花、史學之花、哲學之花競相開放，可是，在當今旅遊業興起，民俗生活成為人們議論熱點之際，而有關出家人生活風情的著述，卻告門庭冷落、車馬稀少，成為一個缺門。筆者有鑒於此，不辭孤陋寡聞，把平時接觸到的，以及古今雜著所披閱到的有關出家人生活風情的涓涓細流，分門別類，撰成《佛教生活風情》一書，以解讀者之渴。

有關僧尼的佛教風情到底是怎麽回事？這是一個強烈激發讀者興趣的課題。多少年來，人們對於僧尼生活好比隔霧看花，隱隱約約有所窺見，但又並不十分真切，這就更加添上了幾分神秘色彩。在這本解開僧尼生活之謎的著作中，筆者把全書編排切割成上篇、中篇、下篇三個大塊，從而把僧尼生活風情的各個側面，饒有興味地展示奉獻到讀者面前：

上篇《佛教宇宙觀、人生觀及其他》，這是前奏，因為佛陀為僧尼生活規定的一切準則，都是圍著教義打轉，和教義密不可分的，再則，如果不能取得僧尼資格，成為僧尼團體中的一員，那也還是談不上僧尼生活的。

中篇《佛教生活風情和習俗》，這是全書的主體，內容從寺廟組織人事、佛事功課、坐禪參禪、衣食住行、經濟文化、到羯磨懺悔、臨終喪事，以至於佛教節日、在家佛教徒的修持等等，把探索的觸角盡可能地涉及到僧尼生活習俗的各個角落。

下篇《僧尼生活天地》，這也是僧尼生活密不可分的一個組成部分，因為每個人都生活在一定的天地裡面，也就是環境裡面。一個人不能脫離環境而生活，這是顯而易見的。僧尼生活的天地，主要是在寺廟裡面，因此在這一篇中，少不了對天下主要寺廟，廟裡衆多佛像，以及殿堂陳設、佛教經典等情況，作一個既原則，又條分縷析的環顧。

從全書的大框架中可以看出，向你打開的拙著《佛教生活風情》，不只是一幅有關僧尼生活知識性、趣味性的風情畫卷，同時還是一本有利於促進國內外廣大遊客興致的切切實實的旅遊導遊書。「天下名山僧占多」，要遊覽天下名山大川，自然少不了要和寺廟打交道，而當你踏進寺廟之時，又怎能燒香趕出和尚，不對苦行僧尼生出一番敬意呢？

說到對僧尼的敬意，不僅體現在憲法規定的對宗教信仰自由的尊重上，並且同時還體現在對他們擺脫成爲物質生活奴隸的精神自由，以及對於一切衆生的絕對的真愛上。棲霞山高僧茗山法師《評〈中國文化所受印度佛教之影響〉》一文提到，出家僧尼在佛教主義中得到的啟示是：

①教我們知道有絕對的自由——脫離一切遺傳習慣及時代思潮所束縛的性靈自由，不為物質生活奴隸的精神自由；總括一句，不是對他人的壓制束縛而得解放的自由，乃是自己解放自己：「得大解脫」、「得大自在」、「得大無畏」的絕對自由。

②教我們知道有絕對的真愛——對於一切衆生（包括人類及動物）不妒不恚不厭不憎的純愛，對愚人惡人或迷痴者生憐憫同情的摯愛，運同體大悲無緣大慈的大愛，體認出衆生和我不可分離：「慈悲喜捨」、「怨親平等」、「物我一如」的絕對真愛。

過去，人們一直片面認為佛教是出世的、消極的，而儒家才是入世的、積極的，這實在是對佛教的一種莫大誤解。我師明暘大和尚指出，中國大乘佛教是入世的、積極的。這種積極的入世精神，不僅表現為愛國愛教、利益人群，和社會精神文明協調，同時還表現為促進國際友好往來，維護世界和平方面。在宗教與社會精神文明相協調的問題上，明暘大法師認為，佛教有「莊嚴國土，利樂有情」的教義，「一切資生事業（即工農商等業）皆是佛道」的教育，以及「一日不作，一日不食」農禪並重的優良傳統。這些教義和傳統在佛教徒中發揚，對於佛教徒參加四化建設，造福社會的實踐，特別是農林生產，起到了積極的促進作用。又如就文化建設來說，宗教和文化有著密切的關係。

佛教對中國文化曾產生過很大影響和作用，留下了極其珍貴的文化遺產。人類文化的發展是一個連續不斷的過程，傳統文化和現代文化不可能完全割斷。宗教文化是傳統文化的重要組成部分。發掘整理和研究宗教文化遺產，汲取其中一些有價值的精華，無疑可以豐富社會文化。就倫理道德來說，佛教的「衆生平等」觀念，「利和同均」的主張，「諸惡莫作，衆善奉行」的教義，不殺生、不偸盜、不邪淫、不妄語的戒條，多含有一般社會道德規範。宗教徒同樣應遵守國家法律和社會公德，但宗教倫理道德觀念的合理成份，對於信教群衆守紀律、講道德能起輔助作用。

在國際友好往來方面，明暘大法師說，大乘佛教的入世精神，佛教文化的國際交流，曾經是我國和亞洲、美洲各國文化交流的重要媒介，通過交流，這些國家的人民之間建立了深厚的友誼。歷史上中國和亞洲許多國家的高僧，往來於海上或陸上的「絲綢之路」傳播友誼種子，我國歷代名僧如法顯、玄奘、義淨、鑒真等大師所進行的國際交流，為我們樹立了光輝的典範。近年來中國佛教協會繼承和發揚這一光輝傳統，先後派出代表團訪問緬甸、尼泊爾、印度、柬埔寨、越南、日本、斯里蘭卡、美國等許多國家。我國的佛牙運到緬甸、斯里蘭卡等國供人們瞻仰。中國佛教協會和亞洲各國佛教徒一起紀念釋迦牟尼涅槃二五〇〇週年，和日本各團體共同紀念鑒真逝世一二〇〇週年、玄奘逝世一三〇〇週年。這一系列的活動，進一步加強了亞洲各國人民的傳統友誼和保衛世界和平的願望，這都是佛教徒在人民外交方面所作的一些貢獻。

江澤民「總書記」在上海期間，曾經參觀過龍華古寺，並留下墨寶——「發大乘心，保衛和平」，所謂發大乘心，就是發揚慈悲精神，「先天下之憂而憂，後天下之樂而樂」，以利益他人為己任，幫助人們擺脫煩惱的糾纏，步入幸福的生活，從而達到人與人之間和睦相處，國與國之間友好往來。倘若人與人之間都能和平共處，那麽人類就不會發生戰爭。

佛教一貫主張避免戰爭、保衛和平，甚至不惜以生命為代價來實現。佛陀時代，釋迦族的迦毗羅衛國受到舍衛國琉璃王的入侵。按當時迦毗羅衛國的力量是可以打敗琉璃王的，但迦毗羅衛國的統治者摩訶男是虔誠的佛教徒，不願見到流血犧牲，於是摩訶男便向琉璃王請求以自己的生命來換取整個釋迦族的生存權，琉璃王答應讓他潛到水底去，在他未出水之前任由釋迦族人撤離，但是眼看釋迦族人都走光了，摩訶男還沒出水，他便派人下水察看，卻見摩訶男把頭髮緊緊繫在水底的樹根上，早已死了。摩訶男的這種犧牲自己而去拯救族人的精神終於感化了琉璃王，使他停止了血腥屠殺，保衛了和平。

但是佛教也不主張濫用慈悲，似乎更傾向於辯證地運用慈悲。對於那些十惡不赦的人，佛弟子寧願自己違犯殺戒也要保證對大多數人的慈悲。唐代安祿山造反，國庫財政貧乏，神會大師不僅出來幫助募捐，而且用「香水錢」救濟軍需，幫助郭子儀最終平定了「安史之亂」，從而維護了整個社會的安定。

由此可見，大乘佛教在我國經過長期發展改造，已變得越來越世俗化和社會化。不過，從憎尼生活的道德行為準則說，他們還是有他們自己始終堅持的根本訓條的，就是：①莊嚴國土，利樂有情，②諸惡莫作，衆善奉行，③一日不作，一日不食，④自利利他，自覺覺他。在這些信條規定的道德行為準則下，佛教徒平時所作所為和傳統儒家道德規範，以及社會理想化的道德規範，或多或少地有著一致或相通的地方。所有這些，對於豐富我國人民千百年保持下來的優良傳統習俗，無疑有著一定的積極促進意義。

這裡蕩開一筆，一九八八年十一月三日晚，揚名海內外的電影導演謝晉和曾被逼作林立果「妃子」的張寧在上海老半齋飯店進餐對話。張寧說：「我兒子死後，我去好多廟裡拜過菩薩，祈求菩薩能幫助我查清死因。有位高僧對我說，我與佛有緣，勸我皈依佛門。我確實真心想去當尼姑。」謝晉聞言既譬解，又開導地說：「你實在覺得自己的生活太煩心了，想換一個環境也可以。真想出家當尼姑也可以。去幾年，脫離塵世，安寧幾年，好好總結自己的上半生，寫回憶錄、自傳都可以，變痛苦為財富。去幾年後想還俗，再回到塵世來，一切按自己的意願去辦。」張寧聽後高興得兩手一拍道：「謝導演是第一個支持我的人，使我茅塞頓開。」

過了一月，十二月三日中午，在上影廠新辦公樓七樓的辦公室裏，張寧再次懇切地對謝晉說：「謝導演，我是很崇拜你的。我見過不少軍政界的上層人物，我對他們已無神祕可言。而對你，我一直十分崇敬，我希望能夠得到你的啟迪。」謝晉回答：「你遭受了一切磨難之後，又失去了心愛的兒子。你感到最後的失望、最後的歡樂、最後的安慰也隨之失去了。你感到一切都空了，是嗎？但我認為，空也是財富。」又說：「你聽說過曹雪芹的事嗎？他大家庭敗落後也感到一切都空了，叫他到宮廷作事他也不去，寧可在郊外喝稀粥，卻寫出了一部舉世聞名的《紅樓夢》。所以說，空也是財富，因為空後，就會顯得格外的冷靜，格外的沒有雜念，反而能讓人好好地思索一些問題。」張寧聽完謝晉高論，感激地說：「我記著你的這句話——空也是財富。」（《東方潮》一九八九年第二期）

撰畢全書，瀹茗小息，禁不住思潮起伏，浮想聯翩：著書不易，而要使所著的書有益讀者，受到讀者的歡近自然更屬不易。在此，筆者誠惶誠恐，頓首頓首，希望所有屈尊「拜讀」拙著的尊敬的讀者，提出你們的寶貴意見，因為只有讀者，才是鑒定作品成敗的真正的審判官。

洪丕謨記於滬西百尺樓，時值一九九二年四月八日

目錄

下篇 僧尼生活天地

附篇

上篇　佛教宇宙觀、人生觀及其他

佛教的宇宙觀

千百年來，佛教在世界各國，尤其在東南亞盛行不衰，在中國國土上，從儒、釋、道三教並肩起坐到當今佛教一枝獨秀，其不可忽視的原因在於佛教獨特的宇宙觀和人生觀的別具異彩。

佛教與其他宗教不同的是，它不僅是一種宗教，而且它的教義還是一種哲學。佛教哲學認為，宇宙萬物的一切運動變化，都是因果相續的結果。由此佛教哲學又認為，茫茫宇宙「無作者義」，也就是說沒有造物主或其他什麼神在主宰世間一切。同時，也正是在這種因果思想的支配下，又演化出「諸行無常」、「諸法無我」等觀點來。

為什麼說宇宙萬物的一切運動變化，都是因果相續的結果呢？這就牽涉到「諸法由因緣而起」的緣起論了。

所謂「因緣」，即是就宇宙間一切事物或一切現象的生起、變化，都互相為因，互相為緣。事物與事物之間、現象和現象之間如果一旦失去這種互相為因，互相為緣的聯繫，整個宇宙就會變得死氣沈沈，什麼變化運動都沒有了。對於緣起的這種解釋，《中阿含經》卷四十七下了這樣的定義：

此有彼則有，此無則彼無，

此生則彼生，此滅則彼滅。

舉個例說，世界上因為有了燃料，就有了火；有了火，就生出了熱。假如一旦沒了燃料，就沒有了火；沒有了火，就沒有了熱。為此，興建於遼代的北京西山佛牙舍利塔磚上刻有《法身舍利偈》一首道：

諸法因緣生，緣謝法還滅。

吾師大沙門，常作如是說。

什麽叫「法身」呢？所謂「法身」就是佛的真身。《大乘義章》十八說：「言法身者，解有兩義：㈠顯法本性以成其身，名為法身；㈡以一切諸功德法而成身，故名為法身。」原來佛在世時曾說過，「見緣起即見法，見法即見佛」，因此佛教徒如要看到佛的法身和真正明了佛法，就非懂得緣起理論不可。因為只有懂得緣起的理論，才能徹底地懂得佛教的宇宙觀，而佛教的這種宇宙觀，說明了宇宙萬物的一切運動變化，莫不都由緣生而生，緣起而起，也莫不都由緣滅而滅，緣寂而寂。宇宙間真正的造物主是不存在的。

說到「諸行無常」，這也是佛教宇宙觀的一個重要方面。所謂「行」，就是流遷變動，永無休止的意思。佛陀認為，宇宙萬物一切運動變化，都是此有彼有，此生彼生，此無彼無，此滅彼滅的因果作用，而這些由因果促成的運動變化，又都是彼此相續，剎那生滅，流遷變動，永無窮盡的。

為了闡明「諸行無常」的宇宙哲理，佛教對世界上一切物質的生成消滅，概括成為「成、住、壞、空」四個字。「成」是生成，這是由因緣作用而產生的現象；「住」是生成後的暫時存在，並產生作用的現象；「壞」是說存在著的物質和生命，在經歷了一段存在和產生作用階段後必然導致的變異現象；「空」是從無到有的物質現象，在經歷了「住」和「壞」的歷程後，復歸於本來的無。把物質世界的「成、住、壞、空」引進生命現象，佛經稱之為「生、住、異、滅」，而這種「生、住、異、滅」表現在人生過程中，又大致相當於生、老、病、死。任何人生出來都要老，都要病，既老且病，那麼死也就難免了。

由此可見，宇宙間的一切存在，不管是物質的，還是生命的，都沒有什麼永恆可言，因為就因果相續的教義來說，從大的方面看，物質有成、住、壞、空，生命有生、住、異、滅、從微的方面看，彈指間就有六十個剎那，其剎那生滅的流遷無常，便就自然不難理解了。

說到流遷無常，方立天的《中國佛教與傳統文化》這樣評價道：

「佛教認為，包括人類在內的世間一切事物都是一種流，一切事物都只在永恆的流動中存在，猶如水流和火焰處於瞬息即變的過程之中一樣。這無疑是一種卓越的辯證觀念，是佛教理論上的最有意義的貢獻。」

關於「諸行無我」，這裡的「我」，不僅可以解釋為生命的自我，並且還廣泛地解釋為具有自我主宰功能的恆常不變的實體。所謂「無我」，就是說世界上的一切存在，都沒有獨立不變的實體和主宰。既然佛教「無我」觀認為世界上的一切存在，都沒有獨立不變的實體和主宰，那麼世界上沒有造物主的看法，也就很顯然地被囊括了進去。

照此說來，佛教的宇宙觀不就成了無神論的宇宙觀？既然如此，為什麼各地的寺院裡，還要供奉這麼許多大大小小的佛像呢？這主要是因為，出身於古印度剎帝利種性的佛，雖然一方面反對當時的婆羅門種姓主義的教義學說，另一方面也在宣揚衆生平等教義的同時，又有所選擇地引進了一些婆羅門教的神祇到佛教中來，以作為一種護法之神。

後來佛陀逝世，由於他創立佛教的豐功偉績和在教徒中的崇高威望，因此自然受到人們的頂禮供養。這樣曠日持久，也就被神化了。但是我們應當透過這種表面現象，切切實實地看到：根據佛教的原始教義，佛既不是造物主，也不是宇宙的主宰，因此佛不能主宰人間吉凶，不能賜福予人，應屬顯而易見。只是由於佛陀慈悲為懷，普渡衆生的說教，才使得後世好大一部份人，把他看成了救世主。其實，佛所教導和交給人們的精華，正是一種自我參悟，自己解放自己的思想方法。苦海無邊，回頭是岸，作為社會的一員，千萬不要讓遮蔽個人眼目私欲的因，釀出害人害已的果。如果把這原理廣為弘揚，心即是佛，佛即是心，那麼非但「自覺覺他」，並且還可進而「自度度他」而成菩薩。

由「諸法由因緣而起」、「諸行無我」生發，佛教宇宙觀中還有一種所謂「色空」的說法。《般若波羅蜜多心經》說：「色即是空，空即是色，色不異空，空不異色。」這裡的「色」，不少人都對它產生了誤解，認為就是「女色」的色，其實大謬不然。在佛教中，「色」是梵文Rūpa的意譯，解作有形質的使人感觸得到的東西，也就是物質世界的意思。緣起論認為，宇宙間一切有形物質「色」，無不都是因緣和合而成的假象。這種假象，根本沒有恆常不變的自我在主宰著，所以歸根到底，離不開一個「空」字。說到空，這裡必須說明，佛教中的「空」，既不指物質本身以外的「色」外之空，也不指物體滅沒以後的「色」後之空，而是「當體即空」，「色即是空」。當年禪宗五祖弘忍選擇接班人時，上座神秀曾作偈道：

身是菩提樹，心如明鏡台，
時時勤拂拭，莫使有塵埃。

當時正在碓房裡做著苦力的慧能，聽到人家念給他聽的這首偈後，也作偈一首，讓人寫下道：

菩提本無樹，明鏡亦非台，

本來無一物，何處惹塵埃。

由於神秀的偈在無意中肯定了物質世界和心的存在，而慧能一偈，則從根本上否定了物質世界和心的存在，深合「色即是空」，「當體即空」的旨趣，所以兩偈比較起來，慧能的佛性顯然要比神秀高出一籌，所以結果弘忍拋開神秀，選取慧能做了自已的接班人。

在浩瀚的佛教哲學中，對於世界宇宙的認識除「諸法由因緣而起」，「諸法無常」，「諸行無我」等理論外，還有所謂「三千大千世界」，簡稱為「大千世界」的說教。

古印度傳說以須彌山為中心，把同一日月照臨下的四大部洲稱為小世界，一千個小世界加在一起稱為小千世界；一千個小千世界加在一起稱為中千世界，一千個中千世界加在一起稱為大千世界。佛經以三千大千世界作為一個佛土。用現代天文學的話解釋，三千大千世界相當於宇宙中的一座星雲，在這座星雲中，千的三次方（1000^3）是太陽系，相當於一個小世界，一千個太陽系相當於一個小千世界，一千個小千世界滙成為一個中千世界，一千個中千世界滙成為一個大千世界。《阿彌陀經》介紹西方極樂世界說：「從是過西方十萬億佛土，有世界名曰極樂。」這就是說，極樂世界和地球相隔有十萬億座星雲之遙。從前天文學家曾經有人假定宇宙是有窮盡的，可是這個假定終於被高度天文望遠鏡中越來越多的新發現所否定。從此，宇宙廣謨無窮，成為佛教和天文學家的共識。

佛教的人生觀

佛書《紅樓夢》第十八回寫元春省親，賈薔呈上戲目，並十二個女戲子的花名册子。一會兒後，元春點了《豪宴》、《乞巧》、《仙緣》、《離魂》等四齣戲。戲文剛演完，一個太監托著一金盤糕點之類進來，問：「誰是齡官？」賈薔知是賞賜齡官之物，連忙接了，命齡官叩頭。太監又道：「貴妃有諭說：『齡官極好，再做兩齣戲，不拘那兩齣就是了。』」賈薔忙答應了，因命齡官做《游園》、《驚夢》兩齣。齡官認為這兩齣戲不是本角之戲，執意不從，定要做《相約》、《相罵》兩齣。賈薔扭不過她，只得依她做了。元妃心裡高興說：「不要難為了這女孩子，好生教習。」額外賞了兩匹官綢，兩個荷包，並金銀錁子之類。然後撤筵，將到未到之處，又玩了一番。忽見山環佛寺，忙盥手進去焚香拜佛，又題一匾為：「苦海慈航」。又額外加恩與一班幽尼女道。

元春省親是全書最為熱鬧繁華的一段文字，文末曹雪芹以「苦海慈航」四字收結，實為寓意深遠的畫龍點睛之筆，難怪庚辰本脂研齋在邊上，批下了這幾句話：「寓通部人事，一篇熱文卻如此冷收。」

脂研齋批語的弦外之音是說，熱鬧是暫時的，苦海無邊卻是人生的真諦，所以這裡曹雪芹要拈出佛門慈航普渡的宗旨，提醒人們要熱處思冷，方才得渡苦海。

原來在「色空」宇宙觀指導下，由於「四大皆空」成了佛教人生觀中一個不可迴避的課題，所以脂研齋才在批語中出此冷雋之筆。

一切還得從頭說起。

在佛教經籍中，雖有「色即是空，空即是色」的說法，但是對於這暫時由因緣和合而湊集起來的有形的「色」，又離不開地、水、風、火四種元素，也就是「四大種」的結集。「四大種」的秉性是，地性堅硬，水性潮濕，火性溫暖，風性流動。如果世界上缺少了這四大，那就什麼有形物質的「形」都構不成了。比如一個陶罐，陶罐是「色」。它的前身由泥製坯，這泥又不能太乾，要有一定的濕性，陶坏製成以後，還要放進窖裡燒製，受火鍛煉，受風吹拂，然後才能製成陶罐。這裡，陶罐的製成，離不開地、水、風、火四大，不正道理顯然嗎？然而這種由四大湊成的物質的形，在緣起論和剎那生滅的視角下，卻又成了一種當體即空，或暫時存在，終歸消亡的假象。由此及彼，豈不「四大皆空」？不僅世界上的一切物質，都由四大組成，大至月日星辰，小至日用萬物，並且佛教還同時認為，就連我們人的身體，以及其他一切生物，也無不都由四大組成。《四十二章經》二十說：「佛言，當念身中四大，各自有名，都無我者。」比如就人身而言，就有地為骨肉，水為血液，火為體溫，風為呼吸的說法。很顯然，佛教教義表現在這裡的，實際上是借用四大中堅、溫、暖、動的四種屬性，可是，也正因為佛教認為，由於四大的和合積聚，才形成了這身體。所以，如果再從佛教緣起角度分析，這種四大的和合積聚，又只不過是暫時的湊合，因為緣散則離，其性非有，本屬一個虛假的幻象。因為有著這種認識，故而對於人類的生命現象，就總是在宏觀上用「四大皆空」，或「諸法無我」，去否定人身實質的暫時存在了。

佛教的人生觀，涉及面廣，博大精深，除了「四大皆空」，還有「五蘊皆空」、「眾生平等」、「有漏皆苦」，「普渡眾生」，「諸惡莫作，眾善奉行」，以及「逆來忍受，與世無爭」等等。

先說「五蘊皆空」。所謂「蘊」，就是積聚的意思。因為佛教認為，人身並沒有一個自我的實體，只是由色、受、想、行、識等五種東西臨時堆積湊合而成，所以叫做「五蘊」。色蘊是組成身體的物質堆積，包括眼、耳、鼻、舌、身五根（人體的五種感覺器官），以及五根的感覺對象色、聲、香、味、觸五境。受蘊是人體對物質生活感受所反映出來的一種苦或樂，或者不苦不樂的精神接受。想蘊是外界事物變化在頭腦中所起的意象作用，或者說是對事物印象所引起的種種想像。行蘊是指一個人的意志等思維活動，因為這種思維活動足以推動人的行動，所以叫做行蘊。識蘊是識別，區別不同對象，並予以判斷、推理的能力。以上色、受、想、行、識「五蘊」，看去雖然有物質，有感知，有感受，有想像，有思維，有行動，有識別等等，其實只不過是一種由因緣暫時湊合所現出的幻象罷了，所以《般若波羅蜜多心經》一開頭就說：「觀自在菩薩，行深般若波羅蜜多時，照見五蘊皆空。」

「衆生平等」。在佛教的人生觀中，衆生不僅指社會上的芸芸衆生，並且還包括天、人、阿修羅、地獄、餓鬼、畜生等輪廻著的六道。佛教認為，只要是有感情，有意識的生物，都是涉入平等的，所以他們都有成佛的可能。為此，佛教主張不殺生，因為對於現世來說，除了人、阿修羅、地獄、餓鬼外，豬、馬、牛、羊、雞、鴨、魚、鱉等水陸衆生是日常生活最易接觸到的。比如說，做豬玀的雖因前世作孽，今世墮入畜生道，但它同樣具有佛性，也能成佛，因此我們就不能加害於它，把它殺死為我所吃，這就是衆生平等的一個具體體現。《酌泉錄》說，新安鄉有張屠夫，一天到豬圈綁豬宰殺，其中一豬，忽然變成人面，並且很像他死去的父親。張屠戶見此情狀，趕快把他妻子叫來。妻子定睛一看，果然是他公公。不久那豬變回原形死了，傷心之中，張屠夫買了棺材殮豬入葬，從此改業非但不再殺豬，並且連豬肉也不再沾口了。

故事雖屬無稽，可是佛教勸人戒殺的良苦用心，於此盎然可見。對於佛教所提倡衆生平等，施之於社會上人與人之間，沒有高低貴賤之分，有著很大的積極意義。至於對畜生的衆生平等，那就要一分為二了：一是保護珍稀動物，包括不虐殺可愛的小生命，至今世界各先進國家都已這樣做了；二是對那些蚊、蠅、老鼠之類的害人蟲，如果一昧的因戒殺而不予消滅，那就反而成為一種對人類的殘忍了。事實上，佛教徒對那些殘害百姓的壞人和自然界的種種害人蟲，還是允許開殺戒的，只不過要看具體情況而已。

「有漏皆苦」。「漏」是煩惱的意思。世界上的衆生，因為不懂得因果緣起，無常無我的道理，所以常為一點兒小事患得患失，痛苦不堪。當時佛陀在鹿野苑初轉法輪，為他的弟子講了苦、集、滅、道「四諦」。苦諦是說世間三苦、八苦等種種苦，集諦是苦的聚集，滅諦是苦的消滅，道諦是說消滅苦的方法，總的核心是圍著「苦」字打轉。

苦諦中的「三苦」是苦苦、壞苦、行苦。《法華經信解品》說：「以三苦故，於生死中，受諸熱惱。」①苦苦，獅子峰禪師說：「只這色身，誰信身為苦本？縱貪世樂，不知樂是苦因。」可見人的色身，原是苦的根本，因為人要生活，有慾望，為了滿足生活上的種種慾望，就無法避免種種苦的逼迫。即使當你進入樂境以後，這樂境竟還是苦的種子。由苦事之成而生苦惱，就是苦苦。②壞苦。從緣起論的眼光看問題，世界上的任何物質和生命，都逃脫不了有成必有壞，有生必有死的鐵的規律。人因為有識，而識賴以寄居的色身，又無情地受著生、老、病、死規律的約束，終歸於死，所以也是一苦。由樂事的消逝而生苦惱，就是壞苦。③行苦。「行」是人的第七識，佛教認為，人在世界上看到行陰遷流，剎那剎那，生滅生滅，不免感慨叢生，墮入苦境。由一切法的遷流無常而生苦惱，就是行苦。

八苦是佛家對苦的一種說法。①生苦，②老苦，③病苦，④死苦，⑤愛別離（與所愛的人別離）苦，⑥怨憎會（與怨憎的人碰在一起）苦，⑦求不得苦，⑧五陰熾盛（色、受、想、行、識五陰煩惱之火焚燒）苦。古代高僧大德有《八苦詩》說：

生　苦

業風吹識入胞胎，獄户深藏實可衰。
每遇饑虛倒懸下，頻驚粗食壓山來。
聲聞到此心猶昧，菩薩於中慧未開。
誓割愛緣生極樂，華中產取玉嬰孩。

老　苦

萬事輪人已退藏，形骸自愧小康莊。
朱顏一去杳無跡，華發新來漸有霜。
流淚暗思童稚樂，見人空話壯年強。

寧知淨土春長在，不使身心晝夜忙。

病苦

四大因時偶暫乖，此身於計可安排。
殘燈留影不成夢，夜雨滴愁空滿街。
自昔歡娛何處去？只今痛苦有誰懷！
豈知極樂清虛體，自在遊行白玉階。

死苦

識神將盡忽無常，四大分離難主張。
脫殼生龜真痛絕，落湯螃蟹漫憧惶。
其心獄户為囚侶，束手幽關事鬼王。
何似花開親見佛，無生無滅壽難量。

愛別離苦

生離死別最堪傷，每話令人欲斷腸。
虞氏帳中辭項羽，明妃馬上謝君王。
淚深紅海猶嫌淺，恨遠乾坤未是長。
諸上善人俱會處，願教曠劫莫分張。

怨憎會苦

苦事人情皆欲逃，誰知夙業自相招。
有錢難買閻翁赦，無計能求獄卒饒。
兵敗張巡思作鬼，身亡蕭氏願為貓。
何時得預蓮池會，積劫冤仇好共消。

求不得苦

窮達由來有夙因，轉生希望轉因循。
揚帆屢見沈舟客，挂榜偏傷落第人。
畢世耕耘難果腹，頻年紡織尚懸鶉。
樂邦衣食天然好，不用區區更苦辛。

五陰熾盛苦

逼迫身心苦事多，哀事無地可號呼。
肝腸斷處情難斷，血淚枯時恨未枯。
臨海廿年持使節，過關一夜白頭顱。
何當淨土修禪觀，寂照同時離有無。

三苦、八苦之外，還有六根本煩惱，這種煩惱，當然也是一種苦的體現。六根本煩惱是：①貪。無窮無盡的貪慾。②嗔。情緒上的嗔恨。③痴。不懂得世間無常無我之理，痴迷不醒。④慢。自以為是，架勢傲慢。⑤疑。對事物猶豫疑惑，陷入迷茫。⑥惡見。旁門邪道的不正之見。

六根本煩惱中的前三種貪、嗔、痴，佛典稱為「三毒」。由六根本煩惱而造出身業、口業、意業等種種業來。身業是行為，口業是語言，意業是思想。三業互相交織，和煩惱一起引生未來或為天人，或為人，或為阿修羅三善道身心，或為地獄、或為餓鬼、或為畜生三惡道身心，於是接著又起煩惱，又造業，又生身心，這樣生生死死，輪迴在三善道、三惡道的六道之中，永遠也得不到休歇。解脫的辦法，佛的見解最好是證得涅槃。

說到六道輪迴，這是一種和三界學說連在一起的佛學理論。佛教把世俗的娑婆世界劃分為慾界、色界和無色界「三界」。在六道輪迴中，一切有情衆生都在三界中浮沈輪迴，除非當你證得涅槃境界，成就佛道而往生西方淨土，才能永遠脫離這種輪迴之苦。

三界中慾界是具有飲食男女之欲的有形世界，地處最低；色界是脫離飲食男女之慾的有形世界，地處中間；無色界是沒有形色的心識世界，地處最高。

一切衆生都在六道中輪迴，積善的下一世輪迴可以升入三善道，積惡的下一世輪迴當然沈入三惡道。三界道中只有天道，可以廣泛的和慾界、色界、無色界聯而形成慾界天道、色界天道、無色界天道，而其它五道則統統屬於慾界。這就是說，一個人只有當積大善而從六道輪迴中進入天道時，才能脫離慾界而上遊色界、無色界，否則就只能按照各人自造的善業惡業，在屬於慾界的其他五道中升沈輪迴。

佛寺所塑各菩薩和慾界的天道有著廣泛的聯繫。慾界的天道又可分為六重，稱「六慾天」

。六慾天從下而上，第一重在須彌山半山腰的是「四天王天」，第二重在須彌山頂上的是「忉（dāo）利天」，又稱「三十三天」，第三重在空中的是「夜摩天」，第四重在生喜足之心的「兜率天」，第五重是自樂變化的「樂變化天」，第六重是使他自在變化的「他化自在天」。和持國、廣目、增長、多聞四大天王有關的是四天王天，和地藏王菩薩有關的是忉利天，和釋迦牟尼佛、彌勒佛有關的是兜率天。

佛家創三界、六道的用意，在於勸人趨善離惡。一個人活在世上，要盡可能地為社會，為人民多做好事，嚴於律己，不做壞事。如果偶有不慎，做了不該做而觸犯戒律的事，則馬上進行懺悔，藉以消除罪障，升華精神。

由於六道輪迴，有漏皆苦，所以在熱鬧中著一冷眼，佛門「普渡衆生」便就成了大乘佛教人生觀中一個最為根本核心。佛教產生的初衷，原是為了救人苦難，離苦得樂。一九八五年夏，筆者歸依明暘大和尚時，就曾受到大和尚「四大宏誓」的教誨：

衆生無邊誓願度，煩惱無盡誓願斷，

法門無量誓願學，佛道無上誓願成。

佛教典籍中常有大慈大悲，慈航普渡的說法。所謂大慈，就是以最大的愛護心給衆生以安樂，所謂大悲，就是以最大的憐憫心拔除衆生的痛苦。《大智度論》二十七說：「大慈與一切衆生樂，大悲拔一切衆生苦。」又由於佛教視人生生、老、病、死、怨憎會、愛別離、求不得、五盛陰的「苦諦」為無盡的苦海，佛菩薩為了以大慈大悲救度衆生，所以就非慈航普渡不可。《般若波羅蜜多心經》說：「度一切苦厄。」指的也是普渡衆生。為了普渡衆生和度盡人間一切苦厄，大乘佛教一貫主張自度度他和自覺覺他。自度度他是要把自己和一切衆生一齊從苦惱中救度出來，而得到永久安樂；自覺覺他，是要把自己和一切衆生一齊從愚痴中解脫出來，而得到徹底安樂。「如一衆生未成佛，終不於此取泥洹」，大乘佛教的人生觀，無疑是偉大的。

與普渡衆生相關聯的是「諸惡莫作，衆善奉行」。為了保證「諸惡莫作」，佛教的先行者們曾為他們的後世信徒，制定了種種清規戒律。比如不殺、不盜、不淫、不妄語、不惡口、不挑撥離間等等，此外還主張不蓄或少蓄私財，提倡「一日不作，一日不食」等等。

對於一個大乘佛教徒來說，「諸惡莫作」僅僅是最基本的，為了和天下衆生同登彼岸，還必須發揚「衆善奉行」的善薩行人生觀。菩薩是梵文菩提薩埵Bodhisattva的簡稱。菩提是覺悟，薩埵是有情。福慧雙修，覺悟人類和世間一切有情的生物，使之離苦得樂，增福添慧，是菩薩行人生觀最重要的體現。為此，佛教中四攝、五明、六度自然就成了菩薩行者的必修內容。四攝是：①布施，②愛語，③利行，④同時。五明是：①聲明，③工巧明，③醫方明，④因明，⑤內明。六度是：①布施，②持戒，③忍辱，④精進，⑤禪定，⑥般若。這些在其他有關篇中，我們還將有所涉及。

為了推行佛教「諸惡莫作，衆善奉行」菩薩行人生觀，天台無際大師曾為佛門弟子開了一個有趣的「治人心藥方」。詩說：

古人留下妙良方，明目清心大補湯。
世人用我諸般法，萬禍千災化吉祥。

「治人心藥方」由十八味藥物組成，這十八味藥物是：

①孝順（十二分） ②陰隲（全用） ③忠直（一塊）
④好心（一片） ⑤信行（半斤） ⑥老實（一個）
⑦仁義（廣用） ⑧本分（十分） ⑨恩惠（隨施）
⑩安分（八兩） ⑪小心（一點） ⑫仔細（十分）
⑬和氣（一團） ⑭溫柔（一段） ⑮戒淫（去心）
⑯戒賭（洗淨） ⑰方便（不拘多少） ⑱忍耐（一百廿個）

全方用心細研為末，加進波羅蜜製成如菩提子一般大小的丸藥，每次服一〇八顆。專治男女老少，不仁不義、不敬天地、褻瀆神明、瞞心昧己、害衆成家等病。假若有人犯有刁唆奸訟、損人利己、妒人親近、妄說是非、逞凶橫行，以及欺貧重富、奸盜邪淫等病症，依方修治，無不應驗。偈曰：

方子由君請，妙法急急尋。
看方不服沒，病從何日輕？

修行者如若照方服用，就能福壽康寧，諸事稱心。歸根到底一句話，就是：「成佛根本，從善而進。」

「逆來忍受，與世無爭」，也是佛教人生觀中的一個方面。對於這種人生觀的說教，明代憨山大師《醒世詩》可謂道盡要妙。其詩：

紅塵白浪兩茫茫，忍耐柔和是妙方。
到處隨緣延歲月，終身安分度時光。
休將自己心田昧，莫把他家過失揚。
謹慎應酬無懊惱，耐煩作事好商量。

從來硬弩弦先斷，每見鋼刀口易傷。
惹禍定從閑口舌，招災多為熱心腸。
是非不必爭人我，好歹何須論短長。
世界本來稱缺陷，此身焉得不無常。
吃些虧處原無害，退妨讓分也不妨。
春日才看楊柳綠，秋風又見菊花黃。
榮華終是三更夢，富貴還同九月霜。
老病死生誰替我？酸鹹苦辣自承當。
人從巧計誇伶俐，天自從容定主張。
諂曲貪嗔真地獄，公平正直即天堂。
翠因毛貴身先死，蠶為絲多命早亡。
一劑養神平胃散，兩鐘和氣二陳湯。
生前枉費心千萬，死後空持手一雙。
悲歡離合朝朝鬧，壽夭窮通日日忙。
休鬦勝也莫爭強，百年渾似戲文場。
頃刻戲房鑼鼓歇，不知何處是家鄉。

綜覽佛教人生觀，因其視角獨特，別具異彩而啟人心智。當代佛學家陳兵先生在《佛教人生觀》一文中指出：「由於佛教對人生觀問題極度重視，全力解決，更由於佛教聖者在古代東方特有的禪觀中觀察宇宙人生，以禪的高度冷靜清澈的心意，及在禪定中被開發的超常智能，從全宇宙的廣大視角和人自性最深潛能的層次上觀照宇宙人生，使他們得以超越人類理性認識的侷限，乃至超越科學的知識框架，直窺宇宙人生的真面，在如實正覺宇宙人生實相的深廣智慧上，建立起圓滿究竟的正覺人生觀。這種正覺人生觀，不僅是佛教徒所必須思索認同，而且對處於人生歧路徘徊中的現代人來說，提供了一種值得矚目的人生觀參照體系，是步入人類文化公園時不可不光顧欣賞的奇異景致。」

幾年前，蘇州靈岩山寺有小比丘在給我的一封信中，談到他的人生觀說：「唐代李商隱《無題》詩『春蠶到死絲方盡，蠟炬成灰淚始乾』這充滿著哲理的詩句，啟迪了我如何對待有限的人生。我覺得，作為一個新時代的佛教徒，應該學好多方面的知識，本著佛陀的教義——莊嚴國土，利樂有情。我總希望每個人都能在淨化中昇華，使自已達到臻善完善的人格。這不但是佛教徒的願望，而且是全人類的共同願望。我們的一生，應該像春蠶吐絲一樣，為振興人類的事業奮鬥到最後一息，能像蠟炬一樣燃燒自已照亮別人，這即是『自利利他』的菩薩精神」。

讀罷來信，我的心情久久不能平靜，想不到在佛門之中，我們祖國的八十年代的青年佛教徒，竟還有著這樣可貴的精神品質。

曾在紹興縣寂靜茅蓬修持的釋××，也在給我的信中談到，有道心的僧人，對待自己的生活是極其嚴格要求的，高僧則更為精嚴了。他認為：「作為一名出家人，第一要有道心。也就是對佛陀遺教深信不疑，明因識果；一切行為要與佛法相契合。第二要有實行，出世法不比世間法，寫之說之能盡，它是非經一番切實修行不可一一心行之事。若不心行，儘管說得天花亂墜，總是替他人說寶，『如人說食』，『煮沙做飯』一般，由所植之因屬有漏。」

為此，他一直這樣提醒自己：「要做個老老實實的人，一步一個腳印地行下去，守住本份，不學當世『洋和尚』，寧可做個苦惱人。」原來，佛教是個空門，把世間的一切都看得很淡很淡，《金剛經》曾有偈道：

一切有為法，如夢幻泡影，

如幻亦如電，應作如是觀。

為此，每當他有什麼苦樂逆順之境來時，總是默默誦起《金剛經》中的這首偈語。平時參禪之外，他還常念『南無阿彌陀佛』。他告訴我：「這就是我的『安心法』，亦即『出世法』。來寂靜茅蓬後，俗典世論很少翻閱，就是佛經也少看得多了。」這裡，出家人的嚴於律己，不正蹻然可見？

近代革命先行者如孫中山、陳獨秀、瞿秋白等，也都一度研究過佛學。孫中山指出：「佛學是哲學之母，研究佛學，可以改正科學之偏。」可見他對佛學評價之高。

瞿秋白甚至認為，如果對於中國文學、史學、哲學，包括魏晉南北朝佛學，宋明理學沒有一個初步的認識，就不能算是一個中國人。在《瞿秋白文集》中，他還說佛教的『菩薩行人生觀，無常社會觀，漸漸指導我一光明的路』；「因研究佛學試解人生問題，而有就菩薩行而為佛教人間化的願心」。瞿秋白所說的佛教人間化，其實早在他提倡以前，就在禪宗人字中有所體現了。六祖《壇經》有云：

佛法在人間，不離世間覺。
離世覓菩提，恰如求兔角。

這種佛教人間化或人間佛教，更為當前中國佛教協會所提倡。「莊嚴國土，利樂有情」，不早就成了今天佛教徒所奉行的一個宗旨了嗎？

僧尼資格的取得和平時的修持

一次，作者陸文採訪四川尼衆佛學院，問起院長隆蓮法師：「因為工作關係，我曾收到一些男女青年來信，他們在個人生活問題上遭到不幸，便想憤然出家，不知你們佛學院的尼衆，有沒有這種情況？」

隆蓮法師回答：「出家的年輕女子中，有沒有你說的這種情況呢？恐怕會有。但是，這種情況很個別。寺廟內清貧、艱苦的生活。她們是不能長期堅持下去的。到這裡來的尼僧，一般都是父母信佛教，自己從小受影響，自願出家的。」

一會兒，下課的鐘聲響了，三個青年比丘尼來到客廳。她們一向陸文合十致意，陸文好奇地向其中一個年齡較大，名叫智德的問道：「您是怎麼出家的？」智德低頭小聲回答：「我母親信佛教，我從小受母親影響，幫著母親抄過佛經。高中畢業後，我在瀕臨東海的浙江省玉環縣雙龍鄉中學教數學時，看了幾本介紹佛教知識的書，便著了迷，感到佛學很值得研究、探討。從此下定決心，進入佛門。一九八三年四月，我終於狠下決心，在杭州靈隱寺附近的紫竹院出家。一九八四年十月十五日，我又來到這裡學習。」

那個穿著褐色僧衣，長得圓圓臉龐，稚氣未脫，年齡才二十三歲的如意，接過智德話頭，也作了自我介紹。她說：「我老家在陝西省扶風縣，住家附近有一座小廟。平時父母到廟裡從事佛事活動，常常帶我一起去。一九八二年七月，我在長安縣平等寺出了家，這次又考入四川尼衆佛學院，心裡感到非常高興。」

陸文問她：「老師教的功課，你最喜歡哪門？」她認真地回答：「英語，還有佛法。」最後說話的姑娘叫正性，四川德陽人。她面龐清瘦，今年也是二十三歲，高考時僅以一分落榜。她說：「我的母親也是一名佛教徒，在她的影響下，我對佛教產生了濃厚的興趣，決心從事這方面的研究工作。一九八三年三月，我在成都愛道堂出了家。」

通過這些對話，我們可以看到，僧尼出家，主要是從小受家庭影響，並且本身熱愛佛教，願為佛教事業奉獻終身才出家的。因為如果不是出於信仰，單單在個人婚姻戀愛，或其他問題上遭到不幸，或逃避刑法，負債纍纍，佛門是不願，也不會接納這種弟子的。

一次，作者凌世學在九華山百歲宮進午餐，看到鄰桌好幾個比丘正圍在桌旁對另一個吃飯比丘吵吵嚷嚷。凌世學端著飯碗前去勸解，一個比丘憤憤不平地說：「他哪是出家人？你瞧他的衣裳，他的頭髮！」另一個比丘也說：「他來過好幾次，要出家，擾得廟裡不得安寧。師父看他蓄著長髮，留著小鬍子，一付痞子相，看不慣，就說：你這麼長的頭髮也不剃剃？他說：沒錢。師父給他一元錢，沒想到他剃光頭又跑上來，賴著要師父收他為徒，不然就賠他的頭髮和小鬍子。我們勸他不要糾纏，他倒說得好，我們都是出家人嘛，怎麼還趕我走？

誰承認他是出家人？」

經過一番勸說了解，那個要出家的青年名叫張××，當時二十五歲，原先是貴池高坦鄉村民。說著，張××還拿出申請證明給凌世學看。凌舉目看時，只見紙上這樣寫道：

申請

九華山佛教協會：

崇高的佛教拯救衆生，淨化靈魂，讓人忘卻塵世紛爭，更使人棄惡從善。寬廣的佛教道路通往極樂世界。

由於我人生觀的轉變，以及客觀所致，加入佛教，出家為僧已成為我鋼鐵之志，若能如願，在地藏王菩薩腳下，在聞名於世的東南第一山修真養性，我將兢兢業業，萬苦不辭。

特此申請，萬望恩准。

致以崇高的敬禮！

申請人：張××

一九八八年七月十三日

底下村委會批字：

該同志係我村村民，至於信仰問題，按法辦事。

原來張××二十歲時，隻身到江北招親。那一家人口多，勞力差，招他為親的目的是為了把他當勞力使用。當張辛辛苦苦地幹了兩年，那家經濟條件漸漸有了好轉時，想不到竟然反臉不認人，一腳把張踢出門外。張××落魄回到家鄉，又戀上一位活潑漂亮的本村姑娘。在當地，年輕小伙子沒有新屋就意味沒有新娘。張××節衣縮食數年，攢錢蓋起了屋子。在蓋屋過程中，張××請來朋友幫忙。那朋友把老婆也帶來幫助燒飯，誰知沒有多久，那個二十七歲的朋友老婆，竟和張××二十三歲的弟弟勾搭上了。事發之後，那朋友當然上門大吵大鬧。張××得知後訓斥弟弟，可是他弟弟非但不聽訓斥，反而一不做二不休地把那女的帶回家裡同居。忍無可忍之下，張××摑了那女的一個耳括子。不想這樣一來，他弟弟不顧手足之情，把瘦弱的哥哥一頓毒打，並且還索性和那姘婦占了他哥哥的新屋。此後，傷透了心的張××才橫下一條心來，決心上九華山出家。

那麼，廟裡為什麼不讓這位生活上的失意者出家呢？這就牽涉到僧尼資格的取得了。

我國古代，僧尼出家不但要得到廟裡同意，並且還要取得政府發給的度牒，才能正式取得做僧尼的資格。朝廷規定，人們出家為僧，必須得到政府的批准，也就是說，度僧（准許出家）的權限歸政府掌握，只有經政府審查合格得度後，才能發給正式承認僧尼資格的證明

——度牒。按理，僧尼出家，本屬僧尼本人和寺廟內部的事，只要寺廟按照本人意願，依律為之就可以了。但事實證明，佛教最興盛的時期，並不是僧尼人數最多的時期。相反，僧尼人數太多的時期，往往還是佛教衰壞的時期。初唐年間，政府為了防止僧尼太多太濫，對志願出家的僧尼，規定了相應的考試制度，考試不合格的，就不能出家成為僧尼。當時玄奘法師出家，就經過嚴格考試和其他種種手續。由於這種做法極大的提高了僧尼的素質，所以初唐以來佛教事業成績斐然。唐玄宗時，僧尼出家受戒的戒壇，都由政府規定處所，並由此府聘請「臨壇大德」，在規定的時日裡披剃傳戒，發給度牒。為了平息安史之亂，當時傳戒發牒的收費，全部充作軍用。唐宣宗大中十年（公元八五六年），敕法師辨章為三教首座，其時朝廷規定，僧尼出家領取度牒，受戒領取戒牒，不管度牒還是戒牒，都由政府發給。未經政府許可私自剃度，難免受到懲罰。

為什麼僧尼出家，寺廟傳戒要收費用呢？這是因為政府發給度牒，出家人原來的身份便變成了僧尼的身份。國家規定，取得正式僧尼身份資格的可以免除賦稅、勞役。所以朝廷向寺廟收取一定傳戒費用，也就順理成章了。

在歷史的發展長河中，當國家經濟困難時，朝廷還常以出賣度牒謀取財利，借以緩和財政危機。趙宋之時，度牒還曾一度作為貨幣使用。清代乾隆年間，朝廷下令棄除度牒，戒牒也改由傳戒寺院發給。這樣一來，僧尼資格的取得就遠比過去方便多了。

眼下，憲法規定人民有信仰宗敎的自由，但宗敎信仰，比如信仰佛敎的人，並不意味著你就是一個比丘或比丘尼了。因為要成為一個真正被有關方面承認的僧尼，還要經過佛敎制度規定的一系列手續。

佛敎規定，凡是發心學佛，自願離家到寺廟裡出家當僧尼的男女，非但年齡要滿二十歲，並且還必須徵得父母的同意，並經戒齡滿十年的僧尼多人介紹，拜一個比丘或比丘尼爲依止師，而這個依止師還要向全寺僧衆說明情由，經取得廟裡僧尼一致同意後，才能定下日期在佛前舉行儀式，更換服裝，削髮受具足戒，然後正式成為僧尼，取得資格。

為什麼取得僧尼資格要定下二十歲這個年齡限制呢？主要還是在於一個能夠自我作主，經得起考驗的問題。一般說來，僧尼受戒有三級，也就是「三壇」之分。三壇中初壇在法堂舉行，傳授十戒。十戒是：①不殺生，②不偷盜，③不邪淫（包括不結婚），④不妄語，⑤不飲酒，⑥不塗飾香鬘，⑦不自作也不視聽歌舞，⑧不坐高廣大床，⑨不非時食，⑩不蓄金銀財寶。

受過初壇「十戒」，男的七歲以上，二十歲以下，叫「沙彌」；女的七歲以上，十八歲以下，稱為「沙彌女」。沙彌女在十八歲到二十歲這兩年裡，還要受「六法戒」。所謂「六法戒」，就是在嚴格考察不殺生、不偸盜、不邪淫、不妄語、不飲酒「五戒」的基礎上，再加上一個「不非時食戒」。受過「六法戒」的，稱為「式叉摩那女」。

由此看來，不管是男是女，在七歲到二十歲這一階段所受初戒，只是成為正式僧、尼的準備階段。這個準備階段，因為年紀輕輕，對於社會上別人的惡言惡語，以及自然界氣候變化如寒、熱、風、雨，以及蚊虻、毒蟲等等諸般痛苦，往往難以忍受。如果忍受不了，那就及時退轉，如果忍受得住而衝過這一關的，那麼再受二壇男二百五十條，女三百四十八條的「具足戒」，這樣就正式成為僧為尼而取得資格了。至於對那些在二十歲前沒有受過初壇「十戒」的，只要發心學佛，意志堅決，能夠忍受佛門清規戒律的約束，並在儀式上正式受「具足戒」而披剃的，也同樣可以取得僧尼的資格。

一九八九年，《法音》月刊（中國佛教協會主辦）第三期載，經浙江省佛教協會核准，浙江佛教界建國以來首次大規模傳戒活動，於一九八八年十二月九日到二十五日，在全國漢族地區佛教重點寺院天台山高明寺舉行。天台山是我國佛教發祥地之一，早在三國赤烏年間（公元二三八～二五一年），佛教的遛風就已吹進了茂密的山林之中。不久，佛教翻譯大師後秦僧人鳩摩羅什高徒，撰有《法華宗要》的慧觀和尚，開始在天台山石梁寺設立戒壇。天台宗的實際創始人，陳、隋時的智者大師，還曾先後為陳後主、隋煬帝授過菩薩戒。唐德宗貞元二十年（公元八〇四年），日本國最澄大師，在台州龍興寺從天台宗十祖道邃受戒後，並把天台宗帶回了日本。

這次傳戒活動，由天台山高明寺主持覺慧法師等發起。《天台山高明寺傳戒規約》規定

：要求受具足戒正式出家為僧尼的，一要年滿二十歲，二要經過三年寺廟出家生活的考察，三要持有原先所有寺廟和當地佛教協會的證明。三個條件，缺一不可。傳戒法會延請天台山國清寺靜慧法師、月常法師，普陀山普濟寺悟道法師、永觀法師等主持受戒儀式，並為來自河北、黑龍江、上海、江蘇、浙江、安徽、福建、廣東、雲南等九個省市四二二名如法受戒的僧尼宣講《梵網經》、《四分戒本》、《四分比丘尼戒本》等有關佛門戒律的經律。同時，還有七〇餘名在家弟子受了「五戒」，成為居士。

受戒後發給戒牒，以作為證明僧尼身份的憑證。一九八九年五月初夏，居住在浙江紹興縣寂靜茅蓬的釋常仁來滬看我，閒談中我問起他有關戒牒的情況，他聞言後從隨身背著的包裡拿出一本紅封面書本大小的戒牒遞了過來。經徵得他的同意，我把「戒牒」的文字抄了下來：

> 佛陀住世，以佛為師；佛度滅後，以戒為師。防非止惡，戒為根本；轉凡成聖，戒乃舟航。故《華嚴經》云：「戒為無上菩提水，應當具足持淨戒，若能堅持於淨戒，是則如來所贊嘆。」本會為紹隆佛種，續佛慧命，乃於一九八八年十月五日——十五日在鼓山湧泉寺，謹遵佛制，嚴淨道場，敬聘十師，

傳授三壇大戒。

今有求戒弟子法名常仁，字慧覺，俗名萬多洋，出生於一九六五年四月七日，係安徽省無為縣尚禮鄉人氏，於一九八六年六月在東林寺禮果一師剃度出家。幸遇勝緣，獲登戒品。汝等既為佛子，當行佛事，護持淨戒，精進修學。發揚愛國愛教精神，繼承佛教優良傳統。作如來使，光大法門。莊嚴國土，利樂有情，證菩提果，登涅槃城。

羯摩阿闍黎圓拙，傳戒大和尚妙湛，教授阿闍黎會靜，尊證阿闍黎見性、海燈、世志、妙果、先勝、星光、盛階。

佛歷二五三二年十月十五日
公元一九八八

須發

右（上）牒給菩薩比丘慧覺佩執。

戒牒上蓋有照片騎縫「中國佛教協會福建省分會」鋼印，以及「中國佛教協會福建省分會傳戒專用章」大紅印。

綜上所說，僧尼資格的取得，最關鍵的幾個必備條件是年齡、發願、剃髮、染衣、受具足戒，領取傳戒時發給足以證明本人僧尼身份的戒牒。剃髮、染衣的用意是為了斷除煩惱，捨棄華美，歸向質樸。據說當年釋迦牟尼出家，即以利劍自剃鬚髮，並發誓說：「今落鬚髮，願以一切斷除煩惱及習障。」為此之故，出家人剃髮之外，一般多不蓄鬚，然而我國僧人在實際上又多有蓄鬚的，但無論如何，只要出家時剃度不蓄就可以了，此後蓄與不蓄，悉聽尊便。如近代律宗著名大德弘一法師，就是一個蓄鬚的典型。在染衣上，僧尼染衣避用藍、黃、紅、白、黑五種正色，而用一種混雜而成的「袈裟色」。

僧、尼資格取得以後，標誌著修持生活的正式開始。古代佛教有人乘、天乘、聲聞乘、獨覺乘、菩薩乘等五乘教法。其中人乘、天乘不要求出家；獨覺乘在沒有佛法之世，雖居山林，但卻沒有出家儀式；菩薩乘包括出家的和在家的，不一定全要出家；只有聲聞乘為了證得現法涅槃，修成阿羅漢果，才非得出家不可。

奉行聲聞乘教法的出家僧尼，經過一心專純的苦修，可以依次達到四種果位：①初果預流果，梵文譯音叫做須陀洹果。這是一種修持者斷除見惑（我見、常見、斷見等錯誤見解），在輪迴轉生時不再墜入地獄、餓鬼、畜生等惡道的果位。②二果一來果，梵文音譯為斯陀含果。由初果斷除見惑進而斷除思惑，就是修得了斯陀含果。修得了這一果位，修持者一次生天上，再來一次生人間，便就獲得解脫了。③三果不還果，梵文音譯為阿那含果。這是一種由斷除見惑，進而斷除思惑所得到的果位。比起一來果，修得不還果的不必再回欲界就可得到解脫。④四果無極果，也稱無學果，梵文音譯作阿羅漢果。這是一種見惑、思惑都已斷盡，證得不再生死輪迴，永遠進入涅槃境界，堪受人天供養的果位。

四果位的最高果位是阿羅漢果，阿羅漢果的核心是證得涅槃。什麼叫做「涅槃」呢？原來，「涅槃」是梵文Nirvāna的音譯，過去也有譯為「泥槃」、「滅度」，或意譯為「入滅」、「圓寂」的。這是一種經過長期修習後得到的寂滅一切煩惱，圓滿一切清靜功德，永遠超脫生死輪廻，美妙無與倫比的理想境界。

關於涅槃境界的證得，少不了戒、定、慧「三學」。

「三學」中的「定」，就是著重佛教思維修習的禪定；「慧」，就是偏注於佛教教義領悟的智慧。《修習止觀坐禪法要》說：

泥洹之法，入乃多途，論其急要，不出止、觀二法，所以然者，止乃伏結之初門，觀是斷惑之正要。止則愛養心識之善資，觀則策發神解之妙術。止是禪定之勝因，觀是指智慧之由借。若人成就定、慧二法，……當知此之二法，如車之雙軌，鳥之雙翼。若偏修習，即墮邪倒。

修習者要證得涅槃境界，少不了定、慧雙修，止、觀並進。因為只有止，只有禪定，才能明心見性，止息惑亂；只有觀、只有智慧，才能斷除煩惱，證得佛道。否則任你參、坐一輩子，也難以證得「涅槃」而獲阿羅漢果。

在大乘佛教中，僧尼受具足戒，都要嚴格按戒律修持，不得有犯。此後受菩薩戒，進而修持「四攝」、「六度」。雖然這種修持不談什麼果位，但卻以大慈悲心普渡衆生，無有疲倦地「為衆生供給使」，以和衆生一起證得佛道，超脫生死輪廻為最終的歸宿。

所謂「四攝」，一是布施攝，二是愛語攝，三是利行攝，四是同事攝。布施攝有精神上的愛護關懷和物質上的幫助施捨兩種，對精神苦悶的人要給予開導，對物質貧窶的人要慷慨解囊，愛語攝是平時和人家往來，語言要充滿愛意，親切誠懇，從而把愛的種子，灑遍人間。利行攝要求修持者平時的一切行為，都要「饒益有情」，從有利於衆生的角度出發。同事攝是說平時生活不脫離人民大衆，同時處處和人民大衆同甘苦，共患難。

所謂「六度」，「度」的梵語叫「波羅蜜多」，解釋為「到彼岸」或「圓滿究竟」。總的來說，「六度」就是六種從煩惱此岸擺渡到覺悟彼岸的解脫方法。這六種方法是：

①布施度慳貪。趙朴初會長概括，布施有三種：凡有物質利益施於大衆的叫「財施」，包括身外的財物和自身的頭目手足和生命；凡保護大衆的安全，使他們沒有怖畏的叫做「無畏施」；凡以真理告知大衆的叫做「法施」。我師明暘大和尚說，布施就是把自己的財物和

知識全部貢獻給社會和人民，為社會廣作公益事業。近年來，佛教界在認購國庫劵，為少年兒童福利基金和中國殘廢人福利基金捐款，為搶救大熊貓和修長城捐款，以及積極捐助南江龍捲風之災等愛國公益活動中踴躍當先，不後於人，就是「布施度慳貪」的具體表現。

②持戒度毀犯。戒有多種多樣，核心內容大致可以用「諸惡莫作，衆善奉行」八個字來概括。大乘菩薩行修習「饒益有情戒」，就是願斷一切惡，願修一切善，願度一切衆生。明暘大和尚指出，持戒度，就是奉行五戒十善，遵法守紀，不說、不做危害社會和他人的言行。

③忍辱度嗔恨。為了饒益有情，終不放棄救度衆生志願，菩薩戒提倡要忍辱負重，努力做到「難行能行，難忍能忍」，即使自己的正確言行，一時被他人誤解，也應耐心說明情況，不應該對他人懷恨或伺機報復。但這種忍辱，也不是一點不辨是非，不分善惡，明暘大和尚說：每一座佛教寺廟的天主殿都塑有彌勒菩薩，笑容滿面，慈靄可親，以慈悲心攝受衆生；在彌勒菩薩後面站著一位手擎寶杵的韋馱菩薩，他平時總是威嚴肅穆，洞視十方，見有邪魔破壞佛門法規，就毫不留情地予以打擊。依此看來，佛教雖然大慈大悲普渡衆生，但決不是善惡不分，是非不辨，無原則，濫慈悲的老好人宗教。

④精進度懈怠。這是一種為「自度度他，自覺覺他」事業精進不懈，堅定不移的戒條。明暘大和尚認為，精進度的作用，能使其他五度，都要精進，即對發心布施，持戒修身，修

行忍辱，修學禪定，勤求智慧都要精進。總之，有了精進勇猛，勇往直前的毅力決心，就一定能夠度盡懈怠，辦成你所想要辦的事情。過去，筆者曾在一方端硯底部刻上了這樣的自製座右銘：「我們要以磨穿鐵硯的精神，從事我們所從事的事業。」其實，這也是種菩薩精進精神的體現。

⑤禪定度散亂。衆生心情散亂，妄想紛飛，心猿意馬，到處奔馳，刹那刹那，念念不停。菩薩修行禪定，目的是為了度脫散亂之心。禪定意譯為靜慮，就是寂照的意思。這說明，禪定是一種排除私心雜念，鍛煉意志的修習方法，又有世間禪定，出世間禪定的不同。因為這是一門專門學問，這裡擱下不談。

⑥智慧度愚痴。明暘大和尚說，愚痴指衆生無明煩惱，痴迷無知。衆生如要度脫愚痴，就要靠智慧光明的般若。般若意譯為淨智妙慧，簡稱智慧。是從實相般若本體，生起觀照般若妙智，因為有了智慧，所以對於世間出世間一切諸法，才能無所不知，無所不曉。這用現在的話來說，就是廣泛學習世間和出世間一切知識，包括社會科學和自然科學，學而不厭，悔人不倦。

「六度」的修持是大乘佛教捨己為人，一心為公的偉大精神。為此，中國佛教協會副會長明暘大和尚精闢地總結：

「布施度能使人從慳吝自私的此岸，度到捨己為人的彼岸，持戒度能使人從放蕩無羈的此岸，度到遵法守紀的彼岸；忍辱度能使人從嗔恨報復的此岸，度到以德報怨的彼岸；精進度能使人從懈怠放逸的此岸，度到努力奮鬥的彼岸；禪定度能使人從動搖散亂的此岸，度到意志堅定的彼岸；智慧度能使人從愚昧無知的此岸，度到知識淵博的彼岸。」「佛教說此岸與彼岸，實際上是善與惡，染與淨的異名。改惡從善、離染顯淨，即是從此岸到達彼岸，也就是通常所說的『回頭是岸』，或『放下屠刀（此岸），立地成佛（彼岸）。』」

中篇

佛教生活風情和習俗

寺院人事制度和五衆弟子

上海的龍華寺，是一座有著一千七、八百年悠久歷史的古寺。文化大革命中，寺院遭到人為的嚴重破壞。此後，自公元一九七八年起，百廢俱興。政府撥款重新修復了龍華寺。

一九八三年，上海市佛教界公推明暘法師為龍華寺住持。為了更好地管理好寺院，明暘出任住持後，龍華寺建立了一個以住持為首，也就是以方丈為首的寺務委員會。寺務委員會的成員有八位，下面設有寺務處，由監院、知客、維那、僧值等組成。寺內重大事情，如修復殿堂、重塑佛像，舉行宗教或重大外事活動等，都由寺務委員會討論決定，然後交寺務處執行。有時，寺務委員會還吸收東西兩序序首的執事等參加，以傾聽他們對於寺廟大事的意見。

再如蘇州的靈岩山寺，是我前妻徐鳳妹的埋骨地，所以常去那兒留連。一次山上宿夜，老朋友知客僧貫澈法師招待我們在香花廳裡進了晚餐，便留宿在庭中右首的廂房裡。入房小歇，貫澈法師帶著一寺主持——方丈明學前來看我。明學語言不多，面目清癯，戴著一副舊式眼鏡。寒暄下來，得知他是浙江胡州人，四十年代即來這裡出家。一九五九年當了監院。文革期間，原方丈妙真含冤自縊。文革後寺廟恢復，明學於一九八一年升了方丈。此外，他還身兼中國佛教協會常務理事，蘇州市人民代表等職。

關於廟中明暘、明學擔任的方丈，貫澈擔任的知客，以及東西兩序等，都是有關寺廟人事安排的一些職司。

我國寺廟人事制度形成較早，自後秦開始，就有一種由上座、寺主和維那組成的「三綱」之制。上座為一寺之長，寺主職掌全寺教務，維那主管僧衆庶務。這種「三綱」的做法，還僅僅只是一種寺院人事制度的雛形。此後從唐朝開始，禪宗名僧百丈禪師制訂《百丈清規》，此後《百丈清規》風行全國寺廟，受到僧尼的普遍歡迎。從此以後，我國寺廟才有了一整套正式的叢林僧職和管理制度。

這種有關人事安排上的僧職，經過歷史的不斷修整完善，形成以方丈為首的兩序職位制、四大班首，以及八大執事等。

所謂「方丈」，就是一寺之主的第一把手。「方丈」一詞，原出《維摩詰》經。經中說：維摩詰居士居住的地方，雖然只有一丈見方大小，可卻有著三萬二千座的容量。由於丈室所居，原為高賢大德，所以後來詞義引伸發展，就用作對一寺之主的稱呼了。我國古代，「方丈」又稱「住持」，意思是久住護持佛法，尤其從禪宗興起以後，「住持」的名稱用得更多了。此後，從禪宗百丈大智禪師開始，「方丈」或「住持」又有了「長老」的別稱，但反過來，「長老」卻不一定就是住持，因為佛門或社會上，對於那些德高望重或出家受戒多年的尊長，也可稱為「長老」。

在職位制度上，方丈下面設有「兩序」。「兩序」又稱「兩班」，就好比朝廷有文武兩班一樣，只不過在寺廟中，「兩序」的名稱變成東序、西序或東班、西班罷了。西序由擅長學問德行的僧人擔任，稱為「頭首」；東序由精通世故人情的僧人擔任，叫做「知事」。

稱為「頭首」的西序有六個職位，他們的次序依次為首座，書記、知藏、知客、知浴、知殿，合起來總稱「六頭首」。「六頭首」的分工，首座、書記、知藏掌管佛教典籍，知客負責主管接待賓客，知浴職掌僧衆冬天五日一浴，暑天每天淋浴以及齋前沐浴等事宜，知殿職司佛殿、法常的香火燈燭。

稱為「知事」的東序也有六個職位，他們的次序依次為都寺、監寺、副寺、維那、典座、直歲，合起來總稱「六知事」。「六知事」的分工為：都寺統管總務，監寺總管寺中事務，副寺掌握財務，維那、典座、直歲掌管營造和農作等事。

再從四大班首、八大事執等人事制度看，四大班首負責僧衆的修行，八大執事專管寺裡的庶務。

負責僧衆修行的四大班首：①首座，職掌禪堂號令，因為他在禪堂中的席位處於領首地位，所以叫做「首座」。②西堂，協助方丈督導僧衆修行；③後堂，負責禪堂後部事宜；④堂主，配合首座掌管禪堂事務。

專管寺裡庶務的八大執事是：①監院，總管全寺的經濟和庫房；②知客，掌管全寺接待工作；③僧値，監察僧衆的威儀；④維那，禪堂中宗教儀式進退綱紀的領頭人；⑤典座，廚房、齋堂中有關僧衆粥飯供養的負責人；⑥寮元，職掌過往僧人衣食住行的雲水堂；⑦衣鉢，方丈室辦公室主任，協助方丈照應庶務，協調人事。⑧書記，職掌廟中筆墨等事。

此外有的寺廟，方丈下面還設有名為「侍者」的執事僧，以職掌與方丈有關的種種具體事務，比如「燒香侍者」專為方丈燒香和記錄法語，「書狀侍者」負責方丈的筆墨書信和文件往來，「衣鉢侍者」掌管方丈資財並備顧問，「請客侍者」負責方丈的請客接待事宜，「湯藥侍者」職司方丈的衣食住行和湯藥等等。

然而各個寺廟的大小不一，僧衆多少不一，以及廟務的繁簡不一，因此有關這種職位或人事安排，也就根據各寺的不同情況，有所出入。

與佛寺人事有關的是五衆弟子。所謂「五衆」，就是出家佛教信徒的五種不同身份：①比丘，②比丘尼，③式叉摩那尼（學法女），④沙彌，⑤沙彌尼。

比丘是出家佛教徒中受具足戒男性的稱呼，俗稱「和尚」。和尚是印度俗語，梵文音譯為「鄔波馱耶」，其含義大致相當於中國的師傅。此外，對於有佛理素養而能講解經文的，平時又多可用「法師」來稱呼。按照佛門規矩，具足戒又稱「大戒」，由於這種戒條完全充足，所以稱為「具足」。在具體數目上，各部律藏稍有出入，不盡一致：《四分律》是比丘二五〇條，比丘尼三四八條；《五分律》是比丘二五一條，比丘尼三七〇條；《巴利律》是比丘二七〇條，比丘尼三一一條；《十誦律》是比丘二六一條，比丘尼三五四條。在習慣上，我國漢族僧尼多依《四分律》受戒，所以比丘為二五〇條，比丘尼為三四八條，可見戒條具足的利害。「比丘」一詞，原為梵文Bhiksu的音譯，也有譯為「苾芻」的，詞義大意可理解為「乞士」，但同時又含有怖魔、破惡、淨命等意義。因為佛教創始之初，主張出家人修養身心，行善去惡，不蓄私財，以向居士乞食為生，所以才有「乞士」之稱。《金剛經》說：「爾時世尊，著衣持鉢，入舍衛大城乞食，於其城中次第乞已，還至本處，飯食訖，收衣鉢，洗足已，敷座而坐。」可見比丘乞食的一般情況。在中國，由於農禪結合，僧人多自我勞動，所以比丘乞食的現象並不多見。

比丘尼是出家佛教徒中受具足戒女性的稱呼，俗稱尼姑。「比丘尼」又稱「苾芻尼」，也和「比丘」一樣，是個音譯，梵文為BhikSuni。

式叉摩那尼為梵文ShikSamanā的音譯，意譯為「學法女」或「正學女」。這是出家女信徒從沙彌尼到比丘尼兩年過度時間裡的一種稱呼。按照佛門清規，沙彌尼年滿十八歲要求受具足戒而正式成為比丘尼的，需要經過十八歲到二十歲兩年時間考驗。在這期間，一方面是學習六法，另一方面還要觀察她行為的貞操如何。《俱舍光記》十四說：「言六法者，謂不淫、不盜、不殺、不虛誑語，不飲諸酒，不非時食。」六法戒其實都在十戒之中，只是由於六戒聖式叉摩那女來說，要經過特別嚴格的修持，才能檢驗她們的根器如何，所以便分了出來。

沙彌是梵文 Sramaneraka 音譯的簡稱，意譯為「息惡」或「勤策男」。佛門規定，男孩出家受十戒，但還沒到二十歲不能受具足戒的，稱為沙彌。在受十戒時，師傅如問：「盡形壽不食酒是沙彌戒，能否守持？」就要回答：「能持」。這樣以後，就算完成了受戒儀式。十戒是①不殺生，②不偷盜，③不淫，④不妄語，⑤不食酒，⑥不塗飾香鬘，⑦不歌舞觀聽，⑧不坐高廣大床，⑨不非時食，⑩不蓄金銀財寶。

沙彌尼的梵文是Sramanerika，也是個音譯。佛門規定，女孩出家，已受十戒，年齡又不夠式叉摩那尼資格的，就稱為沙彌尼。

古人說：「出家乃丈夫之士，非庶人能所為。」宋釋永明禪師曾有詩說：

景虛情澹兩何依？抱一冥真絕萬機。
松韵餘風涼竹户，柏搖殘露濕禪衣。
岩燈霧逼寒光小，石像塵昏古畫微。
得趣了然無所慮，任緣終日送斜暉。

出家能夠看破紅塵，擺脫世俗，投身在空門之中，做一個心無掛礙，得大自在的佛弟子，確實要有宿根，有智慧，否則塵緣不斷大智未開，終日間在紅塵中營營擾擾，有時即使看來喧赫一時，其實也只是一種心為形役的苦境罷了。

按照我師明暘大和尚說教，出家人不僅在形式上披剃，以出世俗之家，同時更重要的還要出三界之家和煩惱之家。他說：

一，出世俗之家：「割愛辭親，剃除鬚髮，淸居梵刹，持戒修心之士，這是出世俗之家。做一個比丘，這眞是一件不容易的事，難能可貴的事情。」

二，出三界之家：「就是在世俗之家的基礎上，更進一步努力修行，把自己心中所有見思煩惱，以貪、嗔、痴、慢、疑的五純使，和身、邊、邪、見、戒五利使，用我空智慧來觀照。用功修行，功夫成就，把這十使見思煩惱統統斷了，壞滅得乾乾淨淨，自然就能夠超越出欲界、色界、無色界的三界分段生死苦因苦果，得證偏眞涅槃的樂因樂果，這是出三界之家，做一個羅漢。」

三，出煩惱之家：「我們發心修行，證了阿羅漢以後，再精進行道，發廣大菩提心，修福修慧，上求如來覺道，下度法界衆生。再進一步，運用法空般若妙智，破了塵砂無明煩惱微細之惑，就是把最後生相無明的根本斷除，復本心源，究竟淸淨。」

看來，要眞正地做個五衆弟子，也並不那麼容易。

早課、晚課和佛事

公元一九八六年秋，因掃墓而在蘇州靈岩山宿了一夜。飯後，應知客貫澈法師之邀，略事歇息即去香光廳揮毫作書。這時，山上的小比丘們聽說我在寫字，便兩兩三三地從別處尋了過來，圍桌而觀。

「你們怎麼不去做晚課？」我不無驚訝地問。

「我們天天做，今天偶然逃一次，不要緊。」藏經樓的常定操著福建官話答道。

「我們有時也做老油條。」是安穩的界若在說俏皮話了。

在通明的燈火下，小僧們看我揮畢寺裡任務，便紛紛拿出紙來求書。將近八時，寺裡晚課做完，求書的人更多了。此後直至腰疼膝軟，將紙如數寫完，方才偃旗息鼓，入房寢息。

第二天昧爽，聽到窗外隱約傳來鐘聲，於是興奮之中驅走睡魔，披衣起床。洗漱甫畢，繞過回廊來到大殿。這時，殿中早已燈燭輝煌，鐘磬齊鳴，是寺僧們在做早課了。當時我一看手錶，才五點初過，天還黑得昏沈。在好奇心驅使和梵音的吸引下，從殿窗的縫隙裡，我出神地看了好大一會兒。

一日早晚兩次，除生病和特殊情況，從不間斷，這就是僧尼們每天必做的早課和晚課，也稱為早殿和晚殿兩次功課。

早在漢魏時期，由於佛教傳進中國不久，比丘們多隨師修行，每天過的大抵是托鉢乞食、露天坐，少數偶而也學些教理的原始佛教生活，沒有統一的日常行事。及至東晉，道安法師住襄陽時，因為學習的弟子有好幾百人之多，於是便開始制訂僧尼規範三條：①行香、定座、上講等法；②日常六時行道，飲食之法；③布薩、誦戒、差使、悔過等法。

到了唐朝，百丈禪師制訂《百丈清規》，天下宗風一時大振。《百丈清規》的主要內容，包括叢林人事制度、集中參學、農禪生活等。從此，僧衆的生活較之以前，越益制度化和集體化了。這種生活上制度化和集體化的結果，為以後叢林的集體念誦佛經，創造了必要的條件。

元代之時，佛教徒修行制度曾一度陷於相當紊亂的境地，明初稍加整頓，其後逐漸統一，出現了漢地寺院通行的「五堂功課」、「兩遍殿」的定制。其中清晨寅時早殿兩堂功課為：①念誦《楞嚴咒》為一堂功課，據說有消災息難的作用；②《大悲咒》、「十小咒」為一堂功課。二堂功課在念誦開始和結束時，都配有抑揚莊嚴，朴實回環的歌讚。

黃昏後的晚殿有三堂功課：①誦《阿彌陀經》為一堂，這是僧衆為自己今後往生西方極樂世界所作的祈願；②禮拜八十八佛和誦《大懺悔文》為一堂。由於八十八佛，即娑婆世界過去五十三佛，加上現在十方世界三十五佛，都可以作為衆生的懺悔主，所以僧衆如有過惡，向八十八佛申述自己改悔過錯的願望，就可以滅沒自己的罪過，③念誦《蒙山施食儀》為一堂，誦時取米七粒和淨水一盅，向廟中施給餓鬼。

按照目前國內漢族佛教規矩，各地佛教可因宗派不同而早、晚兩殿的念誦內容稍有出入。近來，上海市佛教協會和上海音樂學院聯合邀請上海玉佛寺、龍華寺、靜安寺、慈修庵、上海佛學院等地比丘、比丘尼錄製了佛教唱誦音帶四集八盒，以滿足叢林和居家信徒作為朝暮修持之用。

音帶所錄「朝時課誦」內容為：

①《寶鼎爐香贊》、《大佛頂首楞嚴神咒》。

《大佛頂首楞嚴神咒》簡稱《楞嚴咒》，全咒四百二十七句，二千六百二十字。咒的開頭先念「南無楞嚴會上佛菩薩」三遍，接念：

妙湛總持不動尊，首楞嚴王世希有，
銷我億劫顛倒想，不歷僧祇獲法身，
願今得果成寶王，還度如是恆沙衆，
將此深心奉塵刹，是則名為報佛恩，
伏請世尊為證明，五濁惡世誓先入，

如一衆生未成佛，終不於此取泥洹，
大雄大力大慈悲，希更審除微細惑，
令我早登無上覺，於十方界坐道場，
舜若多性可銷亡，爍迦羅心無動轉。
南無常住十方佛，南無常住十方法，
南無常住十分僧，南無釋迦牟尼佛，
南無佛頂首楞嚴，南無觀世音菩薩，
南無金剛藏菩薩。

然後又念：

爾時世尊，從肉髻中，湧百寶光，光中湧出，千葉蓮下，有化如來，坐寶花中，頂放十道，百寶光明，一一光明，皆遍示現，十恒河沙，金剛密跡，擎山持杵，遍虛空界，大衆仰觀，畏愛兼抱，求佛哀祐，一心聽佛，無見頂相，放光如來，宣說神咒。

接下來就是一大串難以領會和梵文音譯咒語，這種咒語，雖然難以弄清它的真切涵義，但是僧尼們深信，如能依法持誦，就有降魔、祈福、消災的功用，直至進而成就道業，攝心於一境一定。

②《千手千眼無礙大悲心陀羅尼》，以及《如意寶輪王陀羅尼》、《消災吉祥神咒》、《功德寶山神咒》、《准提神咒》、《經無量壽決定光明王陀羅尼》、《藥師灌頂真言》、《觀音靈感真言》、《七佛滅罪真言》、《往生淨土神咒》、《大吉祥天女咒》等咒語。《千手千眼無礙大悲心陀羅尼》簡稱《大悲咒》。《大悲咒》下面是《如意寶輪王陀羅尼》、《消災吉祥神咒》等。合稱為「十小咒」。現舉《往生淨土神咒》為例，讀者不難一葉知秋，從中得知佛家咒語大致情況：

南無阿彌多婆娑夜◎哆他伽多夜○哆地咧夜他阿彌利都婆毗阿彌利哆○悉耽婆毗○阿彌唎哆○毗迦蘭帝○阿彌唎哆○毗迦蘭○哆伽彌膩伽伽那枳多○迦利娑婆訶○

咒語裡有◎符號的，當僧衆們念到這裡，就要敲一下大磬；有○符號的，則敲輕鼓。

③《般若波羅蜜多心經》。

《般若波羅蜜多心經》簡稱《心經》，是佛經中最為流傳的一種。由於經文簡短，我們且把它錄在這裡：

觀自在菩薩，和深般若波羅蜜多時，照見五蘊皆空，度一切苦厄。舍利子色不異空，空不異色，色即是空，空即是色，受想行識，亦復如是。舍利子是諸法空相，不生不滅，不垢不淨，不增不減。是故空中無色，無受、想、行、識、無眼、耳、鼻、舌、身、意、無色、聲、香、味、觸、法，無眼界，乃至無意識界，無無明，亦無無明盡，乃至無老死，亦無老死盡，無苦、集、滅、道，無智亦無得，以無所得故，菩提薩埵；依般若波羅蜜多，故心無掛礙；無掛礙，故無有恐怖，遠離顛倒夢想，究竟涅槃，三世諸佛；依般若波羅蜜多，故得阿耨多羅三藐三菩提。故知般若波羅蜜多，是大神咒，是大明咒，是無上咒，是無等等咒，能除一切苦，真實不虛。故說般若波羅

蜜多咒，即說咒曰：揭諦揭諦波羅揭諦波羅僧揭諦菩提薩婆訶

摩訶般若波羅蜜多（三遍）。

④過文。《贊佛偈》的一段文字，它的內容是：

上來現前清淨衆，諷誦楞嚴秘密咒。

回向三寶衆龍天，守護伽藍諸聖衆。

三塗八難俱離苦，四恩三有盡沾恩。

國界安樂兵革銷，風調雨順民安樂。

大衆熏修希勝由，十地頓超無難事。

三門清淨絕非虞，衆等歸依增福慧。

⑤《贊佛偈》。這是一首贊頌阿彌陀佛的七言偈頌：

阿彌陀佛身金色，相好光明無等倫。

白毫宛轉五須彌，紺目澄清四大海。

光中化佛無數億，化菩薩衆亦無邊。
四十八願度衆生，九品咸令登彼岸。
南無西方極樂世界大慈大悲阿彌陀佛。

同念：⑥繞佛念「南無阿彌陀佛」五百聲或一千聲。各就本位後，一再一起跪下，心存觀想，

南無消災延壽藥師佛，
南無觀世音菩薩，
南無大勢至菩薩，
南無清淨大海衆菩薩。

以上各佛號，各念三遍或十遍。
⑦《普賢菩薩十大願王》和《三歸依》。
前者念道：

一者禮敬諸佛，
二者稱贊如來，
三者廣修供養，
四者懺悔業障，
五者隨喜功德，
六者請轉法輪，
七者請佛住世，
八者常隨佛學，
九者恒順衆生，
十者普同廻向。
十方三世一切佛，一切菩薩摩訶薩，摩訶般若波羅蜜。
四生九有，同登華藏玄門，八難三途，共入毗盧性海。

《三歸依》是歸依佛，歸依法，歸依僧：

自歸依佛，當願衆生，體解大道，發無上心；

自歸依法，當願衆生，深入經藏，智慧如海；
自歸依僧，當願衆生，統理大衆，一切無礙，和南聖衆。

⑧「祝韋駝」、《大吉祥天女咒》、《韋馱贊》。念到這裡，早時課誦就算做完了。

以下我們再看音帶所錄「暮時課誦」：

①《寶鼎爐香贊》、《佛說阿彌陀經》。念完佛說《阿彌陀經》，接念《拔一切業障根本得生淨土陀羅尼》也就是「往生咒」三遍。

②《禮佛大懺悔文》，當念到文中「南無皈依金剛上師」起，按照要求，直至全文結束，總共要拜起一百零八拜。這樣，才能合乎全文旨趣，成就圓滿功德。

③《蒙山施食》。因為《蒙山施食》文是施給餓鬼飯食的經文，所以念時一定要備好淨水淨飯，如果沒有淨飯，也可用米代替。待念到「神咒加持」一段時，行者從佛殿走出，把淨食分成為三份放在生台上。如果沒有生台，把所施淨食放在大石上，或乾淨地面上也可。分為三份的目的，一份供養水族餓鬼，一份供養毛群餓鬼，一份供養他方餓鬼。此後再念《般若波羅蜜多心經》一遍，《往生咒》三遍，又念「四生登於寶地，三有托化蓮池，河沙餓鬼登三賢，萬類有情登十地」後，施食儀式才告結束。

④《贊佛偈》（見「早課」），繞佛念「南無阿彌陀佛」五百聲或一千聲，再跪念：

南無觀世音菩薩，
南無大勢至菩薩，
南無清淨大海衆菩薩。

以上三個佛號，各念三遍或十遍。

⑤過文，《三歸依》（見「早課」）。過文第一種是慈雲懺主的《淨土文》，經文內容為：

一心歸命極樂世界阿彌陀佛，願以淨光照我，慈誓攝我。我今正念，稱如來名，為菩薩道，求生淨土，佛昔本誓，若有衆生，欲生我國，志心信樂，乃至十念，若不生者，不取正覺。以引念佛因緣，得入如來，大誓海中，承佛慈力，衆罪消滅，善根增長。若臨命終，自知時至，身無病苦，心不貪戀，意不顛倒，如入神定。佛及聖衆，手執金台，來迎接我，於一念頃，生極樂國。華開見佛，即聞佛乘，頓開佛慧，廣度衆生，滿菩提願。十方三世一切佛，一切菩薩摩訶薩，摩訶般若波羅蜜。

過文第二種是《普賢警衆偈》。文為：

是日已過，命亦隨減，如少水魚，斯有何樂？當勤精進，如救頭然，但念無常，慎勿放逸。

⑥「祝伽藍」。「伽藍」就是寺院，因為佛教認為，伽藍常有諸神護持，所以晚課後要一祝。至於在家居士，因為平時不住寺廟，所以對於晚課的這一段，可以改念「祝觀音」。

以上早課、晚課之外，還有一些佛事，也是僧、尼們日常宗教活動中的熱門課題。「普佛」是全寺僧衆普遍都要上殿做的功課。一般情況下，社會人士來廟要求做佛事，多和早、晚功課併在一起進行，只不過是另外再加進一些贊偈、廻向、拜願等儀式。

普佛有延生、往生兩種形式，延生普佛的宗旨是替做佛事的人祈福息災，以及消罪障，斷煩惱，增福增壽。往生普佛則為超度亡靈，使之往生西方極樂世界蓮邦淨土而設。

在佛事活動中，水陸法會是場面最為盛大壯觀的一種，水陸法會又叫「水出道場」或「水陸齋義」，全稱「法界聖凡水陸普渡大齋勝會」。目的是誦經設齋，禮佛拜懺，現在者增福增壽，亡故者往生淨土。水陸法會最早創始於南朝的梁武帝，據說當年梁武帝夢見神僧對他說：「六道四生，受苦無量，何不作水陸（大齋）普濟群靈？」醒後又受高僧寶志禪師鼓勵，於是搜尋貝葉，早夜披覽，歷時三年之久，方才撰成《水陸儀》文，並在天監四年（公元五〇五年），在僧祐禪師主持下，於鎮江金山寺首次設立道場。後來，水陸法會結合唐朝密教冥道無遮大齋，才逐步發展完善起來。但是水陸法會的真正盛行，還是從宋朝才開始的。

宋神宗熙寧年間（公元一〇六八年——公元一〇七七年）東川楊鍔依照梁武帝舊儀，撰成《水陸儀》三卷，當時水陸法會，多按照《水陸儀》所載儀式進行。宋哲宗元祐八年（公元一〇九三年），大文豪蘇軾為亡妻宋氏設水陸道場，並撰就《水陸法像贊》十六篇，人稱「眉山水陸」。南宋時，文臣史浩路過金山，聽說那裡水陸法會之盛，特賜四明東湖月坡山田一百畝。山田所得收入，專供修建四明水陸法會之用。

南宋孝宗乾道九年（公元一一七三年），月坡山創建殿宇，四時啟建水陸大齋，史浩親自撰寫疏辭，撰成《儀文》四卷。待到南宋末年，志磐又續成《新儀》六卷，並繪製像軸二十六軸。這樣一來，由於《儀文》和《新儀》中存在著一些實際差別，於是後來人稱史浩所撰為「北水陸」，志磐所撰為「南水陸」。

為什麼水陸大齋會在宋朝盛行開來呢？原來這和當時朝野翕然相從形成的觀念有關：「

保慶平安而不設水陸，則人以為不善；追資尊長而不設水陸，則人以為不孝；濟拔卑幼而不設水陸，則人以為不慈。」

正如《水陸緣起》所說：「今之供一佛，齋一僧，尚有無限功德，何況普通供養十方三寶，六道萬靈，豈止自利一身，每乃恩沾九族。」又有「獨姓水陸」和「衆姓水陸」的不同：「獨姓水陸」為有力者出資獨辦，「衆姓水陸」為無力者集資合辦。

明清以來，水陸佛事深受各界重視。當時明釋袾宏，因為有鑒於《儀文》本前後錯雜，不見頭緒，就在志磐《新儀》基礎上重新訂正，撰成《水陸修齋儀軌》六卷。入清以後，又有咫觀撰《法界聖凡水陸大齋普利道場性相通論》九卷，《水陸聖凡水陸大齋法輪寶懺》十卷。現在通行的水陸法會儀式，基本上按照清代道光年間儀潤滙集訂正袾宏著作以成的《水陸儀軌》一書。

水陸法會的時間，少則七天，多則四十九天，參加的僧衆以四十九人為齊，多則可以上百。做時一般沒有內壇、外壇。「法事以內壇為主，壇場布置香花供養，力求莊嚴。正中懸掛毗盧遮那佛、釋迦牟尼佛、阿彌陀佛三像，下置供桌，羅列香花、燈燭、果品等供物，供養諸佛、菩薩，以及天龍八部、六凡衆生等。其前安置長方台四只，成四方形，台上分置銅磬、鬥鼓、鐃鈸、手鈴等法器，為主法、正表、副表、齋主四人所用。四周繞以布幕，將內壇分成三間，兩側分掛上堂、下堂各十位水陸畫像。其上堂十位是：十方常住一切諸佛、十方常住一切尊法、十方常住諸菩薩僧等；下堂十位是：十方法界四空、四禪、六欲諸天、五岳四瀆福德諸神等。畫像之下列插牌竿，詳記每位聖凡名稱，牌上皆畫寶蓋，下面都是蓮花，中用黃紙，下堂則用紅紙，以示區別」（《佛海拾趣》）。

外壇設有大壇、諸經壇、法華壇、華嚴壇、淨土壇、瑜伽壇等六個壇口。大壇二十四人，拜《梁皇懺》，誦《金剛經》、《藥師琉璃光如來本職功德經》；諸經壇七人，誦《地藏經》、《梵網經》等多種經文；法華壇七人，專誦《妙法蓮花經》；華嚴壇設二耆宿，各誦一部《大方廣佛華嚴經》；淨土壇七人，稱念阿彌陀佛名號；瑜伽壇人數由各壇臨時調用，其於其壇專在夜間施放焰口，所以又叫施公壇。六壇合起來共設監壇一人，總數為四十八人。

關於七天期水陸法會的進行程序，《佛海拾趣》把它歸納為：

第一日三更，外壇灑淨，四更內壇結界，五更遣使建幡，幡上書「修建法界聖凡普慶大齋勝會功德寶幡」，高懸於大雄寶殿左前方的刹竿上。第二日四更，請上堂，五更奉浴。第三日四更供上堂，五更請赦，午刻齋僧。第四日三更，請下堂，四更奉浴，五更說戒。第五日四更，誦《信心銘》，五更供下堂，午刻齋僧。第六日四更，主法親祝上下堂，午前放生。第七日五更，普供上下堂，午刻齋僧，未時迎上下堂到外壇，申時送聖，水陸法會即告圓滿結束。法會期間，每夜需於瑜伽壇放焰口一台，至第六夜則要放五方焰口，此時，內壇水陸法師及諸壇僧衆均參與法事，為水陸法會儀式的頂點。

由於水陸法會有著使亡故者往生淨土，現存者增福增壽的功德，所以舊時有錢人家，往往還把「獨姓水陸」設在家裡，請來僧衆，成其盛事。

《紅樓夢》第十三回寫東府蓉大奶奶秦可卿沒後，……賈珍令賈蓉次日換了吉服，領憑回來。靈前供用執事等物都按賈蓉所捐五品職例，靈牌上疏上皆寫「誥授賈門秦氏宜人之靈位」。會芳園臨街大門洞開，兩邊起了鼓樂廳，兩班青衣按時奏樂；一對對執事擺得刀斬斧齊，更有兩面朱紅銷金大牌豎在門外，上面大書道：「防護內廷紫禁道御前侍衛龍禁尉。」對面高起宣壇，僧道對壇，榜上大書「世襲廳國公冢孫婦防護內廷御前侍衛龍禁尉賈門秦氏宜人之喪，四大部洲至中之地，奉天永建太平之國，總理虛無寂靜沙門僧錄司正堂萬，總理原始正一教門道紀司正堂葉等，敬謹修齋，朝天叩佛」，以及「恭請諸伽藍、揭諦、功曹等神，聖恩普施，神威遠振，四十九日銷災洗業平安水陸道場」等語，不及繁記。可見當時大戶人家舉喪延請僧人來家做道場的氣派和風俗。

焰口施食原是密教的一種行儀，全稱「瑜伽焰口施食儀」。我國這一佛事儀式的來源，起始於唐代釋不空所譯《救拔焰口陀羅尼經》。「焰口是餓鬼鬼王的名稱，唐代實叉難陀又把它譯為「面然」。其鬼形體枯瘦，咽細如針，口吐火焰，面容非常痛苦。經中說，阿難在淨室中修習禪定，焰口鬼王告訴阿難說：「你現過三天命就盡了，當降生在餓鬼道中。如果你要免苦，一定要在明天用摩揭陀國的斛，普施天下餓鬼每人一觶飲食。」阿難聽完焰口鬼王的話，就去請教佛陀，佛陀告訴了他怎樣施給餓鬼飲食的方法。此後，這種焰口施食的方法，就成了修持密宗的人每天必不可少的一種行事。當時，日本入唐求法的僧人，都曾帶回這種有關施給餓鬼飲食的儀軌。

後唐末年，施食儀軌失傳，宋代諸僧為了恢復此法，多從他們各自理解的不同角度，進行摸索。此後元代中峰明本有《甘露門》，明代有《瑜伽焰口施食科儀》、《瑜伽集要施食儀軌》、《施食諸儀補注》，清代有《瑜伽焰口注集纂要儀軌》等書。

關於施食的儀軌，由於失傳之後各家所述不一，所以形式也多有出入。明蓮池《瑜伽集要施食儀軌》序文說：「時師更附以外集，繁衍叢沓，漫失古意。」清寂暹《瑜伽焰口注集纂要儀軌》跋也說：「諸家登壇演習，繁簡不同，至有『七家焰口八家懺』之訛傳。」

近代放焰口的做法，雖然南北、港台等地寺廟仍略有不同，念經的聲韵聲調也莫衷一是，但卻多以常州天寧寺《瑜伽焰口》本為衆望所歸。據說，這本《瑜伽焰口》後面的偈文，多為東坡居士所撰。

簡要地說，焰口施食時每台焰口需要七位師父，其中由一位金剛上師主持儀式。其他形式雖然又有三大師、五大師、七大師以及底下陪座人數多少的不同，然而卻都要有一位上師為主，主持儀式的進行。現在習慣，焰口施食多放在重大法會圓滿之日，或放在喪事期間舉行。

此外，每年正月初一的齋天，也是寺院常做的一種佛事。齋天的儀式，基本按照《金光明懺》所說「供天」一節的齋儀而做，從天還沒亮時開始，到天亮以前做完。所齋對象為大梵天王、帝釋尊天、多聞天王、持國天王、增長天王、廣目天王、金剛密跡、摩醯首羅、散脂大將、大辯才天、大功德天、鬼子母神、摩利支天等諸天。

坐禪與參禪

白雲深處擁雷峰，幾樹寒梅帶雪紅。
齋罷垂垂渾入定，庵前潭影落疏鐘。

這是蘇曼殊大師一九〇五年居住在杭州西湖雷峰塔下白雲庵時所做的一首詩，詩名《住西湖白雲禪院作此》。詩中所說「入定」，指的就是僧人靜坐斂心，不起雜念，使心定於一處的坐禪功夫。

作為一個僧尼，坐禪在日常作業中，被認為是一門必修的功課，否則就不足以探究領略到一種明心見性，趨向真如的佛所悟得的美妙無與倫比的精神境界。

禪的梵文是Dhyano，解作「靜慮」或「思維修」。我國禪學，公元六世紀初自印度菩提達摩來到中國，傳付慧可，並使之大放異彩，所以後來我國禪宗一派，把他尊為初祖。

然而從考據角度看，其實早在漢末，我國就已有了佛教禪學著作的翻譯。其時有安息國王正后所生太子安清，字世高。這人在漢桓帝建安二年（公元一四八年）來到洛陽，先後譯出了《佛說大安般守意經》、《禪行法想經》等禪書。此後不久，月支國沙門支婁迦讖也在洛陽翻譯《般若道行品經》（即《放光般若》）、《首楞嚴經》、《兜沙經》等敷陳大乘禪教的佛典。

安世高、支婁迦讖之後，生於中國的月支國人支謙，在吳大帝孫權黃武元年（公元二二二年）重譯或新譯了《首楞嚴經》、《維摩詰所說不思議法門經》、《禪秘要經》、《修行方便經》等大乘禪教典籍。隨之，祖上為康居國（今新疆省北部到中亞一帶）人的沙門康僧會，在吳大帝孫權赤烏十年（公元二四七年），來到建業（今江蘇省南京市）宏傳佛法。當時，康僧會除翻譯《六度集經》《雜譬喻經》外，又為《安般守意經》、《法鏡經》、《道樹經》等經制序作注。當年，他所注釋的《安般守意經》，一時被習禪者奉為龜鏡。書中解釋數、隨、止、觀、還、淨六妙門，結合自己心得體會，對後世的禪觀修習產生了深遠的影響。

魏晉南北朝時期，竺法護、道安、慧遠、鳩摩羅什、佛馱跋羅、僧睿、僧肇、道生、玄高、寶雲、慧觀、寶志、傅翕等中西佛學高僧或在家居士，他們有的翻譯禪典，有的躬行實踐，都對禪學在中土的弘闡，作出了較大的貢獻。此後直到菩提達摩來到嵩山，面壁九年，衣鉢傳授，由慧可而傳僧璨，由僧璨而傳道信，則道信而傳弘忍，由弘忍傳慧能，其禪法一時大行，故而後世談到禪宗，就把達摩尊為初祖了。

在歷史的發展中，到了後來，習禪之法，越益顯得充實完善起來。綜其要旨，大致不外坐禪、參禪兩大法門。

坐禪之法，大抵在於選擇靜處，「結跏趺坐」。《禪秘法經》卷上說：「沙門法者，應當靜處結跏趺坐，齊整衣服，正坐身端，左手著右手上，閉目以舌抵顎，定心會住，不使分散。」

把這種說法分離出來，就是調身、調息和調心。其中調身，大致要注意這幾個方面：①坐禪的床凳和墊子。坐禪的床和凳，以硬板製作為宜。坐時可在床、凳上面放上蒲草編成的蒲團，如果沒有蒲團，棉布做成的墊子也可使用。用時臀部坐著的地方，可以稍許墊得高些，這樣可使結跏趺坐時腿膝的盤放更加自然。②正腳。兩腿盤膝而坐，名為跏趺，又有雙盤和單盤的不同。雙盤先把左腳加到右腿上面，接著再把右腳加到左腿上面，這樣左右交叉盤好後，再把兩膝壓緊墊軟。單盤則或把左腳加在右腿上面，或把右腳加到左腿上面，具體情況可以按照各人習慣，不拘一格。③寬以解帶。坐禪時衣帶要適當放鬆，否則妨礙調息，但也不宜解得太鬆，因為太鬆了衣服脫落，容易著涼。④安手。手心朝天，把左手放置在右手掌上，兩手的位置以安放在小腿上面貼近小腹處為最合適。此外，兩手的放置，如果一手輕握另一手四指，把兩手拇指食指交叉一起；或者另用左手握右手，右手握左手的方式也可以。⑤正身。把身體和兩手舒展挺動七、八次，然後端坐舒適，胸部稍稍前俯。臀部略為後突，使背脊骨自然挺直而不曲不聳。⑥調正頭頸、眼、舌。坐時頭頸自然不偏，鼻尖正對臍孔，然後兩眼輕閉，使外光不入。同時閉口，舌抵上顎。

身調好後，接下來調息，息是呼吸。≪大安般守意經≫說：「息有四事：一為風，二為氣，三為息，四為喘。有聲為風，無聲為氣，出入為息，氣出入不盡為喘也。」對於「息有四事」的說法，後世智者大師≪修習止觀坐禪法要≫這樣闡述道：「坐時鼻中息出入有聲是風相，坐時息雖無聲而出入結滯不通是喘相，坐時息雖無聲亦不結滯而出入不細是氣相，不聲不結不粗，出入綿綿，若存若亡，資神安穩，情抱悅豫是息相。」坐禪時風相、氣相、喘相都要不得，只有若存若亡，出入綿綿，並能使坐禪者為之資神安穩，情抱悅豫的息相，才是坐禪者所追求的理想呼吸。

調身、調息之外，更要調心。在坐禪中，調心是最難而又至關重要的一着。≪修行道地經≫卷五說：「數息守意有四事：一謂數息，二謂相隨，三謂止、觀，四謂還、淨。」四事敷衍開來，就是數、隨、止、觀、還、淨「六妙法門」。現把「六妙法門」逐一道來，以明僧尼坐禪修習的大概。①數。數時先要調和氣息，又有「修數」和「證數」的不同。「修數」是或者數呼，或者數吸，或者以一呼一吸併為一次計數，數目可以一數到十，來來回回反反覆覆的數。這種數法形式雖有三種，目的卻只一個，就是心注在數，意不分散。「證數」是建立在「修數」日久基礎上一種不數而數的數法，這是數息已日趨純熟，呼吸出入，綿綿細長，已用不著由一到十來來回回地數，就能驅散雜念，一心不亂了。②隨。隨也有「修隨」和「證隨」之別。丟掉數法，一心跟隨呼吸出入，這時心息相隨，綿綿密密，叫做「修隨」。其後心既漸細，自己彷彿感到息的長短已經可以從遍身的毛孔中自由出入，這時意境寂然，便就進入「證隨」境界了。③止。隨息純熟之後，萬念俱寂，把整個思想都止在了鼻端上，叫做「修止」。修止日久，全身泯然入定，好似已經不復知道尚有自身的存在，這就進入到物我兩忘的「證止」高度了。④觀。用心意觀察細微出入的息相，寂然空虛得好比飄風似的，了無實在，名為「修觀」。觀久眼明心開，徹見息的出入周遍全身毛孔。叫做「證觀」。⑤還。由息返觀自心的智和境，再由此還歸到自心本源中去，叫做「修還」。心的生滅，好比波浪起伏，只有徹底掃盡一切雜念，歸到不生、不有，並且沒有觀心、觀境的湛然寂然境界，才算證得「證還」。⑥淨。一心清淨，不起分別，叫做「修淨」。心如止水，萬念俱寂，這時真心顯露，稱為「證淨」。

在調心「六妙法門」中，「數」和「隨」是前功，「止」和「觀」是正功，「還」和「淨」是結果。當然，簡單一點，坐禪時把思想集中在兩眉、兩眼之間，或者額頭、鼻端、臍中等處，也是一種驅除雜念的方法。

開始修習「六妙法門」時，「六門」可以試著各修幾天。在修習時如果覺得有一門對自己特別的身安息調，明心見性，能夠自始至終十分愉悅地堅持下來的，那麼也可專修這一門。修習時如果一旦發生障礙，可以另換一門。

每次坐禪完畢，可以先放開兩腳，同時活動身體、頭頸、肩膀和兩手，接著再用手在周身上下，前前後後進行按摩，然後又把摩熱的手掩在兩腿上，待張開眼睛後，就可下來活動了。

坐禪時萬念俱寂，趨向真如，其法看似簡單，實不簡單。佛教居士唐代大詩人王維詩說：「安禪制毒龍。」詩中把一個人頭腦中紛紛擾擾的思想比作毒龍，可見制伏之難。有時坐禪坐得不好，還會走魔入火或生出其他病來。

《紅樓夢》中那一段寫妙玉坐禪坐到三更以後，聽得房上「骨碌碌」一聲響，妙玉恐有賊來，下了禪床，出到前軒，但見雲影橫空，月華如水。其時天氣尚不很涼，獨自憑欄站了一回，忽見房上兩隻貓兒一聲一聲遞叫。忽又想起白天寶玉之言，不覺一陣心跳耳熱。

此後妙玉收攝心神回到禪房再次坐禪，怎奈神不守舍，心裡好比萬馬奔馳，只感到禪床恍蕩起來，身子已不在庵中。便有許多王孫公子，要來娶她，又有些媒婆，拉拉拽拽，扶她上車，自己不肯去。一會兒，又有盜賊劫她，執刀執棍的逼勒，只得哭喊求救。

哭聲驚醒庵裡水尼道婆衆人，都拿火來照看，只見妙玉兩手撒開，口中流沫。急叫醒時，只見眼睛直豎，兩顴鮮紅，罵道：「我有菩薩保佑，你們這些強徒敢要怎樣？」衆人聽得沒了主意，說道：「妙玉，快醒醒吧，我們在這裡呢。」妙玉道：「我要回家去，你們有什麼好人，送我回去吧。」道婆道：「這裡就是你住的房子。」說著，又叫一旁女尼快向觀音前禱告。

禱畢，那女尼一面喚醒她，一面給她揉著，道婆倒上茶來喝了，直到天明才睡了。不久請來大夫看脈，又是各說各的，沒有定論。虧得還是後來的那個大夫問道：「打過坐嗎？」道婆說道：「向來打坐的。」大夫道：「這病可是昨夜忽來的？」道婆回答：「是的。」大夫這才診斷：「這是走魔入火的緣故。」

佛家修習禪定，把生活的一切看得很淡很淡，追求的純是一種精神上的湛然寂然境界。然而，由於每個人都是生活在社會環境裡，有血有肉活生生的一員，僧尼也不例外，社會上所發生的一切，無不通過人的視覺、聽覺、嗅覺、觸覺等感官，反映感受到心坎裡來，因此如果修習時稍有不慎，不僅像妙玉等年輕女尼難收入定之功，就是幾十年坐禪下來的高僧大德，也常會因一念之差而棄盡全功。

對於妙玉這種走魔入火一類的反應，巨贊法師在《禪修的醫療作用及其可能發生的生理和心理現象》一文中，曾述及道：「修習的時候，可能發生種種幻覺，或者身上還會感覺疼如針刺，急如繩縛，癢如蟲咬，冷如水灌，熱如火灸，重如物壓，輕似欲飛，或者心中暗閉生起惡念，或者喜歡躁動，或者憂愁悲思，或者突然發生驚恐，或者像昏醉一樣，都要置之不聞不問，否則會妨礙修習而招致退墮。」由於妙玉思想本已有如萬馬奔馳，所以反應嚴重，那就不僅只是「置之不聞不問」就可解決，而是需要請醫調治了。

佛寺為了檢驗寺僧坐禪能不能夠進入入定境界，曾留下了「竹篦擊禪」的佳話。宋代南岳有住山僧，每當入夜，總是手裡拿著蠟燭，袖裡裝著竹篦、糖果等物到壇林去察看衆僧打坐。其時打坐僧衆有好幾百人之多，住山僧不是用竹篦痛擊，就是用糖果放到僧人面前。假如坐禪者對住山僧這種舉動毫無反應，紋絲不動，那就證明心靜而能入定；反之則差距尚遠，須要繼續努力。

宋徽宗政和二年（公元一一一二年）時，嘉州有個坐禪的老僧，真是入定得到了家。本來，人們並不知道有這樣一個入定僧，只是一次偶然機會，嘉州路邊一棵大樹被狂風吹折開來，才使人們發現樹身的大窟窿裡，藏著一個入定老僧。眾人看那老僧，頭髮和鬍鬚長得差不多把身體都遮蔽住了，那手上的指甲，也長得在身子周圍繞了一圈。消息傳到京裡，徽宗皇帝詔令把入定僧用轎子抬進京城，並讓西天總持三藏用金磬把老僧從入定中喚醒過來。三藏問：「師父是何代高僧？」入定僧道：「我是東林寺遠法師之弟，法名慧持，因遊峨嵋山而入定於樹。不知遠法師現今無恙否？」三藏聽老僧這麼一說，不禁大驚道：「遠法師是晉朝人，早在七百年前就圓寂了。」入定僧慧持聞說，寂然木然，一聲不發。三藏又問：「法師現在這裡，希望到哪裡去呢？」慧持回答：「陳留縣。」話音剛落，便就又入定了。

慧持的入定功夫，曠日持久地積累下來，完全達到了形如槁木，心如死灰的境界。由於這種入定，新陳代謝已消滅到機體最低水平，幾乎接近停頓狀態，所以能在寂靜的老樹空幹中歷七百餘年而一命如絲，從而創造了令人難以置信的生命奇跡。在佛門中，佛教徒追求的最高境界是涅槃寂靜，慧持的入定，正是達到了這種境界。

一般情況下，比丘依教坐禪，也有稱之以參禪的。然而就參禪的本意來說，習禪者為了求得心性上的開悟，向各地禪師廣泛參學，更是事情的一個方面。《華嚴經·入法界品》說，善財童子最初從文殊菩薩那裡發菩提心，後來又離開文殊菩薩南下，先後向菩薩、佛母、比丘、比丘尼、優婆塞、天神、地神、主夜神、王者、城主、長者、居士、童子、天女、童女、外道、婆羅門等五十三位善知識參訪請教，終於獲證善果。過去蘇州虛丘有觀音殿，殿下台階五十三級，正對殿上的千手觀世音。禪門弟子或遊人拾級而上，無論當你踏在哪一級上，舉頭望去，都可看見殿上觀音菩薩那張慈祥的臉。所以俗話說：「五十三參，參參見觀音。」現在殿中觀音，在十年動亂中毀於一旦，而五十三參的台階，卻依舊故我。

這樣便就說明了一個問題，就是為了明心見性，趨向真如，參禪的形式既可以是坐，也可以不坐。坐與不坐，不是問題的關鍵，而只有悟，才是問題的根本所在。當年南宗六祖慧能初尋師到韶州，聽說五祖弘忍住在黃梅，他便前去充當為火頭僧。後來五祖為求法嗣，讓諸僧各出一偈。當時奪標呼聲頗高的上座神秀，寫下一偈是：

身是菩提樹，心如明鏡台。
時時勤拂拭，莫使惹塵埃。

慧能在廚房舂米，聽了道：「美則美矣，了則未了。」於是也口吟一偈，讓人寫在壁上道：

菩提本無樹，明鏡亦非台。
本來無一物，何處惹塵埃？

結果，由於慧能的情性超過上座神秀，弘忍便把衣鉢傳給了慧能。

在禪學上，慧能的卓著貢獻之一，就是他的「禪不在坐」思想。平時，他主張禪門修習，當以定慧為本，並精闢地闡解「坐禪」說：「何名『坐禪』？此法門中，無障無礙，外於一切善惡境界，心念不起，名為『坐』。內見自性不動，名為『禪』。」這樣說來，所謂「坐禪」也者，「坐」就是心念不起，就是「定」；「禪」就是明心見性，就是「慧」。可謂別具一格。

除卻坐的形式，社會上僧衆參悟，由於難度較高，所以常有大和尚參禪而心境未融，宗旨未徹的情況。明代徐霞客在《滇遊日記》中，記有己卯三月廿七日在永平評說大和尚一葦和了凡的參禪情況：「一葦和了凡以同鄉故，欲住靜山中。了凡與之為禪語，余旁參之，覺凡公禪學宏貫而心境未融，葦公參悟精勤而宗旨未徹，然山窮水盡中亦不易得也。」在徐霞客眼中，了凡禪學宏貫，但心境未融，一葦禪學精勤，但宗旨未徹，都還沒能真正進入圓融明徹，頓然開悟的禪的三昧境界。

事實確也如此，參禪求悟，並不是件十分容易的事。為了促人頓悟，使參禪者從迷妄中猛醒過來，佛門中常有當頭棒喝之舉。《錦江禪燈》記載密行忍禪悟說：「有僧自雞足來，示以無字話頭。參究五載，無入處。後遇濟凡禪師，謂之曰：『參禪到無可奈何處，便是得力處。譬如戰士，失卻寶刀，雖則赤手空拳，奮不顧身，直前奪取敵人手中器械，便殺入去也。』即於言下有省。」密行忍把雞足僧的一個無字話頭參了五年，還未參透究竟，正在無可奈何之際，虧得碰上了濟凡禪師，並聆聽濟凡禪師當頭棒喝式的教誨，才得以有所省悟。

說到當頭棒喝，這是禪家別具風彩的獨到參悟之道。唐代禪學大師德山宣鑒，由於徹悟佛法不可思議，用心即乖，開口便錯之理，所以平時如有僧人前來參問禪理，總是操起一條白棒，開口也三十棒，不開口也三十棒，明頭來明頭打，暗頭來暗頭打，四面八方來旋風打，虛空來連架打，更不問是佛是祖，沒個例外。

棒打之外還有喝破，當初百丈懷海禪師，憶及曾在馬祖門下被喝景況說：「佛法不是小事。老僧被馬大師一喝，直得三日耳聾眼黑。」

後來，棒喝之法被臨濟宗接了過去。早先，臨濟宗開山祖義玄禪師曾投奔江西黃蘗山希運門下，參問老師：「如何是佛法的大意？」誰知問聲未絕，希運劈頭就打。這樣三度參問，三度被打，沒奈何，只得改投高安灘頭大愚那裡。後經大愚啟發，恍然有悟，便又回到希運處來。

希運看到義玄又來，便問：「這漢來來去去，有甚了期？」義玄回說：「只為老婆心切，便人事了。」說完待立，希運隨說：「遮大愚老漢，待來見與打一頓。」義玄接口：「說甚待見，即今便打。」希運怒道：「這瘋顛漢來這裡捋虎鬚。」義玄聽說，當即大喝一聲，從此便悟。

此後，義玄禪師在河北鎮州（今河北省鎮定縣）的臨濟院舉揚一家宗風，便就是臨濟宗名稱的來歷。《五燈會元》第十一卷說，平時義玄化接學人，常用棒喝。如他發問：「有時一喝如金剛王寶劍，有時一喝如踞地師（獅）子。有時一喝如竿影草，有時一喝不作一喝用。汝作麽生會？」僧聽義玄發問擬議，義玄便又喝。

由此可見，臨濟宗開示學子，往往單刀直入，機鋒峻烈，特色鮮明，所以人稱：「臨濟將軍，曹洞士民。」對於臨濟宗這種機用峻烈的家風，《五家宗旨纂要》評為：「臨濟家風，全機大用，棒喝齊施，虎驟龍奔，星馳電掣。負衝天意氣，用格外提持。卷舒縱擒，殺活自在。掃除情見，迥脫廉纖。以無位真人為宗，或棒或喝，或竪拂明之。」

「念佛是誰？」是參禪中一個有名「話頭」。對於「念佛是誰？」這樣一句不明不白的話頭，各人可以各參，各人可以各悟，答案自然不只一個，大致根據前人經驗，關鍵是在「誰」字上下功夫，問個山窮水盡，天昏地暗，在綿綿密密中起疑情，最後直到虛空粉碎，見我個本來面目。如果不抓住這個「誰」字，那就是參話尾了。所謂：「小疑小悟，大疑大悟，不疑不悟。」疑是悟的前身，待到一旦徹悟，疑就烟消雲散了。如果一時參想不透，必要時還可念上幾句「阿彌陀佛」，再來問問能念的是誰？有個最妙的結論是，凡是有個回答的都不是，因為在凡夫的境上，總是剎那妄想不息的。

除了「念佛是誰」，看話禪中著名的，尚有「父母未生以前，如何是本來面目」以及「

狗子有無佛性」等話頭。關於「狗子有無佛性」，希運《傳心法要》那段話很有看頭：「僧問趙州：『狗子還有佛性也無？』州云：『無。』但去二六時中看個『無』字，晝參夜參，行住坐臥，著衣吃飯處，屙屎放尿處，心心相顧，猛著精彩，守個『無』字。日久月深，打成一片，忽然心華頓發，悟佛祖之機，便不被天下老和尚舌頭瞞，便會開大口。」

說到這裡，人們不禁要問，說了半天，「話頭」究竟是怎麼回事呢？原來話頭，就是一句可以抓住，但卻沒有來由的話，佛家認為，上根利智的人可以「一聞千悟」，而中、下根性的人，因為一時難以徹悟，所以便要找個下手的處所，好從其中想將入去，悟將出來。這個想將入去，悟將出來的下手住所，就是所謂的「話頭」了。參話頭的方法，大多是咬住話頭不放，不管是坐是行，吃飯睡覺，不管你活動在什麼時間，走到什麼地方，總要行也不知行，坐也不知坐，視而不見，聽而不聞，一直參到忽然開悟，洞徹無礙為止。

這裡要注意的是，就是參禪人對於話頭，只可用起疑情的辦法來參，誠如臨濟宗大慧宗杲《答呂舍人》所說「千疑萬疑只是疑，話頭上疑破，則千疑萬疑一時破。話頭不破，則且就上面與之斷崖。若棄了話頭，卻去別文字上起疑，經教上起疑，古人公案上起疑，日用塵勞中起疑，皆是邪魔眷屬。」

平時，參話禪最容易走上岐路的，就是用分別之心來參。為此，我師明暘大和尚說，參禪的人，要注意到參禪是用一段心光智慧來參，不是用意識來分別，智慧是沒有分別的，意識是有分別的。這是分別與無分別兩個根本不同的原則。如果一起了分別心，妄想紛紛，擾亂自心，就不能止了，故參禪一定要用智慧來觀照。要看一句話頭，看話頭就是用一種方便法門來止息妄心，照明真性。

我們能夠把一句看得好，就要疑情提得起，疑情提得起，那麼妄想的心就能夠斬得斷。用疑心來制伏妄想，就是堵截第六意識，不許它妄動。正如≪金剛經≫講的「降伏其心」。這個疑心與妄想兩者之間，絕對不能並立。有了疑情，就沒有妄想，自然有了妄想，也沒有疑情，就好像光明與黑暗不能同時並存的道理一樣。

關於參話頭何以能祛迷斷惑，證入無為的原理，宣化上人≪開示錄選集≫的體會是：「參話頭是妄想，雜念是多個妄想。用以毒攻毒的辦法，所以用參話頭的妄想來控制多個妄想。慢慢將妄想一個一個消滅，不再起作用。這時，無論什麼境界來了，都不會迷惑。分析清楚，就不會走火入魔。古德說：『寧可千生不悟，不可一日著魔。』修禪定要謹慎小心，不可偏差，正大光明，不要給魔找機會。雜念是替魔開門，而參話頭即是驅魔的法寶。」則又由此可知，參話頭又可結合禪定，相得益彰。

至於參禪後忽然有悟，洞徹無礙的滋味，自然是一般局外人所難以體會的。原因是一個拿著話頭冥思苦想了好多年，而一個卻全然沒有這番經歷和感受。對於沒有這方面經歷和感受的人，不妨看一下近人蔣維喬≪佛學綱要≫所說禪悟後思想上的明徹境界：

禪觀的悟道境界，究竟怎樣？這難以筆墨形容得出。大概功夫到純熟的時候，知情意的作用，均不復起，一切妄念，頓然消失；鼻端呼氣吸氣，也幾乎斷絕；這時惟有一片光明，內面看不見身心，外面看不見世界。悟道的光景，就是這樣。

這是一種參悟或坐禪後情意不起，妄念頓失的光明境界，在這種光明境界裡，彷佛世界和自身都已不復存在，使人感到的只是一片美妙無與倫比的愉悅。

按照佛門規矩，每年十月十五日結制，全體僧衆都要入堂參禪，「克期取證，以悟為期。」近代法界圓瑛法師有《結冬起禪》七言絕句五首，其中第四、第五首道：

太白峰前迭佛場，紅爐點雪事非常。
聖凡輕換無他術，只歇心頭一念狂。

般若爐開煅聖賢，人人參究未生前。
若明法法唯心旨，瓦塊磚頭盡是禪。

詩中認為，參禪的關鍵在心，超凡入聖，要點只有一個，就是歇卻心頭妄念，從而明心見性，參究到自己還未降生前物我都無，一片光明的廬山真面。

此外，圓瑛法師另有《參禪》七絕十首，道出了他對禪的深切理解和自我證悟。詩說：

參禪直下達根源，聖解凡情兩不存。
大道休從身外覓，湛然寂照便歸元。
欲知父母未生前，一段真機體自然。
且向情關未動處，輕輕著眼試參研。
提起疑情剔起眉，精神抖擻頓忘疲。
離心離識勤研它，反覆看渠渠是誰。
漫道參禪不用疑，不疑不悟語無欺。
疑團結處塵心盡，自有寒灰豆爆時。

這個話頭豈等閑，看來著力似登山。
縱然到得無心處，即此無心又一關。
有時掉舉或昏沈，這裡應須善用心。
寂寂惺惺惺寂寂，調和定慧要均平。
未生消息無多旨，但看行藏語默誰？
識得渠儂真面目，穿衣吃飯總相宜。
用心切忌妄追求，老實單提死話頭。
任運施為皆這個，騎牛何必去尋牛。
返照心源萬境空，冷湫湫地起清風。
忽然湧出扶桑日，一法通時法法通。
也大奇兮也大奇，自家面目自家知。

何須喚起木人問，眼下鼻尖眼上眉。

由此可知，禪不僅是一種宗教，同時也是一種哲學，一種美學。比起其他的宗教、哲學來，佛教的禪學在把握世界的方式上，有著它自己獨具的異彩：「教外別傳，不立文字，直指人心，見性成佛。」

佛教徒的學習生活

按照佛的教導，菩薩為了利益衆生，必須廣學多聞，否則就不足以為世人服務。因為這個緣故，佛教要求學菩薩行的人盡力學習「五明」。「五明」是：①聲明。聲韻學和語文；②工巧明。一切工藝、技術、算學、歷數等；③醫方明。就是醫藥明；④因明。佛教邏輯學；⑤內明。佛學的同義詞。

如果條件許可，「五明」可以同時學習，兼程並進，如果條件受到限制，就兼學其中的幾種或專精一門。當然，作為一個僧尼來說，「內明」是最為核心而不能不修的學問。

在學習時間安排上，僧尼平時多以見縫插針的分散學習為主，但也有集中學習的時間，那就是「安居」。在梵文中，「安居」寫作Varsika，原意解作「雨期」。印度古代婆羅門有雨期禁足的習慣，生怕這時出外踩傷新生的小動作或小蟲，而佛教則照此沿用不改。按照律制，僧衆須在夏季雨期的三個月中安居一處，靜心修道，學習佛經。《業疏》四說：「形心攝靜曰安，要期在住曰居。」所以叫做「安居」。安居的具體時間，大致在農曆四月十六到七月十五這三個月的九十天裡。其中第一個月為「前安居」，中間一個月為「中安居」，末了一個月為「後安居」，總稱為「三安居」。

近些年來，全國各佛教聖地紛紛成立佛學院和僧伽培訓班。就學習條件來說，佛學院和僧伽培訓班的學習條件較之一般僧尼的自學，自然要好得多。有意味的是，由於佛典深奧，學習不易，所以在某些佛學院中，還經常的設有「預科」。一九八四年十二月二十五日《中國新聞》曾經作過「福建佛學院預科首屆學員畢業」的報導。報導說，中國佛教協會福建分會主辦的福建佛學預科五十三名學員，於一九八四年十二月二十五日分別在莆田廣化寺和福州崇福寺畢業。首屆畢業的學生中，男班畢業學僧十八人，女班畢業學員三十五人。女班除沙彌尼、比丘尼二十五人外，還有在家女佛教徒優婆夷插班生十人。福建是漢族地區佛教信徒比較集中的一個省份，歷史上高僧輩出。「文革」十年，僧材零落，青黃不接。為了培養年輕一代僧材，福建省佛協於前年初正式開辦福建佛學院預科，男班設在廣化寺，女班設在崇福寺。學員從具有中學程度的出家僧尼中通過考試擇優錄取，課程以佛學爲主，兼修文化。學員入學後勤奮學習，嚴格修持，成績優良，受到海內外佛教界人士的普遍好評。去年秋季，有五名學僧被中國佛學院本科班錄取。

中國佛學院設在首都北京，是我國全國各地佛學院的中心。除中國佛學院外，峨眉山佛學院、棲霞山佛學院、靈岩山佛學院等，也是佛學院中享有聲望的名牌教學基地。

一九八四年十二月一日，南京棲霞山寺中國佛學院棲霞山分院舉行開學典禮。這是一次十分隆重的典禮，會上，除棲霞山分院全體師生二百多人，中國佛教學會有關領導，江蘇省暨南京市統戰、宗教部門的負責人、安徽、浙江、上海等省市的佛教界人士也都被邀參加了開幕儀式。

分院副院長茗山法師首先講話。在講話中，他勉勵學生「愛國愛教」，牢固樹立「和合、勤學、清淨、莊嚴」的學風。接著，江蘇省民族宗教事務局沙仁麟局長受國務院宗教事務局委託，代表國務院宗教事務局和江蘇省民族宗教事務局，向分院師生表示最熱烈的祝賀，他希望同學們努力學習佛教知識和各門基礎文化課程，成為具有高度學識文化水平的佛教專門人材。

中國佛教協會在賀詞中，對棲霞山分院工作人員和全體師生提出了三點希望：一是遵循面向現代化，面向未來，面向世界的「三個面向」的原則；二是發揚佛教優良傳統，提倡人間佛教；三是學修並重，擔當起弘法利生的重任。

最後，學僧代表覺慧發言，表示一定要認真學習，使自己成為新時代有理想，有佛學知識，有文化，有道德，守紀律，愛國愛教的佛教事業接班人。

在專門培養比丘尼的佛學院中，四川尼衆佛學院是較早成立的一所。一九八五年一月十五日，四川尼衆佛學院在成都鐵像寺開學。佛學院首批招生三十九名學員，分別來自全國九個不同省份，年齡在十八～三十歲之間，具有高中文化程度。四川尼衆佛學院由趙樸初任名譽院長。學院學制四年，課程設置有佛學、佛教史和宗教修持課程，宗旨是培養具有較高佛學知識和文化水平，專職從事佛學研究，寺庵管理的尼衆人才。

四川尼衆佛學院設在鐵像寺一座占地十餘廟的四合大院裡。院內正面大殿，供著明朝萬歷年間出土的鐵佛像。教室和接待室座落在院的右首，教職員辦公室和尼衆寢室，安排在院的左側。整個院內，花木扶疏，環境優雅，是個學習的理想樂園。

人們走訪四川尼衆佛學院院長隆蓮法師，得知她三十歲出家，此後一直閉關潛修佛學近五十年。由於她的非凡才華和卓著成就，使她蜚聲中外，成為中國比丘尼中最負聲望的一位高尼。當時，隆蓮法師對來訪者陸文說：

「佛學院的接班人整整三十年沒有培養了。現在全國比丘尼老的老，小的小，根本無法適應對外開放的需要。一些國家邀請我們進行這方面的交流，我們卻派不出人。看來培養佛學接班人，已經勢在必行，刻不容緩了。」又說：「在尼衆佛學院中，我負責《佛教常識》、《古漢語經論選讀》等課程的教學，每周八到十課時。」

《佛教常識》、《古漢語經論選讀》之外，尼衆佛學院的課程還有教理、戒學、政治、語文、歷史、英語等等。至於學生的日常生活，隆蓮法師向陸文這樣介紹道：「我們這裡學生和一般學校不同的是：第一，所有學生全部吃素；第二，奉行獨身主義，不結婚嫁人；第三，早晚念經，參禪打坐，參加鐵像寺尼僧們日常的佛事活動。」

為了總結經驗，進一步提高教學質量，一九九二年一月，在上海舉行了一次全國性的漢語系佛教教育座談會，會後整理成《全國漢語系佛教教育工作座談會紀要》一份。一九九二年《法音》雜誌第三期全文刊載了這份《紀要》：

佛學院分初級、中級、高級三個等級。初級佛學院（統稱××初級佛學院）學制二年，除進行愛國主義和社會主義教育，主要是學習佛學常識、儀規念誦、叢林規制、文化基礎知識，並為中級佛學院提供生源。僧人較多的寺院應採取培訓班、學習班或其他形式，組成本寺僧人進行佛教、文化、時政等方面的學習，但是不具備佛教院校條件（師資、課程設置、招生、學制等），未經省、自治區、直轄市佛教協會批准為佛教院校的，不列入三級佛教院校序列。

中級佛學院凡有條件的，在普通班之外，還應設立培養佛教教育師資或管理人才的專業班。不管是普通班還是專業班，第一年一律上佛學基礎課和政治、文化課。第二年除上政治、文化等課程外，可分班開設專業課和佛學課。畢業後，普通班學生如要進一步深造，可以進高級佛學院繼續學習；專業班學生則基本分配到寺寺院或其他單位工作，但也不排斥個人提出繼續深造的要求。

高級佛學院學制四年，設置佛學專業、管理專業、教育專業的系（班）。前兩個學年開佛學基礎、文史哲基礎、外語等公共課，後兩個學年分上專業課。四個學年都要上思想政治教育課。

此外，高級佛學院另設三年制研究生班，學生來源從高級佛學院畢業生中擇優錄取。

在《紀要》中，還對佛學院的招生工作，作了原則上的規定：「把好招生關是教學質量的重要保證。要堅持招生條件，經過考試和審查，擇優錄取。除了堅持政治、佛學、文化、健康等條件外，還必須把僧儀、持戒做為錄取的重要條件。要堅決糾正在招生中不經過考試和審查，降低招生條件的弊端。」

對於這樣一次教育盛會，上海佛教學會副主席，著名學者蘇淵雷教授於元月十二日吟成《祝全國漢語系佛教教育工作座談會圓滿成功》五言古詩一首，以記其盛：

育才良不易，為道嘆屢遷。
四科首德行，三學戒為先。
馬祖創叢林，清規百丈傳。

僧衆持六和，參學兩便焉。
佛教中國化，今約二千年。
叢林變書院，寺學重攻堅。
我聞那爛陀，百科開講筵。
奘師昔參究，歸國宗派延。
教下盛三家，別傳如來禪。
歷史有傳統，本地風光妍。
建國逾卌載，中興追昔賢。
弘化遵三時，科制忌拘牽。
一言以蔽之，覺不離世間。
茲者敞座談，濟濟競發言。
繼承與創新，智海浩無邊。
教育立宗旨，修學一條鞭。
行解互相應，證悟豈不然。
要求具特色，節節境界聯。
提高與調整，救偏毋求全。

行見新氣象，種智大鏡圓。
十方齊努力，向上更向前。

作為佛學院的補充，還有多種形式的僧尼培訓班。比如一九八八年一月十九日結業，由四川峨眉山佛教協會主辦的一期培訓班，共培訓學員三十六人。這三十六人，都是峨眉山佛協在近幾年裡招收的學僧。培訓班學僧在省佛協秘書長遍能法師指導下，學習憲法、佛教規儀、殿堂課誦、峨眉山佛教史，以及初中語文、中國近代史課程。

一九八五年開辦的上海龍華寺僧伽培訓班，也很有名氣。培訓班的任務，主要是為寺廟培養一批有佛學基礎的接班人，同時也為今後向各地佛學院輸送深造人才打下初基。一九八九年四月，筆者一家為小女洪蔚定居西德餞行，曾去龍華寺素齋館聚餐。餐後，培訓班監學廣學法師把我們安排在培訓班的課堂裡喝茶小憩。因為那天正好是星期天，培訓班放學，所以寬敞明亮的教室裡空無一人。

小坐一會兒，貼在教室牆上的課程表和作息時間表引起了我的興趣，隨之，我向廣學借來紙筆，記下了近期培訓班的課程和作息時間。課程表的課程安排是這樣的：

	節次和時間	星期一	星期二	星期三	星期四	星期五	星期六
上午	①八：〇〇—八：四五	政治	梵唄	語文	自修	梵唄	佛學
	②八：五五—九：四〇	佛學美術	英語	語文	佛教史	英語	佛學
	③九：五〇—一〇：三五	佛學美術	英語	語文	佛教史	英語	自修
下午	④一：一五—二：〇〇	書法	自修	語文	自修		勞動
	⑤二：一〇—二：五五	書法	佛學	語文	自修	佛學	勞動
	⑥三：〇五—三：五〇		佛學		自修	佛學	

從課程表中，我發現這樣兩個特點，培訓班學僧們學習的知識面寬，除了梵唄、佛學、佛教史，還涉及語文、英文、書法、佛學美術等課程，同時還不忘政治思想教育和勞動。二是課程集中，其中尤其以星期三整天都安排語文為最突出。我問：「這是怎麼回事？」廣學告訴我道：「這是因為有的教師要到外面去請，為了方便教師，所以才作出這樣的安排。」

再看僧伽培訓班的作息時間：

	時　　間	作　　息
上午	5:00～5:10	起　床
	5:10～5:40	早鍛鍊
	5:45～6:45	早　課
	6:10～7:00	早　飯
	7:00～8:00	早自修
	8:10～10:45	上　課
	10:45～11:00	佛殿打供（上供）
中午	11:30～12:00	午　飯
	12:00～1:00	午　休
下午	1:10～1:15	上課準備
	1:15～3:50	上　課
	3:50～4:00	休　息
	4:00～4:20	晚　課
	4:30～5:00	晚　飯
	5:00～6:30	自由活動
	6:30～8:30	晚自修
	8:30～8:45	臨睡準備

表中早課，就是晨間的集體念誦；晚課，就是晚間的集體念誦。作息表時間訂得很死很嚴，可見培訓班對學僧生活的嚴格要求。因為如果沒有這種嚴格的規定和要求，那麼一旦兩年培訓結束，豈不成了個自由散漫的散僧？

幾年前，筆者曾在蘇州靈岩山佛學院為學僧上過書法課。當時，在知客貫澈法師安排下，我在講台上為學僧們講了兩堂課的「中國書法批評史」。其時懸著「般若堂」橫匾的教室一片肅靜，學僧們全神貫注，側耳靜聽，學習態度極其認真，使我這個在大學講台上站了多年的教師也深為感動。課後揮毫示範，學僧們一哄而上，生怕落在後面錯過「眼福」。然而，為了使揮毫得以順利展開，學僧們還是在我面前留出了較大的回旋餘地。

上課完畢，學僧門圍在我面前問這問那，久久不肯離開。看著年輕學僧們超凡脫俗的舉止言談和熱情的樣兒，不禁使我想起「不俗即仙骨，多情乃佛性」的句子。長江後浪推前浪，相信新一代僧人，在弘法利生的佛教事業上，較之他們的前輩，必將會有較大的新的發展和開拓。

集體教學之外，老僧的個別帶教，也為小比丘或小沙彌的學習生活，添上了一抹異彩。一次，筆者在玉佛寺看到這樣一幕：在一個展示著佛教人物的寬暢室內，一個穿著黑色海青的老僧臨桌矍然而坐，對面則坐著一個淡灰色小衣的年輕沙彌，看去十七、八歲模樣。老僧念一句，小沙彌跟一句。看來，那抑揚頓挫，充滿佛教瑰奇色彩的梵唄並不那麼好學。一句不夠，再來一句，有時竟一連要來好幾次，然後才過渡到下一句。出於好奇，我在一旁聽了好久，那老僧和小沙彌兀自不動聲色，好像一旁就根本沒有我這個人存在似的，依舊一個數，一個學，手裡捧著他們的佛經不放。我想，出家人這種一心專注，心不旁騖的學習精神，和他們坐禪時的萬念俱寂，一心趨向真如，正好彼此吻合。

進佛學院學習要通過考試一關，那些因各種原因一時進不了佛學院的小比丘，卻並不因此放鬆自己的學習。前些年來，龍華寺那個小比丘慧通，就常來我家請教文字。原來一個時期來，龍華焰口放得較多。放焰口是一種複雜的佛事，儀式舉行時所念經卷，文字深奧，並且多異體字和冷僻字。慧通來時一坐就是幾個鐘點。在經卷上，他密密麻麻地注滿了一些生字的讀音和解釋。有時遇到筆者讀不出和解釋不出的字、詞，少不了還要搬來字典詞典，酙斟研究。平時筆者工作一向很忙，但看著他那認真的樣子，加之出於對佛的崇敬，所以不嫌其繁，一直等到他自己認為學得差不多了，才暫時告一段落，下次再來。

佛弟子生活中的護生文明之舉

《紅樓夢》第三十六回，只見賈薔進去，笑道：「你來瞧這個玩意兒。」齡官起身問：「是什麼。」賈薔道：「買了個雀兒給你玩，省了你天天兒發悶。我先玩個你瞧瞧。」說著，便拿些穀子，哄得那雀兒果然在那戲台上銜著鬼臉兒和旗幟亂竄。衆女孩子都笑了，獨齡官冷笑兩聲，賭氣仍睡著去了。賈薔還只管陪笑問他(她)：「好不好?」齡官道：「你們家把好好兒的人弄了來，關在這牢坑裡，學這個還不算，你這回子又弄起個雀兒來，也干這個浪事!你分明弄了來打趣形容我們，還問『好不好』!」賈薔聽了，不覺站起來，連忙賭神起誓，又道：「今兒我那裡的糊塗油蒙了心，費一二兩銀子買他(它)，原說解悶兒，就沒想到這上頭。罷了，放了生，倒也免你的災。」說著，果然將他雀兒放了，一頓把那籠子拆了。

齡官病中睹物思人，連想到自己的身世，不免牽愁惹恨，感慨萬千，原來雀兒雖不如人，可是卻也有個老雀兒在窩裡，現在被賈薔弄來逗著取樂，真是於心何忍！結果賈薔拆毀鳥籠，放了鳥兒的生，為的是能為齡官免災，可見佛家放生得福，早已融進到人們觀念的深處。

說到放生免災，五代十國、宋初之際，錢塘（今浙江省杭州市）出了個名叫壽禪師的大德。早先，壽禪師曾任北郭稅務專知官。平時，他只要看到攤頭上有活魚活蝦，就用錢統統買下放生。這樣日積月累下來，由於不勝經濟負荷，最後終致傾家蕩產。為了放生，沒奈何，只得幹起了盜用公款的事。不久事發，官府判他死刑。臨刑之時，吳越王錢俶特意派人前去觀察，並叮囑：「這位先生如果和普通人一樣悲懼，就執行死刑，否則就放了他。」結果，禪師臨刑之時，表情平靜得和往常一樣，便獲釋了。獲釋之後，他發了個狠心，正式披剃出家做了法師。對於壽禪師臨死不悲不懼，淡然處之，最後終於出家為僧的生命歷程，蘇軾認為是菩薩因他平時喜歡放生，才度了他。

蘇軾雖說是個居士，由於深受佛家思想影響，慢慢地開始戒殺放生起來。平時，蘇軾最喜歡吃蟹吃蛤，總免不了殺生。後來，蘇軾因烏台詩案被關進監獄，心裡暗忖：「這次怕是死定了，就好比雞鴨被廚子殺死一樣。」後來蘇軾幸而獲釋，便下決心學起了佛家的放生之舉。那時，只要有人送他魚蝦，除了死者不能復生，其他活的，他都統統放到江裡，心想即使被放魚蝦不一定全能活命，但總比放在鍋裡烹煎來得好多了。

在北宋禪學盛行的情況下，其時名相王安石也有過放生贖罪之舉。明周清源《西湖二集》專門提到其事說，王安石生性乖僻自用，主意一定下來，就是用九牛之力也牽他不轉，由於改革變法，幾乎把宋朝天下都斷送了。後來神宗皇帝知他誤國害民，就罷了他丞相之職。王安石歸老鍾山後，因念變法失敗，沒有把個國家搞好，人民生活改善，心裡竟有點過意不去，於是便思量放生贖罪，遂多買魚蝦等物放生，並作詩道：「物我皆畏苦，捨之寧啖茹。」

對於王安石晚年這種放生贖罪之舉，書的作者周清源並不贊同，所以叫大家不要學他的樣，而是要徹底的從做善事做起。他認為，天地間極不好的是殺生，陰府裡只有這種殺生之罪最為重大，為此人間功德，再也莫大於放生了。如果人們肯放生的話，便生生世世永不輪廻地獄、餓鬼、畜生之苦，永不受刀兵、水火、殺害之災，在世得洪福、富貴、功名、子息種種如意，壽命延長，死後定生西方極樂國土。

我國放生習俗起源較早，《列子・說符篇》載：「邯鄲之民，以正月之旦獻鳩於簡子……簡子曰：『正旦放生，示有恩也。』」南梁朝時，荊州曾建有放生亭。佛教提倡放生是後來的事。《梵網經》二十不行放生戒說：「若佛子以慈心故，行放生業。」又說：「故常行放生，生生受常住之法。」隋王朝時，名僧智者大力提倡放生，對浙江一帶佛教徒產生了很大影響。當時浙江天台山麓，就有臨海之民，捨扈梁六十三所為放生池，唐肅宗乾元二年（公元七五九年）還下詔天下設放生池，當時國內建有放生池八十一所，顏真卿撰並書《放生池碑》。宋真宗天禧年間，敕各地重修天下放生池；天台宗知名學者知禮開始提倡佛誕日那天放生，此後佛誕日放生便成了常規。

南宋周密《武林舊事》卷三說：「四月八日……西湖作放生會，舟楫甚盛，略如春時小舟，競買魚龜螺蚌放生。」清顧鐵卿《清嘉錄》也說：「（四月）八日……曰浴佛。居人持齋禮懺，結衆為放生會。或小舟買龜魚螺蚌，口誦放生咒放之，竟日不絕。」

後來，由於放生大會的日期正處在風和日麗的春末夏初，所以漸漸地又帶上了較多的遊樂意味。清代柴桑《燕京雜記》說：「南城憫忠寺，歲之四月八日，為放生大會，輕薄少年，如作狹邪之遊，車擊轂，人摩肩。寺僧守門進者，索錢二百，否則拒之。於是品綠題紅，舄交履錯，遺珠落翠，粉蕩脂流，招提蘭若，竟似溱洧濮上矣。寺僧又於婦女所攜之小兒女，各與一撲滿，誘他帶回滿載，令明年赴會輸之，以是一日間獲金至數千。其謂放生大會者，僅買數雀放之，實則一無所觀。」但無論如何，放生大會中真正慈悲為懷而行放生的，事實上卻也不在少數。

這種放生戒殺之舉，體現到近代僧人生活中，弘一法師的事跡頗值一提。一次，畫家徐悲鴻進山探望弘一法師，只見一隻猛獸在弘一法師面前走來走去，絲毫也沒有傷害人的意思，心裡感到奇怪，不禁問道：「此獸乃山上野生猛獸，為何在此不傷人？」法師回答：「這隻猛獸早先被人擒住，後來是我把牠放了，所以牠不致傷害我。」有意味的是，弘一法師的護生之舉，還波及到花草樹木中去。一次，也是徐悲鴻去看他。抬頭間，徐悲鴻忽然發現一株枯死的樹上綻出了幾片新綠的嫩芽，便問：「此樹發芽，莫不是因為您高僧來到山中，才使得它有所感動而起死回生？」可是弘一的回答卻很實在：「是我憐惜它，每天為它澆水，才慢慢地救活了它。」

為了護生，從一九三〇年起，弘一法師還和他的在家弟子豐子愷合作《護生畫集》，集中每一幅畫，每一行字，都呼籲保護動物，勸勿殺生，並曾有云：「普願衆生，承斯功德，同業菩提，往生樂園。」

我國從古以來就有「天地之大德曰生」的說法，而出家人對於戒殺放生，更是生活中所必須時時關注的。為了勸人戒殺放生，不知是誰，曾作有一首托名彌勒菩薩的放生詩說：

勸君勸放生，終久自壽長。
若發菩提心，大難天須救。

而慈受禪師《戒殺偈》二首，也很有名：

豐子愷護生畫

世上多殺生，遂有刀兵劫。
負命殺汝身，欠財焚汝宅。
離散汝妻子，曾破他巢穴。
報應各相當，洗耳聽佛說。
買肉須要肥，買魚須要活。
買衣須要美，買田須要闊。
若教買命放，一毛不肯拔。
黃泉路途險，失腳恐難脫。

此外，壽光禪師也作一首道：

放生續命事雖庸，無限陰功在此中。
一歲積成千種福，十年培養萬重功。
已赴網羅遭困厄，將投湯火近驚衝。
臨刑遇赦恩無量，彼壽隆兮爾壽隆。

至於在家居士所作的戒殺詩，那就更多了。白居易是唐代著名詩人，他晚年看破紅塵，在家出家，有《戒殺詩》道：

世間水陸與虛空，總屬皇天懷抱中。
試令設身遊釜甑，方知弱骨受驚衝。

又云：

誰道群生性命微，一般骨肉一般皮。
勸君莫打三春鳥，子在巢中望母歸。

那位生在北宋的江西詩派祖始爺黃山谷，也是居士中的有名人物。他的《戒殺頌》兩首這樣說道：

我肉衆生肉，名殊體不殊。
原同一種性，只是別形軀。

苦惱從他受，肥甘為我須。
莫教閻老判，自揣看如何。
勸君休殺命，背面復生嗔。
吃他還吃汝，尋環作主人。

南宋大詩人陸游，是個信佛名人。我們且看他的《戒殺詩》：

血肉淋漓味中珍，一般痛苦怨難伸。
設身處地捫心想，誰肯將刀割自身？

為了戒殺放生，大多數僧尼們在生活中不僅從自身做起，茹素念佛，並且還煞費苦心地勸人家放生。蕅益大師《見聞錄》說，松江有個姓朱的肉店老板，明末崇禎己卯年正月，一天夜裡，朱老板去廁所大便，隱隱聽到有人正在說話，朱老板還當有賊躲在暗裡，便找了棍子尋將過去。當側耳再聽時，發現原來是豬圈關著的兩隻豬在說話，一隻說：「我命苦得很，明天就要挨殺了。」另一隻接口：「照理你應當七次投胎作豬，現在已經投了六次，罪苦快脫離了。我應當作豬五次，現在才第一次，罪苦還在後頭呢。」朱老板聽了豬仔對話，方才恍然明白畜生完全是人變的，從此就再也不做賣肉生意了。

《右台仙館筆記》是清朝名儒俞曲園的著作，書中他說，休寧朱村地方有個姓朱的人，娶妻許氏。一天許氏拿了十幾個雞蛋給母雞孵，夜裡夢見她已死去的公婆用紅巾遮頭，臉上帶著憂淒的神色從外邊走來，剛走到雞窠邊就不見了。第二天一早，雞窠裡有兩隻小雞破殼而出。許氏心裡暗想，一定是我公婆投的胎，便乘著小雞還不知痛苦的時候，就把它們投進水裡淹死，隨後請來和尚念經三天，求免公婆罪孽。幾個月後，許氏夢見公婆來謝她說，我倆人在世時殺生太多，陰間罰我投雞，現在幸虧媳婦替我們懺悔，以後我們就可轉世投人了。

這種有關因果輪廻的故事，雖說今天看來離譜得可以，可是類似於這類故事在古籍記載中，卻非絕有僅有而多如牛毛。近人俞如哉所輯《因果輪廻實錄》（香港佛經流通處印行）一書，就收有從古以來有關因果輪廻的故事近百則之多，可見其用心的艮苦。

不僅這樣，現實生活中所發生的殺生慘劇，更為佛門的放生說教提供了事實依據。宋時吉州捕猿者一次抓獲一大一小母子兩猿，結果捕猿者宰殺母猿，連同母猿的皮和小猿一起賣給了蕭氏。十天後，蕭氏把母猿皮放在子猿籠前，小猿見此情景，竟然跳擲呼號，不食而死。其時又有一戶人家合藥，當用蝙蝠。後來設法，他家果然抓到了一隻大蝙蝠。此後，主人把大蝙蝠杵爛放進藥罐裡面。誰知過了一天，只見許多小蝙蝠都圍著藥罐飛來飛去，不忍離開。對於這兩件事，葉大慶在他的《甕牖閑評》中深有感嘆地說：「余平生最不嗜殺，得活魚蟹，往往放之江中不復食。凡蠢動之物，非是無情，第不能言耳，奈何世之好殺者，惟務恣其口腹，其誰肯以衆生之命為命耶？」

《塵史》是宋朝人王得臣所著筆記。書中，我們也可看到「戒殺」兩條，其中一條說，王得臣小時候在草堆裡捉到一隻小蛺蝶，放開看時，那小蛺蝶已死在手心裡面，但一會兒，小蛺蝶又栩栩然飛了開去。王得臣這才體會，原來是小蛺蝶所玩詐死逃命的把戲。這使他感到對生命的渴求，小動物和其他動物，以及人都是一樣的。

爲了鼓勵放生戒殺，近代佛學大師印光法師身體力行之外，還作放生法語道：

> 好生惡死，物我同善。我既愛生，物豈願死？由是思之，生可殺乎？一切衆生，輪迴六道，隨善惡業，升降超沈。我與彼等，於多劫中，互為父母，互為子女，當思拯拔，何忍殺乎？一切衆生，皆有佛性，於未來世，皆當成佛。我若墮河，尚望拔濟。又既造殺業，必墮惡道。酬償宿債，輾轉互殺，無有了期。由是思之，何敢殺乎？然殺生之由，起於食肉，若知如上所所因緣，自不敢食肉矣。又愚人謂肉美，不知本是精血所成，內盛尿屎，外雜糞穢，腥臊臭穢，美從何來？常作不淨觀，

食之當發嘔矣。又生謂人及禽獸，蛆蟲魚蝦，蚊虻蚤虱，凡有命者皆是，不可謂大者不可殺，小者可殺也。

印光法師的話，勸導佛弟子非但不殺血肉有情的大生物，就是對蚊虻蚤虱等害人的小蟲也一概不容開殺戒，未免絕對了點。為此，一次我問靈岩山小比丘常定，山上草多，夏天晚上蚊蟲輪番叮咬怎麼辦？他回答得妙：「有時我們也把它們拍死的，因為它們是害人蟲，吃血是小事，有時傳播疾病，置人死地問題就大了。拍死了反倒做了好事，佛不是教導我們要做好事嗎？」

看來新一代的佛門弟子，對於五戒所說「不殺一切諸衆生」等，又有了新的理解。

既然在佛門弟子的戒律生活中，戒殺放生占著極其重要的一環，因此，全國好多條件許可的寺廟都設有放生池。比如蘇州西園的放生池，就是東南地區廟宇中較享盛名的一處。每當日麗風和，景色清明之時，遊人在曲折的九曲橋上投擲餅餌，總可看到倏忽往來的大小魚群爭食水面，使人體驗到生命的歡快樂章。

那麼，沒有放生池的寺廟又如何放生呢？當今上海龍華寺、圓明講堂的做法是，僧人或在家弟子要求放生，可以先在廟裡胡居士那裡登記，並記下放生數目。這樣個把月左右，當放生現金積到成千上萬元後，便集中去市上買來飛鳥魚鱉等生物，能空中放掉的就放掉，不能空中放掉的水生物，則由廟裡派車載去港口或太湖放生。這種舉動和場面，往往很是感人。筆者為了體驗如此善舉，曾在近年隨圓明講堂放生人員一起去郊區青浦報國寺，在淀山湖邊上作了一次有趣的鳥龜放生。此外，各地寺廟佛誕日所作的放生會等等，則又屬於放生之舉中的定制了。

對於佛們這種放生戒殺的精神文明之舉，唐釋道世《法苑珠林》總述其意為：

> 蓋聞兀兀雜類，莫不貪生；蠢蠢迷徒，咸知畏死。所以失林窮虎，乃委命於廬中；鎩翮驚禽，遂投身於案側。至如揚生養雀，寧有意於玉環；孔氏放龜，本無情於金印。而置期弗爽，雅極斯臻。故知因果業行，皎然如日。且大悲之化，救苦為端；弘誓之心，濟生為本。但五部名族，皆以列鼎相誇；三布逸仁，莫不鼓刀成務。郡生何罪，枉見刑殘；含識無愆，橫逢沮醢。致使怨魂不斷，苦報相酬。今勸仁者，同修慈行；所有危怖，並存放棄。縱彼飛沈，隨其飲啄。當使紫鮮赬尾，並相忘於江湖；錦臆翠毛，等逍遙於雲漢。或聽三歸而悟道，何異聾龍？聞四諦而生天，更同嬰鳥。共立長壽之基，同招長命之

果也。

寫到這裡，聯繫當今現實，筆者不禁想起舒乙《佛教在精神文明建設中的潛在力量》一文，文中原有《佛教和生態環境》一節述及放生戒殺，並由此擴展開去道：「當今世界上，佛教對全人類的生存環境的改善有著巨大的發言權。由佛教的教義出發，佛教天然地傾向保護野生稀有動物、鳥類、昆蟲；佛教天然地傾向保護森林、綠地；佛教天然地傾向保護水資源；佛教天然地傾向保護空氣的純潔；佛教天然地傾向於美化人類的生活環境……這樣，由於這些關注，佛教和現代化之間便架起了相通的橋樑，佛教和人世間普遍關注的問題便掛起了鈎。」由此可見：「在生態環境保護上的潛在功能將是佛教的新功能，佛教將以它的善心、它的熱情和它的毅力來促進完成這件宏偉的善事，在精神文明建設的背景天幕上描繪上最實在的一筆。」

素食和過午不食

一向聽說上海龍華寺素齋大名，一九八九年四月，借著小女洪蔚將偕其夫去西德Schwarmstedt定居的機會，一起去寺中素齋部為他倆餞行。

在二樓的餐廳裡，我們一行八人：Manfred、洪蔚、洪運、玉珍、我，以及媽媽、弟婦迪姍和侄女圓圓圍桌而坐。端上來的先是一個拼盆大冷盆，內盛素雞、素鴨、香菇、竹筍、烏筍和其他蔬菜等等。接下來是炒菜，有用各式豆製品做成白斬雞、烤鴨、肉片、肉絲、鱔絲、魚圓的，也有本色菜如豆苗、筍片等。席間兩道點心，一道為黑洋酥松子一口酥，一道為白木耳橘子甜羹，末了是一只飄著青青菜葉，白白筍片的澄澈清湯。玉珍說，我們的肚量真還不小，二百餘元潑潑滿一桌近二十個菜，竟然都被我們貪婪地捲進了無底的食倉。或許，這就是廟中素食的魅力吧？更何況，我們還是第一次在廟裡吃整桌的素齋呢？

上海地區，和龍華廟素齋齊名的，還有玉佛寺素齋和功德林素齋，並從而形成了鼎足而立的架勢，成為上海飲食界的一大特色。其中功德林創始於公元一九二四年，除素菜外，夏令期供應的素菜大包和中秋供應的各種素色月餅，也很有特色。如今，功德林不僅名聞遐邇，並且影響所及，連杭州、寧波等其他城市，也都紛紛辦起功德林來。

再如位於江南風景區杭州靈隱寺的「雲林素齋」，更是一直享有盛名。店中「熘黃菜」一道，用料嫩豆腐一塊半，蘑菇一兩，素火腿五錢，綠色蔬菜二錢，生粉四錢，味精三分，細鹽三錢，素油一兩二錢，檸檬黃少許。製作步驟：①把綠色蔬菜放進鍋裡燙熟撈出，用冷水冲涼切成細丁。②把素火腿、蘑菇也切成細丁。③弄碎豆腐，連同蘑菇丁一起加生粉、細鹽、味精、檸檬黃拌勻成糊。④起素油鍋到六成熟時，倒進豆腐、蘑菇丁一起製成糊，然後熘透起出，盛進深底盤裡，撒上綠色蔬菜丁和素火腿丁形成滿天星，再淋上麻油就成了。製成後的熘黃菜味美不膩，清香可口，很受歡迎。再如羅漢菜、乾燒筍、翡翠珍珠球、炸熘黃魚、蝦爆鱔背、炸黃雀等名稱看似葷菜的素齋，也很有名。

從世界範圍看，我國是一個以素食為主的大國。素食有素食的好處，綜括人類長壽因素，平時多吃素食，也是要點之一。民國二十四年二月二十二日國民新聞社奧國京城維也納電報道：「保加利亞為一長壽人之國家，保國人口僅六百萬，唯其年在百齡以上之老人，據官方正式調查所得，卻有一六二人。此種長壽人之百分率，實為各國所僅見。此外自謂年齡已達百齡而事實上猶未證實者，無慮有三、四百人。其所以如此長壽之原因，現經醫生科學家之研究，此一六二人中，百分之九十五有終生不食肉類者，百分之三偶爾稍嘗肉味，唯有百分之二葷蔬雜食，至於煙草多數不吸。此一六二人中，婦女佔八十五人，男子占七十七人。其中有一牧人，現年已達一二一歲之高齡，依然強健如故。再則，此等百歲翁，身材並不高大雄壯，其結婚年齡亦多甚早，大抵在二十至二十五歲之間，幾無一個在三十五歲之後始結婚者。」文末總結：「從知素食有益於健康，事實鑿然，非徒理論充足而已。」

說到理論充足，有關素食長壽的文章比比皆是，孫中山的《中國人應保守中國飲食法》寫得發人深省。文中說，中國近代文明進化，雖然有好多地方落在人家後面，可是在飲食一道上，至今尚爲各國所不及。這裡面非但有著烹調上的高超技巧，並且在飲食習尚上，也足可與今日歐美醫學衛生家發明的學理並駕齊驅。撇開古來「八珍」不說，就是平時家常所吃的金針、木耳、豆腐、豆芽等品。歐美各國早先並不知其為食品。接著孫中山發揮：中國人的飲食習尚，暗合於科學衛生的，尤為各國一般人所望塵莫及。中國常人所飲的是清茶，所吃的是淡飯加菜蔬豆腐。這些食料，經當今衛生家們證實，確為最有益於養生者也。為此，中國窮鄉僻壤之人，飲食不碰酒肉的常多長壽。結語是：「單就飲食一道論之，中國之習尚，當超乎各國之上。此人生最重之事，而中國人已無待於利誘勢迫，而能習之成自然，實為一大幸事。吾人當保守之勿失，以為世界人類之導師也可。」

科學證明，素食的好處不僅在於淨化血液，防止血脂增高和膽固醇在血管壁內沈積，同時還可避免便秘、痔瘡發生，有著切切實實的防癌作用。

然而，長期以來，享有素食專利而廣受其惠的，似乎又特別地集中在中國寺廟僧衆身上。因為中國漢族僧人有異於東南亞各國如泰國、緬甸、馬來西亞、新加坡、日本等國的，其中的一點，就是素食而不殺生。

原來佛教自創立以來，小乘佛教僧尼在生活上以乞食為主，所以雖然注重殺戒，但又無法禁止肉食。《十誦律》說：「我聽噉三種淨肉，何等三？不見、不聞、不疑。不見者，不自眼見為我故殺是畜生；不聞者，不從可信人聞為汝故殺是畜生；不疑者，是中有屠兒，是人慈心不能奪畜生命。」對於僧尼允許吃「三種淨肉」，不但《十誦律》有記載，就是《四分律》、《五分律》、《摩訶僧祇律》等也都曾經提及。佛教傳入中國後，僧尼通行的是小乘戒律，所以也允許吃「三種淨肉」。此後直到南北朝時，大乘佛教盛行，因為大乘佛教主要經典《大般涅槃經》、《楞伽經》等都主張禁止一切肉食，《大般涅槃經》卷四說：「從今日始，不聽聲聞弟子食肉，若受檀越（施主）信施之時，應觀是食如子肉想……夫食肉者，斷大慈種。」南朝梁武帝推崇《般若》、《涅槃》等大乘經典，所以特別重視戒殺吃素，並親自撰寫《斷酒肉文》。文中大意一說僧尼吃肉皆斷佛種，必遭苦報；二是僧尼不禁酒肉，將按國法、僧法論處；三是郊廟祭祀用麵粉製成代用犧牲祭品，太醫不用蟲畜等藥，紡織品不准加仙人鳥獸等形。經過梁武帝的大力提倡，千餘年來，漢族僧人吃素早已成了習慣和特色，而國內漢族以外如蒙、藏等族僧尼，因為他們集中生活的地區很少有蔬菜供應，所以不得不吃肉食。至於僧尼以外的百姓，因為本來就沒有這條戒律，所以隨著各人經濟狀況的不同，也就自然葷素聽便了。

廟裡的素食，除了向社會開放的筵席，僧侶平時所吃，一般都很清苦。因為他們奉行的是唐朝百丈禪師所創「一日不作，一日不食」的信條，況且，貪口福而有礙修行，也為廟裡的清規所不允許。儘管如此，有時菜雖一般，但稍作加工，也還是非常的開人胃口。

一九八八年九月《香港佛教》月刊《素食譜》中載有「腌茭白」和「腌芹菜」兩道蔬菜做法。「腌茭白」用茭白若干，白糖二錢，醬油二兩，麻油二錢，做時先把茭白剝殼放進鍋裡煮熟，起出後用廚刀把茭白横敲拍鬆，切成纏刀塊，然後裝進盆裡用白糖、醬油、麻油一起腌拌，即可食用，腌芹菜的作料和腌茭白一樣，只要把洗淨燙熟後的芹菜寸寸切斷，就可和作料一起腌拌食用了。

在絕大多數情況，僧侶們每餐吃的都是一只蔬菜，至多二只也就很了不起了。一次，龍華廟裡小比丘慧通來我家作客，我問他廟裡伙食情況，他說：「我們廟裡平時基本上吃一只菜，有時青菜，有時花菜，每只菜大概一角左右，早上泡飯吃醬菜只要三四分錢就夠了。」聽著慧通的話，我不禁對僧人這種清苦修持生活肅然起敬起來。晚上留他晚餐，玉珍為他燒了碗麵，麵上放點筍片、炒蛋，他吃後連連稱謝：「麵做得太好了，比我們廟裡好吃得多。」

說到吃蛋，有的廟裡也是允許的，因為按照美國醫學博士哈丁所著《素食，新觀念嗎》的說法，素食的類型可以分為「乳蛋素食」、「純素食」和「真素食」三種。「乳蛋素食」包括奶製品和蛋在內，但不吃肉類、家禽、魚和海鮮；「純素食」是為了健康原因絕對禁絕所有源自動物的食品；「真素食」也是不吃動物性食物，但吃者的出發點則是著眼於人生哲學而不是為了健康。這種著眼於人生哲學，也就是佛教哲學而吃「真素食」的，同時還在日常生活中盡量避免使用一切動物製品如皮革等，因為這也是用血肉之軀生命換來的。

與素食相對的是葷食。大乘佛教對於葷食的解釋，大致有兩個方面，一是為了戒殺不吃葷腥，古代願雲禪詩說：

千百年來碗裡羹，冤深如海恨難平。

欲知世上刀兵劫，但聽屠門半夜聲。

惻隱之心，躍然紙上。二是這「葷」字，主要還是指代葱、蒜等氣味濃烈，富於刺激性食物的意思。過去佛家有「五葷」的說法，五葷是：大蒜、小蒜、興渠（阿魏）、慈葱、茖葱。對此，《本草綱目》二六《菜部・蒜》也有記載。

那麼，中國大乘佛教的僧侶是不是絕對的不吃葷腥呢？那也要看具體情況。傳說張獻忠攻渝時，強迫破山和尚吃肉，破山和尚想了想說：「公不屠城，我便開戒。」張獻忠聽後說：「只要你開戒吃肉，那我就不屠城吧。」結果和尚邊吃肉，邊說偈道：「酒肉穿腸過，佛在當中坐。」當然，這是為了普渡其他衆生不致遭到殺戮而破的戒，真可說是大功德、大作用了。

但在實際生活中，不因形勢逼迫而守不住要吃葷的也並非絕無僅有。筆記載唐朝有一僧人說：「但願鵝生四腳鱉著兩裙。」一付饕餮臉嘴，溢於言表。再如古代有一僧人壁伽藍（此指佛像）當柴燒狗肉吃，並作詩說：「狗肉鍋中還未爛，伽藍再取一尊來。」為此，梁章鉅指責：「余以為此不但魔道，直是餓鬼道，畜生道矣。」

又如同光年間，杭州靈隱寺住持僧貫通和尚，與《石屋續沈》作者馬敍倫的祖父相熟。

一次，貫通和尚和朋友一起進食，忽然看到馬敍倫也來了，由於貫通從小看馬敍倫長大，就邀請他圍桌而坐。馬敍倫舉目看時，桌上六只菜中，除一蔬菜，一羹湯外，其餘的四只都是葷菜，其中一雞、一鴨、一豬肘、一海參，並且滋味還都做得十分可口，使人想見天廚八珍之妙。

可是，畢竟這種大鳴大放式的吃肉僧侶，在那些一心修習，以期修成正果的僧尼中，非但沒有市場，同時還要遭到無情的斥責。

目前，為了照顧營養，修持者奉行「乳蛋製品」的素食方式，已逐步地為一些僧尼所接受。在條件許可情況下，僧尼們吃點牛奶、蛋糕之類按理說是可以的，佛祖釋迦牟尼成道前就曾有吃鹿奶恢復體力的傳說。記得清朝梁章鉅《兩般秋雨庵隨禾》載有得心大師吃雞蛋詩一首說：

混沌乾坤一口包，也無皮骨也無毛。
老僧帶爾西天去，免在人間受一刀。

全詩風趣生動，充滿哲理，是大慈悲，也是大解脫。

說到素食，還得附帶提一下僧尼飲食生活中的煙酒問題。對於吸煙，一般是不允許的，但限制卻並不那麼嚴，所以偶然也有人吸一次，筆者親眼看到一個老僧坐在宿舍床上吸煙，但這種吸煙，只是私底下吸，並不招搖。

和煙相比之下，佛家對酒的戒律要比吸煙來得嚴。原因是酒令人昏，不利修持。然而，身為佛門弟子不聽那一套的也大有人在。懷素是我國唐朝有名書僧，他所書寫的《自序》、《食魚》、《論書》等帖至今蜚聲藝林。就是這樣一位才華橫溢的書僧，同時卻又是一個嗜酒如命的醉僧。在《自序》裡，他曾親筆引御史許瑤贈他的詩說：

志在新奇無定則，古瘦漓驪半無墨。
醉來信手兩三行，醒後卻書書不得。

又引司勛員外侶錢起的詩說：

遠錫無前侶，孤雲寄太虛。
狂來輕世界，醉裡得真知。

看來，酒對他來說，真還大大激發了書法創作的靈感。

對於僧侶嗜酒，當然不只懷素一人。清代梁章鉅《兩般秋雨庵隨筆》曾收有金陵水月庵僧鏡澄的《留澹州度歲》詩兩首，其中一首為：

新栽梅樹傍檐斜，等到春來便著花。
老衲不妨陪一醉，為君沽酒典袈裟。

為了朋友，鏡澄非但願意相陪一醉，並且此舉還是在窮得典去袈裟的情況下作出的呢。

僧侶佛教徒中，和素食一起奉行的還有一種由來已久的「過午不食」的規定。這種規定的初衷，大致由於一是僧侶的飯食原由居士供養，為了減輕居士負擔，所以每天只托鉢一次，於中午進食後便不再進食，二是過午不食，不致在黃昏時招惹外出覓食的餓鬼，有助於修持。要說明的是，所謂「過午不食」，就是過了午後不再進餐，至於其他如水、流汁或糖之類，就看具體情況了。最嚴格的是口渴了只准進白開水。然而在大多數情況下，為了度過飢餓難熬的時刻，適當地進食一些糖、牛奶、果汁，或其他飲料，應該說還是允許的。

可是，過午不食的戒和酒一樣，也不是絕對的不能開。比如僧尼生病，必須在午後進食以補養身體的，當然可以進食，但是這種進食，由於只是對病僧的照顧，所以叫做「藥食」。又由於我國漢族僧人從古以來有著農禪並重，自己養活自己的習慣，農業勞動消耗體力較大，為了不使晚上飢餓並對體力消耗作一定的補充，所以也可破過午不食的戒，而得以在房裡進食實質上屬於晚餐的「房餐」。所說「房餐」，主要為區別於齋堂集體進食而言。因為這種補充之餐，原先只有少數參加農業勞動的僧人才被允許在房裡進餐，所以才有這名稱。

眼下，對於過午不食的戒律，不少南方國家的僧侶仍在堅持實行。我國情況不一，記得幾年前我去靈岩山時，就聽說好多老一輩的高僧仍在持著過午不食的戒，而年輕僧侶中持這戒的，雖然不能說多，可是卻也非絕無僅有。前些年，挂錫浙江紹興縣型塘鄉西路村寶林山寂靜茅蓬的比丘慧覺就曾來信說：「我將近一年沒有吃晚飯。開始有點餓，現在已沒有什麼感覺，或因為坐禪故。」就是一個活生生的例子。

雖然素食有素食的好處，但畢竟由於絕大多數僧尼的素食都吃得比較簡單清苦，加上其中一部份人至今還厲行著過午不的戒律，所以就僧侶平均的營養狀況來說，卻並不那麼理想。一九八八年安徽醫科學大學營養衛生教研室科研人員對九華山七十一個老年僧尼檢查表明，僧尼的營養狀況令人擔憂。九華山是我國四大佛教聖地之一，僧侶、僧尼極為集中。七十一名受檢查的僧尼的平均年齡為七十一・五歲，出家茹素的時間都在十五年以上。檢查結果：僧侶平均身高一五九・七公分，體重四八・五公斤。普通偏矮偏瘦之外，脊柱前屈而駝背的也為數不少，並且還有百分之八十的人患貧血等症。為此，安徽醫科大學鼓世理教授認為，常年素食和進食偏少，導致熱量、蛋白質不足和缺鐵、缺鈣是造成九華山僧尼體弱多病的主要原因。缺鐵則貧血，缺鈣則骨質疏鬆、駝背或身材矮小；熱量不足和蛋白質缺乏則體型瘦削，並且還影響人體組織的修復和再生，造成抗病能力低下。為此筆者呼籲，在條件許可和不妨礙僧尼修持的情況下，盡可能地普遍推行「乳蛋製品」素食制，以及不盲目地實行過午不食，似可提到各地佛教協會的議事日程上來了。

僧尼日常生活習俗和禮儀

日常生活習俗中，衣、食、住、行總是一個首當其衝而迴避不了的問題。關於僧尼的飲食，我們已在《素食和過午不食》篇，作了較為詳細的介紹，這裡我們且從行止、衣著以及勞動等方面來窺個究竟。

僧尼的行止，平時要是不外出，住宿的地方就是寺廟。早先，比丘戒中有比丘不得共白衣同宿，與沙彌也只得同宿三夜，如果超過這個規定就是有罪的說法。回顧佛教原始階段，那時僧衆，除了乞食和一定時間的睡眠，剩餘的精力幾乎都掛在了露天坐、樹下坐的修行上。後來，才有了祗園、竹林精舍等睡臥條件較好的修行處所。

我國自從唐朝馬祖大師創立叢林以來，宗門下僧衆睡的多是「廣單」。廣單是一種長形的通鋪，晚上供師父們集體眠宿，原因是這樣可以以衆靠衆，有個督促，免得個人獨宿，容易引起行為上的放逸。通鋪形的廣單安置在禪堂裡面，睡覺之外，還可用來坐禪。禪宗之外的其他宗派，一般一兩個人睡一個房間，不設廣單。從眼下情況看，設廣單以供集體宿夜的禪寺，怕已不太多了。

我參觀過的僧衆宿舍有多處，包括蘇州靈岩山寺和上海龍華寺。靈岩山寺監院貫澈法師，一人住著一間淨室，室內布置雅潔，床上籠著潔白的紗帳，桌上明淨無塵。書桌靠牆一邊，整整齊齊地排著好些佛教經典，以及古文詩歌等方面的書籍。腳底下的地板，雖然因年代久遠而微微有點吱吱呀呀，但卻顯得很是乾淨。方丈明學的居室我沒有去過，想起來該也和這差不了多少，因為書籍記載，方丈的居室也僅一丈見方，如果再大些的話，估計也大不到什麼地方去，否則便與佛門清淨節儉的生活不符。至於小比丘們的宿舍，既有單人的，也有集體而多到五、六個人一間的。以前，我的書法學生常定住四人宿舍。踏進宿舍，只見小比丘們嘻嘻哈哈，樂不可支，見有人來，便趕快讓出座位，並給你斟上一杯清芬四溢的清茶。後來，我又一次去靈岩山寺，這回是天色已晚，吃過晚飯，常定帶著我去他的新配臥室，只見已變成獨家村了——屋裡只他一人居住，靠窗是一張書桌，桌上布置，書籍之外，筆、墨、紙、硯文房四寶，一應俱全。迎面牆上，還掛著一幅我為他寫的一個大「忍」字。臥床則安在臥室深處，緊貼裡牆。腳下紅漆地板，半新不舊，雖然略有剝落，但打掃得很是潔淨。在通明的燈火下，我感到這間書房兼作臥室的居室，潔淨雅致，高蹈出塵，有著一股很大的吸引力。要是我現在孩子獨立生活，並且又孑然一身的話，說真的，也真想在靈岩山出家過過這種世外桃源的清淨生活。可惜現在常定已去美國，然而每一思及，還是對他緬想不置。

上海龍華寺的宿舍，是為我女兒洪蔚隨女婿Manfred去西德定居餞行，才得以有機會一顧。原來當時餞行，我們吃的是廟裡的素齋，因為這樣可以別有風味。素齋之前，我先去僧伽培訓班樓上宿舍找了小比丘慧通，讓他帶著我去素齋部聯繫。慧通讓我在他宿舍裡稍事休息，環顧屋裡，居室大而直通，靠牆兩邊，依次地排著五張床位，一面三張，一面二張，有幾張還是雙層的，但上面沒有人睡，堆滿了書籍等雜物。慧通的床安在近門一側，貼牆小書桌上排放著好多經書。屋子裡邊，兩排床中間並排放著兩張小書桌，這就是同室小比丘們的生活、辦公用桌了。吃完慧通所泡熱騰騰豆漿沖劑，他帶我走出宿舍。回顧宿舍門上，整整齊齊地貼著好幾張白紙小標籤，其中一張赫然寫有慧通的名字。再看邊上一長排宿舍，每間房間的門上也都同樣貼著比丘們的名字。這種別緻的做法，估計一是為了讓比丘們在一長排類似的宿舍中不致走錯自己的門，二是朋友來找，也可一目了然，不致誤入迷津。

但天下比丘，從來就有著一種雲遊的做法，這就要說到僧尼的「行」了。按照佛門規定，披剃之初，作為小比丘要在歸依師身旁生活五年，從師學習，以便熟悉寺廟生活規矩，以及種種宗教儀式。五年之後，學習期滿，如有興緻，就可掛單雲遊。又如過去有些小的寺廟，為了緊縮開支，不希望有太多的僧人住在裡面，為此也使有些僧人，從這個廟雲遊到那個廟，掛單住錫。

宋羅大經《鶴林玉露》說，有個老僧住在山裡，日子一久，僧人之間難免生出一些小的不愉快，老僧為了另覓清淨住處，就把一雙草鞋，掛在方丈室前，吟詩一首道：

方丈前頭掛草鞋，流行坎止任安排。
老僧腳底從來闊，未必枯髏就此埋。

僧人腳底本來闊大，這裡不留，就改留別處，此廟不住，就改住他廟，就好比行雲流水一般，可以隨處參訪，行踪不定。據此，到處為家的僧人又有雲水僧或行腳僧之稱。

雲水僧雲遊到別處住下，也有一套掛單手續，並不完全是自由散漫，自說自話。為什麼僧侶離開一個廟到另一個廟居住叫「掛單」呢？原來字面解釋，「掛」是掛搭衣鉢，「單」是僧當東、西兩序的名單。把自己所用衣鉢掛列僧堂東序或西序的衆僧名單下面，表示自己將在這裡暫時住上，不就成了「掛單」？和「掛單」名異實同，又有「掛錫（錫杖）」、「掛搭」等叫法。《祖庭事苑》說道：「西城比丘，行必持錫，凡至室中，不得著地，必掛於壁牙上，今僧所止住處，故云掛錫。」

對於僧衆離開本寺到別處修持，當今最普通的做法是先由本寺開一張介紹信，或者證明之類的單據交給本人，然後再由本人轉交給前去的寺廟。一九八九年五月，紹興寂靜茅蓬小比丘常仁臨時來上海，我問到他掛單的手續，他給我看了當年一月二十五日離開福建南山廣化寺去寂靜茅蓬的一份「證明」，現照錄如下：

茲有江西省盧山東林山釋慧覺八八年五月來我寺學習。現離我寺，請沿途給予食宿方便為荷。

福建莆田南山廣化寺

一九八九年一月二十五日

末蓋大印一枚：「福建莆田南山廣化寺印」。

自古以來，掛單雲遊或離開本寺到其他寺廟修持，早就成了僧尼生活中的一個重要內容。史籍記載，高僧雲遊，陸路以步行為主，但也可乘車，水路則不外乎舟船。宋代吳地有淨端法師，由於行解通脫，所以人稱「散聖」。淨端常愛雲遊，乞食四方，不單單把寺廟作為自己的落腳點。如果逢上太湖等水路，舟子問他到哪裡去？他總會問：「今天是什麼風向？」舟子如果回答：「北風」，他就會說：「那就讓北風把我吹到南邊去吧。」如果回答說是「西風」，他就會說：「那就讓西風把我吹到東邊去吧。」這種漫無目標的雲遊方式，和淨端通脫悟道的性格完全吻合。

當今僧衆從這一方到那一方，在行的問題上，也和社會上的百姓一樣，多借助於汽車、火車、輪船，以至於飛機等現代交通工具，和時代節奏基本合拍。

說起衣著，也是僧尼生活習俗中的一個重要問題。因為僧尼和俗人的區別，最顯著的一點，就是平時衣著的不同。傳說佛陀成道以後，最初曾為弟子們制定的依糞掃衣、依乞食、依樹下坐、依腐爛藥等等「四依」的生活規定。其中所說「糞掃衣」，就是世人丟棄不要的舊衣破衣。糞掃衣的情況多種多樣，《四分律》說，糞掃衣有十種：謂牛嚙衣、鼠嚙衣、火燒衣、月水（婦女月經）衣、產婦衣、神廟中衣、塚間衣（裹死人、或隨送死者時穿過的衣著）、求願衣（求願者往返鬼神處求願後丟下的衣服）、往還衣（往返於塚間）、受王職衣（古印度風俗，受王職後丟掉原來的衣著）。《十誦律》認為，糞掃衣有四種：一是塚間裹死人衣；二是裹死人衣已，持來施比丘者；三是無主衣；四是土衣，謂巷陌若塚間有棄弊物者。不管是《四分律》，還是《十誦律》，兩者對於糞掃衣的看法，基本精神是一致的。

比丘們得到糞掃衣後，並不是馬上就可穿用了，而是要經過一番清洗乾淨，並且染上袈裟色後，才能穿到身上。當初佛陀讓弟子們穿著糞掃衣的用意，在於遠離貪著，有益於道心的增長。

糞掃衣之外，平時常穿的是佛門規定的「三衣」。佛經《四分律》說，當年佛陀經常在夜晚露地而坐，先是穿著一衣，中夜寒冷添第二衣，後夜更寒添第三衣。此後，三衣作為一種僧衣制度，便就這樣規定了下來。當然，禦寒之外，僧衆穿著三衣，還有著一些其他方面的意義，正如《大智度論》所說：「佛聖弟子位於中道，故著三衣，外道裸形無恥，白衣多貪重著也。」《薩婆多毗尼毗婆沙論》還說：「為王意故：障寒熱，除無慚愧，入聚落，在道行生善，威儀清淨故，方制三衣。」

後來，漢傳佛教三衣的形制基本規定為大衣、中衣和小衣。大衣是禮服，俗稱祖衣，用少則九條，多則二十五條長短不同的布縫製而成，用途是出門或拜見尊長時穿。中衣俗稱七衣，由七條長短不同的布縫製而成，為僧尼平時生活中常穿的一種衣服。小衣俗稱五衣，由五條長短不同的布縫製而成，為打掃幹活時所穿。

三衣總稱袈裟（kasāya）。袈裟本是一種橙黃或黃紅雜色的名稱，佛教制度規定，如要取得僧尼資格，非經披剃、染衣、受戒不可。出家的目的是修習、苦行，不受塵世俗念干擾，從而使思想上進入到一種自我解脫，無拘無礙的境地，因此在衣著上，非但要求避開世人所愛的藍、黃、赤、白、黑等五種五色，就是連緋、紅、紫、綠、碧五種間色也不可用，而只能用青（銅青色）、泥（黑色）、木蘭（青而帶黑）等三種雜色。

按照書籍記載，僧人穿著袈裟，有所謂五德十利的說法。五德為：一犯重邪見之四衆，以一念敬心，尊重袈裟，必於三乘受記；二離寒熱蚊蟲；三若鬼神及人得架裟少分乃至四村，則飲食充般，衆生共違反，念袈裟便生悲心；五常在兵陣時持此少分，恭敬尊重，常得勝利。十利為：一覆身離羞恥而具慚愧；二離寒熱蚊蟲；三示沙門之相，見者歡喜、離邪心；四示人天寶幢相，生梵天之福；五穿著時生寶塔想，滅諸罪；六壞色生不貪欲；七永斷煩惱而作艮田；八消罪而生十善；九如艮田能增長菩提之芽；十如甲冑，煩惱之毒箭不能害。此外，《僧伽律》還認為：「三衣者，賢聖沙門標幟。」《華嚴經》則說：「著三衣者，捨離三毒」。

比起泰國、緬甸、斯里蘭卡、柬埔寨、老撾等南方佛教國家，我國氣候比較寒冷，僧尼們冬天禦寒，不得不在三衣裡面另外穿上一些在家人的普通衣服。後來由於在家人的衣服總是隨著社會發展而經常處於變動狀態，而僧尼們所穿的大領衣卻一直按照古制未改，所以這樣一來，大領衣就成了他們的常服。

關於常服的顏色明代官方有過規定：修禪僧人穿茶褐色常服，講經僧人穿藍色常服，律宗僧人穿黑色常服。清代以後，對於僧尼常服的顏色，沒有什麼官方的規定，而律宗寺院自清初見月律師重興後，一般僧人的常服，都已由黑色而轉為黃色了。

由於平時和比丘交往較多，我家裡也有幾件「三衣」，一件黑色和一件褐色的祖衣，一件茶褐色的祖衣，一件茶褐色的七衣，一件褐色的五衣。這些衣服，偶而拿出來一穿，真是風味別具，飄飄然似乎真的享受到了一種僧人的生活樂趣，使人起高遠之想。

僧尼生活習俗中，勞動是很重要的一個環節。唐朝百丈禪師，經常和他的徒弟們一起參加除草、砍柴、掃地，以及田裡的農業勞動，無所不做，即使到了八十歲的高齡，也一如既往，不肯歇息。後來，徒弟們見百丈年紀大了，經不起農事勞作之苦，就暗地裡把他的農具收了起來，想用這辦法來逼他休息。百丈禪師見自己不能參加農事勞作，就一整天餓著不吃東西。徒弟們知道拗不過他，只得把收起來的農具重新還給了他。這樣，年老體弱的百丈禪師又下地參加勞作，並同時開始進食。晚上，百丈禪師訓示徒弟：「一日不作，一日不食。」結果，百丈禪師提倡的「一日不作，一日不食」的話，非但成了一句禪門名言，並且流傳至今，成為一種具有優良傳統的農禪家風。位於江西省永修縣西約三十公里雲居山的真如寺，就是這方面的一個典型。抗日戰爭和十年動亂時，真如寺兩次遭到浩劫。近些年來，在寺廟恢復過程中，現任方丈一誠法師為了節省開支，提高工程效益，從整個殿堂佈局結構，到磚瓦木石配備和收方結算，都事必躬親。全寺僧衆群策群力，自己動手，工程進展很快。公元一九八六年底，大殿、禪堂、天王殿客堂等相繼完工，還增建了山門、方丈、庫房，以及虛雲老和尚舍利塔等。公元一九八七年隆重舉行開光典禮。由於真如寺是我國近代佛教史上著名高僧虛雲老和尚一生最後中興的道場，加之規模宏大，所以為全國重點寺廟之一。

真如寺的農禪家風，還確確實實地體現在農事上。真如寺有山場三五二九畝，水田旱地一百多畝。山場盛產杉木、黃山松、山楂、獼猴桃、毛竹以及人參、黃精等上百種珍貴藥材。水田旱地每年可產七、八萬斤稻穀，和一定數量的蔬菜瓜果等。寺裡糧食、蔬菜完全自給自足。為了調動僧眾的生產積極性，常住除安排老病僧的禪修外，對於具有勞動力的僧眾，一律根據各人具體情況分配活幹，實行生產責任制。全寺僧眾每天除了上殿過堂、晚飯後靜坐四枝香的時間，一般都在農事中度過。

又如由密參禪師始創於一九七九年八月的浙江紹興縣型塘鄉西路村寶林山寂靜茅蓬，最早只有密公等幾位老人搭起的四間茅草屋。一九八四年底，隆海、昌旭等青年僧人相繼來茅蓬後，才在草屋左邊蓋了兩間瓦房（即現在的客堂），以及廚房、齋堂等。整個擴建過程，木工、瓦工都由師父們自己動手，常常一天要幹十多個小時的重活，即使寒冬臘月，也常幹得汗流浹背，晚上還得坐兩枝香的禪，早上四點鐘便就做早課了，確實很辛苦的。

更辛苦的要數建造右邊的三間客寮。因為地方小，就放炮炸平了一個小山坡。幾位青年僧人整天地推車拉土，平基地、抬石頭，忙個不亦樂乎。幾百斤重的大石頭抬在肩上，雖是青年，也免不了大氣喘喘。磚、瓦、木材等都要從三里多路的山下運上來，隆海、昌旭等人兩塊、兩塊地揹每塊重約三十多斤的石棉瓦，有時一天要揹十來趟。二十出頭的隆海師，那胖圓的臉漸漸地變得方寬瘦削起來，這時正是一九八七年夏天，烈日炎炎，曬在背脊上辣辣的，「U」形的山窩中，遇上無風的天氣那就像蒸籠一般，熱得人身上直淌汗，悶得人透不過氣來。可是，活還不能停，拌泥漿、打石牆、做屋架，諸活催人。有一次，隆海不小心，一塊大石頭壓在手上，待拿出手來，只看見肉和骨了。幸而山上有居士們送的常用藥，稍知醫術的師父迅速給他敷上藥，包紮好，手才不致變殘。

儘管種種勞累，那一句「念佛是誰」的話頭，還常常提起，在耳邊迴響。因為這樣更能安心、定心、忘倦。就這樣，約莫花了一年多的時間，那三間客寮終於矗立在茅蓬的右側。這段時間裡，木匠昌照師也日夜操勞，為常住節約頗多。

寂靜茅蓬有兩畝茶地、七畝菜地，由他們自耕，在一定程度上補貼了茅蓬的生活開支。過去，人們一直誤認為「和尚是寄生蟲，是不勞而獲的剝削者，更是封建迷信者」，而今，寂靜茅蓬的僧衆們以自已的農禪家風，對人大呼一聲：人各有志，我們自有我們的世界觀。我們要用我們的雙手來改造我們的天地，為國家、為人民，奉獻微薄之力。

止宿、衣著、農禪之外，出家人的生活習俗還廣泛地表現在清儉自約上。佛制規定，出家人在日常生活中要嚴格遵守不殺、不盜、不淫、不妄語、不惡語、不綺話、不兩舌（挑撥離間）、不飲酒、不塗香裝飾、不歌舞也不觀聽歌舞，不坐臥高廣舒適的床位，以及除衣鉢、剃刀、縫衣針線等生活必須品外，不蓄私財、不算命看相，不抽簽、問卜、扶乩、不燒紙錢、不詐示神奇、不禁閉、掠奪和威嚇他人等有關戒律。

佛敎認為，一天中的晨朝、日中、日沒為晝三時，初夜、中夜、後夜為夜三時，總稱為晝夜六時。在晝夜六時中，出家人除了睡眠、托鉢、飲食、勞動，以及偶爾的世俗交往需要花掉一定時間，其餘時間大多都花在早殿、晚殿、參禪，以及精勤修習上面。

在出家人的生活習俗中，還有一種長幼之間的禮節。佛門規定，出家人的長、幼，按照受戒年齡長短作為區分。受具足戒，也就是比丘十年以上的，稱上座或長老；二十年以上的，稱太上座或大長老。為此，戒齡小的，自然應當禮拜戒齡長的。南方國家僧人相見，先問戒齡，以別長幼。得知戒齡以後，坐時長者上座，幼者下座；行時長者先行，幼者後行。再如一般比丘見大長老時，還常脫鞋、偏袒右肩，然後再行禮拜，也是一種禮節。

說到禮節，還附帶說一下在家居士對出家僧尼的規矩。南方佛國如泰國、緬甸、馬來西亞等國，在家居士如果進入僧房，一般都脫鞋禮拜比丘。比丘叫坐時，不能坐到比丘的座椅或床位上去，只能坐較低的座位或者席地而坐。再如吃飯，也不能和比丘同桌進餐。反之，如果比丘來到居士家裡，居士應當用乾淨的布鋪上座位，讓比丘坐下後再禮拜。有趣的是，出於對僧人的尊敬，如果兒子當了比丘，做父母的也要照拜不誤。此外南國佛教習慣，居士禮拜或碰上比丘，以至於送供品時，不管什麼場合，比丘都可不必還禮。又如小比丘禮拜大比丘，大比丘也照樣可以不答禮。中國漢制佛教則不這樣。尤其在江南一帶佛寺中，小比丘和比丘、居士和比丘相見禮拜，彼此都可雙手合十，口稱：「阿彌陀佛。」如若有人跪拜大和尚，大和尚說「一禮」，那就不必再引強拜。此外，當比丘在禮佛、坐禪、誦經、飲食、睡眠、入廁的時候，也都不要向他禮拜。至於座位，除正式宗教儀式外，一般也多不講究，比較隨便。居士進入僧房，可以不必脫鞋；比丘來到居士或俗家，居士、俗家也不必用淨土鋪墊座位，進行禮拜，彼此之間表現出一種隨和的氣氛。

佛寺之中，還有一些俗家不一定知道的規矩。當你進入寺門之後，不要在廟的中間直來直去，而是憑當順著個人的左臂靠邊行走。如你需要拜佛，不要跪在大殿正中的拜墊上拜，因為大殿正中的拜墊是專為寺主而設的，而是應當選擇兩旁的拜墊，男左女右地進行禮拜為宜。又如當一旦有人正在拜佛，那麽，別人就不要在他的前頭走來走去。

關於拜佛的具體方法：①站立蒲團前面，兩手當胸合十，兩腳稍許作八字或分開；②右手按到蒲團當中，兩足屈膝跪上蒲團；③左手按上蒲團的左前方；④右手從蒲團當中移到蒲團右前方，兩手距離大約在六寸左右；⑤把頭下拜到兩手中間的蒲團上；⑥兩手心向上翻轉，意思是承接佛足，這就是平時所說的「頭面接足禮」；⑦兩手屈指，把手心再翻過來放在蒲團上；⑧頭離開蒲團向上抬起；⑨右手仍移回到蒲團當中；⑩左手離開蒲團，放在胸前作單手合十的形狀；⑪右手撐起，兩膝同時離開蒲團；⑫站起身來，右手和左手一起當胸合十。以上這樣為一拜，拜佛時一般少則三拜，多則六、九、十二拜等也可。拜完之後，還有一個「問訊」的結尾，就是向佛鞠躬，鞠躬時隨著腰身前俯，把合十的雙手自然地下放到靠近腹部的地方，同時把右手放進左手裡面抱成拳式，再隨著腰身的復原，把抱拳雙手舉到和眉毛同樣的高度，然後又把手放回當胸，雙手相迭地把手心翻轉向上，右手在上，左手在下，並把兩手的大拇指連接一起，這就是所謂的「大三昧印」了。這時因為整個拜佛已經完畢，所以再把頭稍微的低一下，就可以離開蒲團了。

此外，對於廟裡陳設的鐘鼓魚磬等法器，在家人最好也不要自說自話地隨便去敲，因為這也是佛門規矩所犯忌的。

出家人的經濟賬

和靈岩山寺貫澈法師交往，彈指之間，已有七年。今番中午，叩開他休息睡臥的淨室，即被迎入室中小坐。環視屋裡，只見床榻桌椅，雖說陳設簡樸，可卻纖塵不染，書架上佛典，被分類插入得整整齊齊，令人肅然起敬。

一番寒暄過後，貫澈法師又謙敬地請我們去香光廳吃茶。香光廳屋寧寬敞，佈置精雅，四周遍掛名人字畫，宜夏宜冬。小坐間，貫澈法師遞來名片一張，一看之下，才知他已由原來的知客（廟裡負責接待的職司），升任為監院。監院負責一寺內外事務，為整個廟宇除方丈之外的實際大總管。此外，他還擔任著蘇州市佛教協會的理事，可謂任重道遠。

貫澈法師生於蘇北大豐，自一九四三年十三歲出家以來，已有四十八年僧齡。中間除文化大革命被迫回鄉種棉花外，絕大多數的時間都在靈岩山寺的晨鐘暮鼓中度過。平時久已聞說靈岩山寺佛風純正，與江蘇揚州高旻寺、江西雲山真如寺、福建蒲田廣化寺，同稱當今天下四大樣板。這次見面，我便順著這一話題談了開去。說：「當今改革開放，商品經濟對寺廟僧衆思想有沒有影響呢？」

接下來是貫澈法師饒有興味的回答：「作為社會的一員，當然也有一定衝擊，當今有些佛寺，尤其是一些沿海開放的大城市，僧衆們受施主塞紅包現象更是司空見慣，尤其是海外信徒，紅包往往塞得鼓鼓囊囊，很有誘惑力。」

「那你們僧衆受了紅包怎麼辦呢？」

「一律上交寺裡。我們廟裡的宗旨以修持為主，平時總是教育僧衆嚴於律己，克己奉公。」

「那麼上交的紅包又怎麼處理呢？」

「上交紅包的絕大部份作為古跡維修或寺廟公益開支，留下的一小部份作為年底分紅。」

「大概每人可以分得多少？」

「每人大概五十～一百元左右。作為年終對僧衆們的一種關心，讓他們也高高興興地過個年。」

「你們廟裡生活這樣清苦，待遇不高，僧衆們會不會有意見，或另覓富裕大廟寄跡？」

「不會。一方面我們自己以身作則，另一方面就靠廟裡平時的思想工作。幾年來，僧衆們受了紅包，總是自覺上交，幾乎已經成了一種習慣。現在各地廟裡幾乎都知道，若要真正修持得道，就上靈岩山寺，如若受不了清苦那就另請高就。」

這真是一次饒有意趣的對話。

原來佛門規矩，為了使出家人能夠一心修持，不起貪念，比丘戒中有這麼一條，就是「手不提持銀錢」的戒律。什麼叫「手不提持銀錢」呢？就是不用手去碰錢的意思。然而由於每一個人都是生活在具體經濟環境中的，僧尼也不例外，比如建寺修庵需要資金，僧尼日常生活開支也需要資金，因此日長時久下來，對於這條戒律，便就有了鬆動。

從古以來，建寺造庵和寺僧日常的生活開支，或由帝王賜給田地金錢，或由施主布施銀錢，此外僧尼化緣所得，也成為經濟來源的一個部份。

為了實際需要，傳說古時少數僧人還懷有一手鍛硃熔金的絕技。北宋蘇東坡在鳳翔做官時，有個老僧對他說：「我有鍛硃熔金之法，想把它傳給您，希望你在我這裡稍住幾天如何？」東坡答道：「我聽說陳太守曾向你求教這一絕技，你為什麼不傳授給他呢？我本來對於經濟就看得很淡，可是你偏偏卻要把這法子傳授給我，真不知你玩的什麼把戲？」老僧說：「我估計在這個世界上活得不會太長了，但這法子總要傳人的。如果傳給貪婪的人，弄得不好反而害了他，現在我看你像個可傳的人，只要你不隨便把這法子傳給貪婪的人就可以了。」結果，老僧把這法子傳給了東坡。其法：「以一藥煉朱（硃砂），取金之不足色者，隨其數，每一分鍛朱一錢，與金俱熔。既出壞，則朱不耗折，而金色十分耳。」

在歷史長河中，由於佛教長時期盛行不衰和信徒衆多，因此占著地理優勢的著名佛寺，經濟實力雄厚而致富的，比比皆是。清末民國，四大叢林之一的杭州靈隱寺，就是一個頗為富庶的寺宇。可是，靈隱寺比起當地的天竺寺來，似乎又要稍遜一籌。天竺寺有上天竺、中天竺和下天竺之分。三天竺的寺僧都有各自的施主，這些施主，多半住在上海和蘇州一帶，同時還有一批浙西的老顧主。每當春暖花開，趁著施主朝山進香的機會，寺僧們紛紛拿出簿册，請求布施香火之資。如果布施幾十元的，大多當場捐出，數目大一點而成百上千的，就先登記在册，然後再由寺僧分頭上門收取。北外廣南風俗，僧侶還多經商，所以從古以來致富的也不在少數。

正常收入之外，窮極無聊，採取不正當手段誘騙錢的僧侶也偶有所聞，當然這是少數，絕非主流。明末崇禎皇帝時景城南面有座破廟，廟裡只住著一個僧人和兩個弟子。後來，寺廟附近居民經常在明月當空的夜晚，看到寺屋頂上有菩薩和羅漢出現，並且菩薩和羅漢背後還有寶焰四射，充滿著神奇的光輝。當第二天居民們前去寺裡詢問，僧人和弟子卻合掌回答：「佛菩薩在西天，怎麽降落到我們這破廟裡來？」不料這樣回答下來，人們更加相信佛菩薩現形破廟，消息傳開不久，布施的人便與日俱增。然而儘管收入越來越多，可是破廟依然是破廟，荒草敗壁，連半個錢也沒有花在修葺上。十年以後，有強盜探知寺裡布施極多，趁著夜深人靜，翻進廟裡行劫，並把他們師弟給殺了。第二天官府檢驗作案現場，無意中翻出破廟囊篋裡裝著好多戲衣、松脂之類的東西，方才悟出佛菩薩顯形和光焰照空，原來都是他們師弟耍的把戲。

在經濟上，捲款而逃的卑劣行徑，也可看作是僧尼生活中的一股逆流。大名鼎鼎的上海靜安寺，經過咸豐年間太平軍之役，僧衆星散，原來的十方叢林此後成了剃度派的子孫寺廟。公元一九二八年，雲谷和尚為了重振靜安寺宗風，特請獅子嶺兜率寺法一禪師前來住持。可是靜安寺剃度派卻從中作梗，遂使法一無法重振宗風。不久，靜安寺又被剃度派六根徒弟志法、志汶等僧人占據。

公元一九三三年一月三十日，志法因寺產糾紛宣佈辭職，但過了幾天，又在二月六日聲明復職。一個月後，志法把寺藏清室特賜的元代絹本畫十幅出賣，同時出租寺產，所得資金捐為抗戰之資，又把寺裡餘屋改為義務小學教室，進行免費教育。誰料這種好事做不多久，志法就竊款逃之夭夭，棄僧還俗了（游有維《上海近代佛教簡史》）。

在生活的大浪淘沙中，經過文化大革命十年浩劫，隨著政府宗教政策的落實，各地寺廟又如雨後春筍，紛紛恢復起來，廟裡經濟收入，大致有賣門票、施主布施、做佛事等來源，其中有些寺廟還設有素齋部、法物流通處、外賓購買處等。此外更靠做佛事爭得經濟來源。九華山是佛教著名勝地，近年來香火旺盛，寺廟和僧侶個人，除了少數僻靜處所，大多收入可觀。據說，山上一老僧曾以個人名義捐款十多萬裝修百歲宮佛像，其中單金箔一起，就耗資十四萬元。隨之又花資二十萬，在回香閣建華嚴寺。再之，他還出資六萬，修通了上天台的第二條道路。三項相加，捐款的總數達四十餘萬之巨。又如上海龍華寺方丈我師明暘法師，玉佛寺方丈真禪法師等，也經常捐款給兒童福利事業和救災、救貧等等，使人生高山仰止之感。景仰之餘想見寺廟僧侶之富。至於平時廟裡生活設施如彩電、冰箱、洗衣機之類，就大多不在話下了。

隨著國家改革的深化，廟裡的制度也早已今非昔比，原先的集體經濟生活已漸被各自的工資所代替。從工資數目看，雖則有大有小，難求一律，但卻大體和社會持平。我曾問過與我常交往的一些小比丘，他們的工資大多數在四十五元左右，如果再加上其他零零碎碎如獎金之類，大概可有百元上下之多。工資獎金之外，如做佛事則加發獎金。由於廟中佛事繁忙，東南亞、港澳等地來做佛事的源源不斷，所以獎金也源源不斷了。例如參加一次水陸道場，多的每天可得獎金十餘元；參加一次佛七，每天的獎金收入也有幾元。

一次，我問龍華寺小比丘慧通：「你怎樣花錢？」他笑笑說：「吃飯花錢不多，每餐素食，只要一角左右就夠了。有時早上醬菜，不過三、四分錢。其他開支有時買點書，有時買點水果。」「那你每個月可積好多錢了。」我不禁插問。「這也不一定，有時開支很大，有時不大，但總是積一點。」

說到僧尼的經濟開支，其實，還有一部分用在捐贈上。有時別處寺宇復建或印行經書，僧尼們多慷慨解囊。一次，筆者在靈岩山上，就曾看到鎮江金山寺來寺募捐的功德芳名簿上，寫有寺裡一大批大小僧人的捐贈名單。

晚餐後，我送慧通下樓回寺，見他騎一輛很漂亮的新自行車，我問他：「花多少錢買的？」他說：「二百多元。」說完打開車鎖，一聲：「再見！」箭也似的離我而去。

小比丘慧通的收入，不算好，也不算差，居於中游水平。因為有的收入好的，連同施主布施，每月三、五百元並不稀奇，有時偶而還有美金、港幣、兌換券等。在一些僧人的宿舍裡，水果、點心、飲料，幾乎隨處可見。我想，只要「諸惡莫作，衆善奉行」，長期以來多半處於清貧狀態的僧尼生活，也該是改善的時候了。

從通體看，儘管有一部份僧尼的經濟生活已邁進了先富起來的行列，可是至今仍清貧的寺廟，也著實為數不少。究其原因，大致是地處偏僻，很少有香客問津。就以九華山為例，毀於文革的大悲院至今仍斷垣殘壁，遍地荒榛。凌世學《當代僧尼》一文介紹，一條粗糙的麻石小道斗折蛇行，把作者引向松石雜陣的山崖。轉入山路，眼見一個穿短褲的中年僧人現坐在松樹底下，正揮著破扇取涼。離僧人不遠幾步，是一座建立在廢墟上破爛不堪的茅棚。一問，才知此僧是黃山腳下太平縣人，俗名潘一新，法名開聖，今年四十幾歲，出家至今已有十幾個年頭。一旁廢墟，就是舊時大悲院的遺址。開聖原是在家人，老婆死後，留下一子，作者問其下落，他言語支吾。

隨即，他領凌先生參觀他結廬為庵的破廟，亂石為牆，毛毯為頂。彎腰鉆進棚裡，一股熱浪迎面襲來，幾乎讓人窒息。棚內空空如也，凳和床都是借石為之，石凳上放著粗製碗筷，幾塊焦黑的鍋巴和一些剩飯，一個瓷盆裡還剩大半碗莧菜，已經紅糊糊地積了一層垢，那就是他的飯菜了。棚外廢墟亂石中，一口淺井，水不盈尺，已近乾枯，上面落滿腐草朽葉，青苔浮萍和蠕動的小蟲。水則稠如糊狀，已呈墨綠顏色，而開聖常年所飲，竟是這樣的水。開聖用破碗給作等各盛半碗水漿，盛情難卻，凌先生只好閉上眼睛強飲。靠牆的石條上睡者一個十四、五歲的光頭孩子，棚內完全是一個蒸籠，而孩子睡得十分香甜，只是汗如滲泉。生活在這樣簡陋的棚子裡，與山下的僧侶相比，實在是太寒酸了，但開聖本人卻不以為意，認為：「大廟裡僧侶快活，是因為他們的前生修得好；我所以受苦，是因為我還沒有修出頭。」看來，以苦為樂，在一部份僧人的思想和現實的經濟生活中，還深深地札了根。

又如正在重新修復中的湖州道場山萬壽寺僧，經濟也很拮据。公元一九八六年夏，筆者因去湖州講學，得以有機會由湖州文化宮方學兄等陪同，起遊覽了道場山。當地老鄉介紹，早先萬壽寺殿宇廊廡，高低曲折，很有些進深，比起杭州的靈隱寺，規模還要大上兩倍。可惜禍起文革，毀於一旦，敗家子的行徑，令人憤慨。山上的人很少，除了十幾個赤著膊，正在為修復寺宇而叮噹作業的石匠、木匠，就只有我們四人了。一圈兜罷，我們經老鄉引導，進一處舊屋稍事歇息。

屋裡坐著幾個老者，隨著當桌而坐。和氣可掬的胖老僧的呼茶聲，他們一起讓出了座位。我們看那和尚身上鐵灰海青，早已因久穿久洗而幾乎褪盡顏色。在攀談中，我們得知他的法名叫馥馨，原為修復萬壽寺而應湖州政協之邀，專程從普陀山來這裡作主持的，現在年事已七十多歲。由於其寺隔斷紅塵，人煙稀少，又無香火，所以生活冷寂而又清苦，經濟上絕少有所收入。對於僧人，我一向是很尊敬的，因為自己也是個佛教居士，至此則更對老僧平添了幾分敬意。

又如和我交往的小友中，原先有個在玉佛寺書畫賣品部工作的馮雲游，二十多歲年紀，活潑潑的。後來大概有好幾年沒有聯繫，近年來忽然接到他的來信，說是已在福建名刹廣化寺出家為比丘了，法名虛曇。這一消息的突然降臨，真使我吃了一驚，想來這也是他的宿緣或慧根吧。後來，虛曇又轉去厦門南普陀寺修習。一九八九年農曆三月二十日，他在給我來信中說起他的生活道：

「朽人在廣化寺每日除閱經、看書、寫字外，別無他事。寺中每月單資只有十五元一人，還是半年發一次。朽人居廣化寺時未拿常住單資，唯每日三餐受常住供養。寺中生活甚是清苦，每天隨衆過堂吃飯，早、中兩餐，聞板聲進齋堂，每人一飯一菜一湯，由巡堂給打好，聽磬聲先念供養咒，然後方能吃。菜很是粗雜，且少油水，唯逢齋主供齋才能吃得好些。

有時寺中亦有水果結緣。」

或許，在這種清貧的經濟和物質生活中磨練，有時反而能夠使得道心更加堅定，更加明澈。

從總體上看，出家人的經濟生活，非但清苦，亦且廉潔。報載六十多歲的王老太是上海慈修庵堂常年不斷的香客，有時偶而還在化緣功德簿上捐上三元五元。然而，從一九八八年下半年起，王老太突然出手闊綽，先後三次向慈修庵捐贈了一三〇〇〇元的巨款。慈修庵住持觀性大師公見平時生活並不富裕，並且極做人家的王老太忽然大方起來，心知有異。經過打聽，方才得知王老太近年來家庭很不如意：自己年老多病，女兒婚後不育，外孫早年故世。為此之故，王老太怪罪自己功德太淺，誠心不夠，所以便瞞著老伴，把老伴辛辛苦苦為她積攢下來的萬餘元錢如數捐了出去，以求佛菩薩顯靈，保佑她一家子。

經過摸底，觀性大師公有了底兒，隨即指示會計師老張，把王老太的這筆捐款不要入帳。果然，當王老太老伴得知王老太把一萬餘元供日後養老用的錢捐出以後，心裡急得什麼似的，抱著試試看的心情要求收回捐款。此後經過接頭，很快這筆款項就又回到了王老太手裡。

由此，慈修庵慈悲為懷，歸還香火錢的故事，一時傳遍大街小巷，成為上海灘上的一則佳話。

出家人和詩、書、畫

如果說，出家人的物質生活以清貧檢樸，有利道心增長的話，那麽出家人的文化生活，卻是十分豐富多彩的。這無疑從一個側面，反映了佛教徒的精神寄托或對美的追求。

然而，由於佛門受著「不自作也不視聽歌舞」等戒律的限制，因此這種文化生活的特色，又似乎特別地集中在和詩、書、畫「三絕」緣份上，此外還有佛教音樂等。

我國古典詩歌，從來就和僧人有著不解的緣份。相傳公元七世紀末，八世紀初居住在始豐縣（今浙江天台）寒岩的寒山，是唐代的一位著名詩僧。他平時喜好吟詩唱偈，和國清寺僧拾得堪稱莫逆。打開《寒山子詩集》，不乏清新可誦的佳作，他的《山居詩》寫山居的幽寂和盛受，頗有超然物外之趣，其中一首道：

登涉寒山道，寒山路不窮。
溪長石磊磊，澗濶草蒙蒙。
苔滑非關雨，松鳴不假風。
誰能超世累，共坐白雲中。

拾得本為唐初孤兒，一次偶然的機會，豐干禪師把他帶去天台山國清寺，才出家做了僧人。平時拾得也很愛做詩，他的山居七絕一首寫得很不錯：

靈山疊疊幾千重，幽谷路深絕人踪。
碧澗清流多勝境，時來鳥語合人心。

唐玄宗天寶年間的景雲，也是個薄有名氣的詩僧。我們且看他的《畫松》詩：

畫松一似真松樹，且待尋思記得無？
曾在天台山上見，石橋南畔第三株。

這首《畫松》詩的好處，黃叔燦《唐詩箋注》評道：「前輩以此詩一氣渾成，不加斧鑿，為唐人絕句所難是矣。只是絕句之妙，不盡在此，此詩枯淡得妙，正如畫家以枯木竹石見長，亦是各家數耳。」

長城（今浙江長興縣）人釋皎然，俗姓謝。初出家時，肄業湖州杼山，和釋靈澈、荼客陸羽等人，一起住在妙喜寺裡。大詩人韋應物做蘇州刺使時，曾和他有過酬唱。他的《待山月》詩寫道：

夜夜憶故人，長教山月待。

今宵故人至，山月知何在？

詩中表述幽居寂寞，經常在山月下等待懷念著那些老朋友們。可是今夜老朋友一來，卻又高興得把平時經常作伴的山月，完全忘得一乾二淨。全詩情見乎辭，躍然紙上，耐人咀嚼。

詩僧的吟咏之作，有時還極富有禪的意趣。唐宣宗時釋棲白《寄西山景禪師》一首，就是這方面的一個典型。

一度林前見遠公，靜聞真語世情空。

至今寂寞禪心在，任起桃花柳絮風。

詩的作用在於言志，在於表現性靈，而釋棲白的這首七絕，表現的正是禪家靜觀有得，聽憑桃花柳絮隨風飄落，無擾禪機空靈的澈悟境界。

和釋棲白同樣表現淡泊人生，空靈禪機的，唐明宗時僧人可止的《精舍遇雨》，也寫得很有意緒：

空門寂寂淡吾身，溪雨微微洗客塵。
臥向白雲情未盡，任他黃鳥醉芳春。

說到唐朝詩僧，齊己是不能不提的一位。結合對佛的理解，他曾在古詩中馳毫揮筆，寫下了深有理趣的五言律詩一首：

綠樹深深處，長明焰焰燈。
春時遊寺客，花落閉門僧。
萬法心中寂，孤泉石上澄。
勞生莫相問，喧默不相應。

宋初的永明禪師，也是個深諳佛理，工於吟咏的高僧。他平時只要寫詩，總是不忘融進禪機。一個惠風和暢的午後，永明禪師伸紙舐筆，寫下了這樣一首七律：

萬事從來祇自招，安危由己路非遙。
笙歌韵里花先落，松檜枝間雲未消。
數下磬聲孤月夜，一爐香靄白雲朝。
誰人會我高棲意，門掩空庭思寂寞。

石屋禪師是宋代曹洞宗的一位高僧，參禪之餘，頗愛吟咏，一次飯後無事，石屋携籃出寺，過嶺採花，不覺詩興勃發，朗聲吟道：

禪餘高誦寒山偈，飯前濃煎谷雨茶。
尚有閑情無著處，携籃過嶺採藤花。

對於得道高僧來說，「閑情無著」，不是著在種種娛樂上，而是偏偏著在了過嶺採花上，可見道心高潔，有如野雲閑鶴，使人神往。又有一次，西風掃葉，明月照階，石屋在秋山寂靜中獨坐完畢，把筆吟成七絕一首寄意：

獨坐窮心寂杳冥，個中無法可當情。

西風吹盡擁門葉，留得空階與月明。

全詩隨手拈來，灑脫自然，把客觀世界和主觀內心渾然交融得無礙機致，表現得十分細微貼切。

明朝的憨山大師，又名德清，是個功德圓滿的得道詩人。他在一首七言律詩中描述僧人山居閑情道：

春深寒谷筍生芽，又見松梢漸發花。
一鉢待來充午供，衆僧專等試新茶。
空無神力諸天飯，富有莊嚴五色霞。
為問長安歌舞客，幾曾飛夢到山家。

室明和尚的詩比起德清來，雖禪味稍遜，可卻生活情趣盎然。他的《游山舟中作》七絕道：

舟過橫塘酒再沽，往廚烹出四腮鱸。

好山都在西南上，一路推蓬看畫圖。

詩中說自己坐船遊山，沽酒烹鱸，一點也不為戒律所拘，散漫自由得很。由於如實道來，毫不遮遮掩掩，所以一種親切之情，直撲眉宇，使人感到這是一個真得大無礙，大自在三昧的可愛僧人。又如《題石田有竹莊》一首：

東林煙月舊松蘿，無復君來對酒歌。
千葉芭蕉萬竿竹，相思一夜雨聲多。

詩中表現對老朋友——畫家沈石田的深切思念之情，有血有肉，情見乎辭。

清初僧人弘仁，字漸江，他既能畫畫，又擅詩文，是個奇才。一個煙雨冥蒙的清明，漸江把江邊所見所想，捃進詩裡說：

野棠花落過清明，春事匆匆夢裡驚。
倚棹幽吟沙際落，半江煙雨暮潮生。

作為文化生活中的一個特色，清朝的詩僧多擅長作畫，不僅弘仁如此，原濟也同樣如此。一個春和景明的午後，原濟翻開潔白的尺頁，興致勃勃地畫下了幾株楚楚可人的桃花。一陣高興之下，他又提筆在桃花邊上題了首詩。題詩完畢，只見尺頁詩畫交輝，美妙得說不出來。詩云：

武陵溪口燦如霞，一棹尋之興更賒。
歸向吾廬情未已，筆含春雨寫桃花。

說到僧人詩歌創作，清末的蘇曼殊也頗值一提。在《吳門依易生韵》十一首中，他有一首是這樣寫的：

白水青山未盡思，人間天上雨霏微。
輕風細雨紅泥寺，不見僧歸見燕歸。

全詩清新雋永，別具神韻，可見他的不凡功力。有意味的是，由於曼殊上人的外文根基，他不但自己熱愛詩歌創作，並且還用中國舊詩體裁翻譯了英國拜倫、雪萊，蘇格蘭彭斯，德國歌德，印度女詩人陀露多等人的詩歌，從而為中外文化交流，作了添磚加瓦的努力。

詩歌創作之外，僧人文化生活的觸角還有力地伸進了書法領域。歷史上僧人書法家層出不窮，成就卓著，他們的創作，為我國書法藝術的出奇翻新，注進了新的血液。

隨唐是我國佛教高度發展的時期，同時也是書法高度發展的時期，其間高僧輩出，他們除對佛教典籍有所研究、闡述，對書法一道，也多所貢獻。如隨代的智楷、智永、智果，唐代的懷仁、齊己、大雅、懷素、高閑、亞棲、貫休等，就是其中的佼佼者。

智永是陳、隨年間著名的書法家，他名法劫，俗姓王。對於他的書法活動，唐代李綽在《尚書故實》中談得較為詳細：「右軍孫智永禪師，自臨（集王羲之《千字文》）八百本，散於人間。江南諸寺，各留一本。永住吳興永福寺，積年學書，禿筆頭十瓮，每瓮皆數石，人來覓書，並請題頭（題寫匾額）者如市。所居戶限為之穿穴，乃用鐵葉裹之，人謂為『鐵門限』。後取筆頭瘞之，號為『退筆家』，自製銘志。」智永是王羲之的第七代孫，據說他在吳興永欣寺學習書法，曾經登樓三十年不下，克嗣家法，留下了鐵限筆冢的佳話。現在看到的他所留下的真、草《千字文》墨跡（亦有認為是唐臨本的）寫得溫柔敦厚，很有韻味，歷來為藝林所推許。此外，關於智永的書跡，據米芾《寶章待訪錄》所載，尚有真草書《歸田賦》一種。此跡明代只存片斷行書六行，藏吳延家，刻入《余清齋帖》，其後又被刻入《秀餐軒帖》。清朝末年的楊守敬，曾對此帖有過「《文皇哀冊》，出自此賦』的說法。至於

隨釋智永草書《千字文》

具膳餐飯適口充腸飽飯享宰飢厭糟糠親戚故舊老少異糧妾御
績紡侍巾帷房紈扇員潔銀燭瑋煌晝眠夕寐籃筍床弦歌

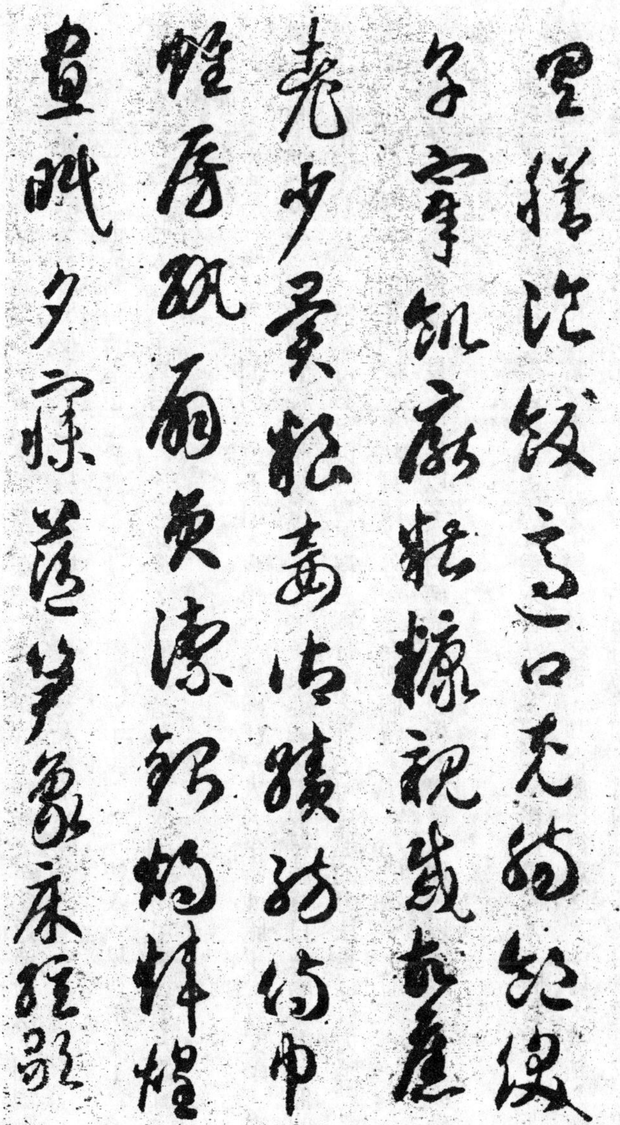

智永的書風，蘇軾比喻得妙，認為是「骨氣深隱，體兼衆妙；精能之至，返造疏淡。如觀陶彭澤詩，初若散緩不收，反覆不已，乃識奇趣」，可謂入木之評。

智永之外，他的哥哥智楷也工於書。張懷瓘《書斷》中說：「（智永）兄智楷亦工草，丁覘亦善隸書。時人云『丁真楷草』。」此後，「丁真楷草」就成了一句用來褒美人們書法的成語。

智果是生活在隋仁壽年間的一位書僧，會稽（今屬浙江）人。平時他除了愛好文學，在書法上也很有造詣。據說他曾經為隋煬帝寫《上太子東巡頌》而被召居慧日道場。對於他的書法，隋煬帝曾有過「智永得右軍肉，智果得右軍骨」之評，可見他的書法是以骨力堅勁著稱的。可貴的是，智果和尚除了書法實踐之外，還為我們留下了《心成頌》一篇。《心成頌》雖說篇幅不長，但是以字體的結構，卻分析得很是入理，以至於千百年後仍為人們所稱道和取法。

唐代是我國書法發展的全盛時期，因此僧人書法亦多可觀。懷仁是唐太宗時長安（今西安）弘福寺僧人，《宣和書譜》說他「積年學王羲之書，其合處幾得意味。」唐太宗制《聖教序》時，他受都城諸釋委托，花了大約二十年左右的時間，將內府王羲之的遺墨集成《聖教序》一碑，可見工程之大。我們現在看懷仁所集王羲之《聖教序》寫得龍飛鳳舞，上下貫氣，自然而又流暢，好似一手寫下來似的，一點也不看不出湊合的痕跡，這自然要歸功於懷仁二十年來嘔心瀝血的精心安排。關於他的書跡，宋代宣和御府曾藏有行書《聖教序》及草書《臨晉王羲之〈往還〉等帖》各一件。在這以後，興福寺僧大雅在唐玄宗開元九年（公元七二一年），也曾有過集字成碑之舉，把王羲之的書跡集成墓志。其後不久，碑被埋入土中，直至明末萬歷時因疏浚西安城濠，才得出土，但上半截已佚，僅存下半截，因此碑名已不可考，也有稱它為《半截碑》的。明末安世鳳《墨林抉事》曾評述此碑為：「大雅乃興福寺僧，故謂之《興福帖》，其集王字，顧獨得其精神筋力，儼如生動，不比懷仁，只得其形模，並其古談之趣而已，是以書家重之。」評價也是很高的。以上二位僧人雖說做的是集字成碑的工作，然而如果其人不通書法，又哪有可能有此作為呢？

齊己是唐代著名詩僧，因他頸上生了個大瘤，因此人們打趣稱之為「詩囊」。他本性胡，自號衡岳沙門，益陽（今湖南益陽）人。早年捨俗入大偽山，晚年作荊州僧正。《宣和書譜》說他：「戒律之外，頗好吟咏，亦留心書翰，傳布四方，人以其詩並傳，逮今多有存者。」又說：「筆跡灑落，得行字法，望之知非尋常釋子所書也。」由於齊己操行高潔，不肯隨便拜偈侯門大族以求高攀，所以極為人們所稱道。當時宣和御府曾藏有他的書跡九件，其中《擬嵇康〈絕交書〉》等行書筆跡七件，《廬岳詩》等正書墨跡二件。

李唐一代在書法上最有造就的僧人，自然首推懷素。他俗姓錢，長沙（今湖南省長沙市）人。據說他學習書法非常刻苦，以致禿筆成冢，又由於家貧買不起很大的紙來供其揮灑，就在居處附近廣植芭蕉，然後用蕉葉代紙練習書法。可這還不夠，於是他又油漆了一只盤子和一塊板，書之再三，盤、板皆穿。可見用力之勤。相傳，他觀夏雲隨風變幻而頓悟筆法，自稱得「草書三昧」。對出家釋子來說，酒是五戒之首，是絕對飲不得的，但他寫草書卻要借酒助興。他的草書，寫得極為狂逸不羈，同稍前的大草書家張旭共開狂草一派，而張肥素瘦，各有風格，對後世草書發展具有極為深遠的影響。《宣和書譜》說他：「當時名流如李白、戴淑倫、竇臯儂、錢起之徒，舉皆有詩美之，狀其勢以為若驚蛇走虺，驟雨狂風，人不以為過論。又評者謂張長史（旭）為顛，懷素為狂。以狂繼顛，孰為不可？」宋徽宗御府收藏他的書跡如《孝經》、《自敍》等，竟達一百零一帖，可見書法流傳之多，今天我們所能看到的他的書跡，尙有《自序帖》、《苦筍帖》、《食魚帖》、《千字文》、《聖母帖》、《律公．腳氣帖》、《藏真帖》等多種。

唐宣宗時烏程（今浙江省湖州市）高閑上人，寓湖州開元寺。其書源出於張旭，在當時也很有名氣，韓愈在《送高閑上人序》中稱他的書法「得天象之然」，評價很高。據文獻記載，他喜歡在霅川白紵上寫真、草書，又曾經在楮紙上寫過《千字文》，而此《千字文》在米芾的《寶章待訪錄》中亦有記載，說在「承議郎李熙處」，其墨跡殘本至今尙傳於世。又有書《令狐楚詩》一種，亦見載於米芾的《寶章待訪錄》，今未見。

至晚唐，洛陽又出了個名叫釋亞棲的書法家。《宣和書譜》說他於「昭宗光化中對殿庭

唐釋懷素苦筍帖

苦筍及茗異常佳乃可逕來懷素白

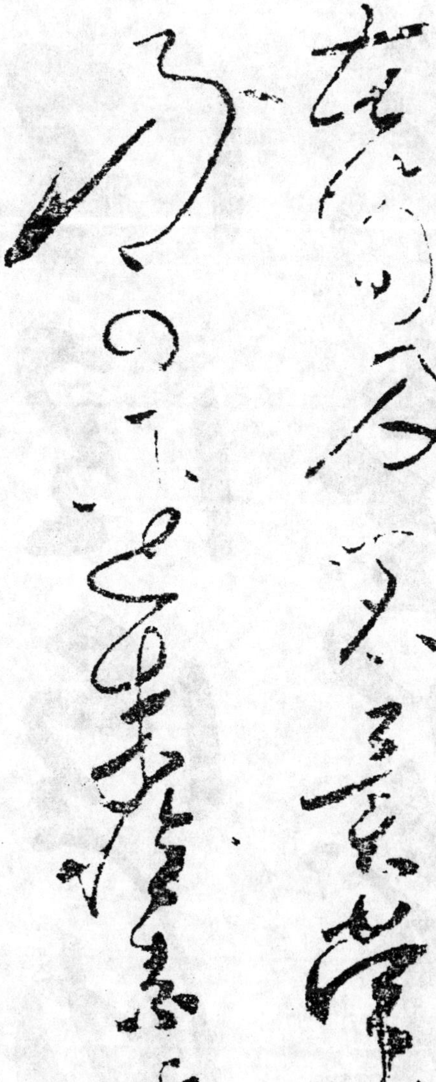

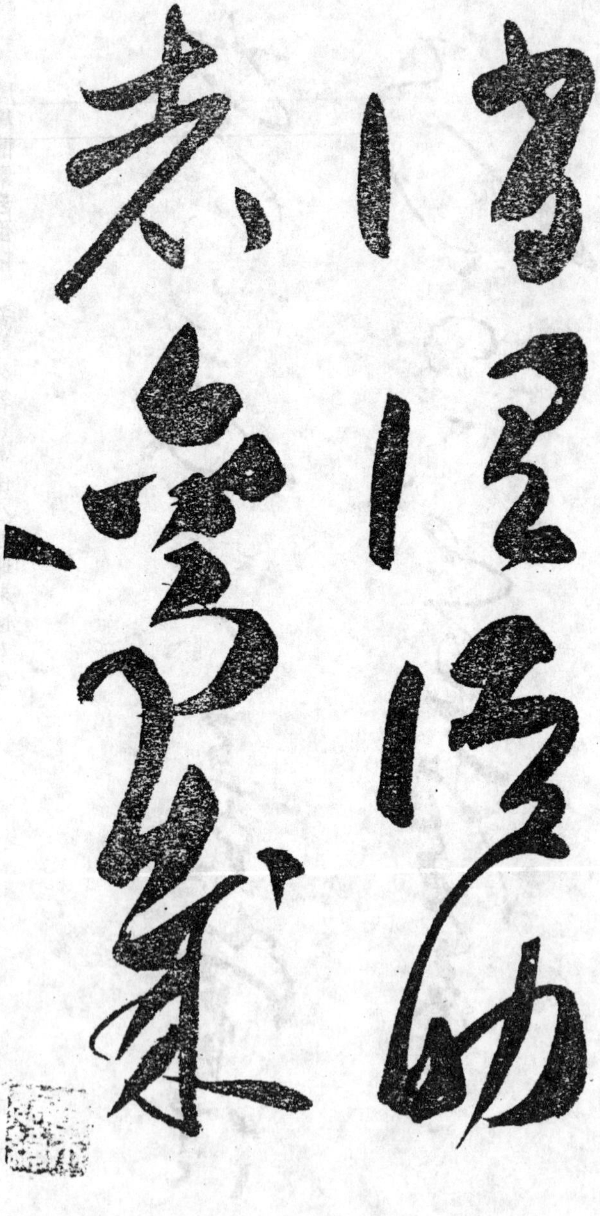

唐釋高閑草書《千字文》

消謂語助者焉哉

草書，兩賜紫袍」，可見恩寵之盛。關於他的書風，《宣和書譜》也有「得張顛筆意」的記載。亞棲平時經常談到張旭，說「世徒知張顛，而不知實非顛也」。這當然是他眼力過人的地方。明代李日華在《六研齋二筆》中說：「亞棲書開元寺壁，筆勢濃郁，古帖有之，亦是晚唐奇跡。」徽宗御府曾藏有他的草書書跡十五種。《論書》一篇，是亞棲的書法理論著作，文中強調推陳出新，提出了「凡書通即變」，「若不變，縱能入木三分，亦被號為奴書」的著名論點。

有人曾把亞棲的書法和晚唐另一書僧䛒光作比較，認為「骨氣不及䛒光，而遒媚過之。二人供應制，其踪海內皆盛。」䛒光是江南人，《宣和書譜》說他「潛心草字，名重一時。」唐末吳融所贈歌中說：「忽時飛動更驚人，一聲霹靂龍蛇活。」司空圖也曾為他作歌道：「看師逸跡兩師宜，高適歌行李白詩。」宣和御府藏有他的草書《贈登第詩》及《千字文》兩件。

最後，還值得一提的是出生於晚唐文宗大和六年（公元八三二年）的詩人兼書畫家貫休和尚。貫修除了精擅詩畫之外，在書法上，篆、隸、行、草諸體皆能，尤擅草書。《宣和書譜》說他：「作字尤奇崛，至草書益勝，嶄峻之狀，可以想見其人。喜書《千文》，世多傳其本，雖不可比跡智永，要自不凡。」《宣和書譜》則說時人把他的書法「比之懷素」，也是可信的，因為在他的《禪月集》中，亦曾寫有《觀懷素草書歌》一首，可見他對懷素的草書很感興趣。由於被詩名畫名所掩，所以他的書跡流傳較少。

然而，《七修類稿》卷二十六中，卻載有《米字法貫休》一條說：「米字逸宕可愛，近多效之，原米法貫休也，有石刻《彌勒贊》可證。」這至少證明，貫休的書法在北宋時期有著一定影響，並且傾動了一些大名家。

有趣的是，劑涇曾作《書詁》，「以懷素比玉，䛒光比珠，高閑比金，貫休比玻璃，亞棲比水晶」。此外，《宣和書譜》所載唐代僧人擅長書法的，尚有善寫篆書的釋元雅，善寫正書的釋縣林，善寫行書的釋行敦，善寫草書的釋景雲、釋夢龜、釋文楚，善寫八分書的釋靈該等，只是因為影響不大，就從略了。

綜上所述，我們可以看出，一是隋唐僧人書家有成就的人為數衆多，這裡所舉僅僅是較為著名的而已；二是他們大多精擅草書。前一個原因是時代風尚相扇，影響所及，僧人也就自然多通書法；第二個原因一時還很難說清，但據《宣和書譜》分析，認為是智永、懷素開了個頭，其後僧人多受影響。

僧人的文化生活，不僅和詩、書結緣，並且和畫也有著很深的緣份，我國文化發展史上畫僧輩出，就很說明問題。五代時著名宗教人佛畫僧，七歲就循入空門的貫休，俗姓姜，字德隱，婺州蘭溪（今屬浙江省）人。唐昭宗天復年間（公元九〇一—九〇三年），天下大亂，貫休避亂入蜀，蜀主王建賜他大蜀國龍樓待詔明因辯果功德大師、禪月大師、食邑八千戶賜紫大沙門等名號，恩寵極為優渥。在藝事上，貫休所作的羅漢畫，大多為胡貌梵相，很是魁岸高古。貫休平時自稱，他筆底下這些狀貌古野，誇張變形的羅漢，來源於他的夢中所見。正是由於這一來之於夢的想像性創作，所以當時的翰林學士歐陽烱作《禪月大師應夢羅漢歌》說：

西岳高僧名貫休，高情峭拔陵流秋。
天教水墨畫羅漢，魁岸古容生筆頭。
時幀大絹泥高壁，閉目焚香坐禪室，
忽然夢裡見真儀，脫下袈裟點神筆。
高握節腕當空擲，窣窣毫端任狂逸。
……

現在我們所能看到的貫休羅漢畫像，有日本藏十六應真，桂林隱山華蓋庵羅漢刻石，四川寶光寺藏羅漢刻石拓片等。

五代以後，北宋江寧（今江蘇省南京市）人，曾居留開元寺的畫僧巨然，是我國山水畫發展史上具有里程碑意義的一位大師。巨然的山水，師法當時大畫家董源而又有所發展，看上去很覺嵐氣清潤，情趣幽逸，故而尤其適合於表現江南山水，足以和當時表現北方雄偉瑰麗氣勢的「荆關」一派分庭抗禮，人們並稱「董巨」。董巨之後，元明以來，學山水畫的多從這一派取法，流風所被，影響很是深遠。

入清以後，和繪畫結緣的僧人好比雨後春筍，顯得特別的隊伍廣大。明末安徽歙縣生員江韜，字六奇，入清後削髮為僧，法名弘仁，字漸江。他畫山水，師法元代的倪瓚，但又脫盡倪瓚蹊徑，筆墨瘦勁簡潔，風格轉為冷雋峭拔。平時，弘仁經常往來於黃山、雁蕩山一帶，所以他筆底下所表現出來的，自然要以黃山松石為多。當時人們把他和查士標、汪之瑞、孫逸一起，合稱「海陽（地名）四家」，又有「新安（地名）派」之稱。今天我們可以看到他的作品，主要有《喬松羽士圖》、《梅竹高士圖》、《黃山幡龍松》、《黃海松石圖》、《梅屋松泉圖》、《黃山圖竹》、《古木竹石圖》等。

和弘仁同時代生活的，還有一個湖南武陵（今湖南省常德）人，四十歲時出家為僧的髡殘和尚。我們從髡殘留下來的山水作品題名看，除了字介丘外，還較多地使用如石溪、白禿、石道人、殘道者、電住道人等其他名號。平時，髡殘經常住在南京牛首祖堂山的幽樓寺裡，但是為了創作，為了向自然界汲取養料，他也不時地外出遊覽名山大川。他筆底的山水，筆墨蒼鬱渾厚，擅長用於乾筆皴擦的技法表現茂密冥蒙的山水景物，有著較強的個性特色。作品流傳有《報恩寺圖》、《圖佛橫卷》、《秋山記事圖》、《溪山閑釣圖》、《烟波泛艇

畫僧石濤

圖、《坐對雙溪圖》、《雪圖》》等。後人把他與石濤並稱「二石」。

石濤，法名原濟，有時也寫作元濟。在他的繪畫藝術生涯中，一生用過的別號有苦瓜和尚、大滌子、清湘陳人等多種。年輕時，原濟多次攀上黃山、敬亭山等名山，飽覽了那裡的奇松怪石和變幻莫測的雲海。中年時，原濟大多數時間在南京度過，並在南京、揚州兩次見到了康熙皇帝。晚年的原濟，基本定居揚州，並以賣畫為生。從創作內容看，石濤的畫路很寬，山水、人物、花果、蘭竹等，在他的筆底，幾乎都有較多的涉及，並且畫時筆墨姿縱，畫面變化蒼茫，奇境疊出，氣象沈郁，富有獨創的新意。難能可貴的是，實踐之外，他還有一整套自己的繪畫理論，譬如「搜盡奇峰打草稿」、「筆墨當隨時代」、「法自我立」等，就是繪畫界中流傳極為深廣的名句。因為有著這樣高深的造詣，所以當時大畫家王

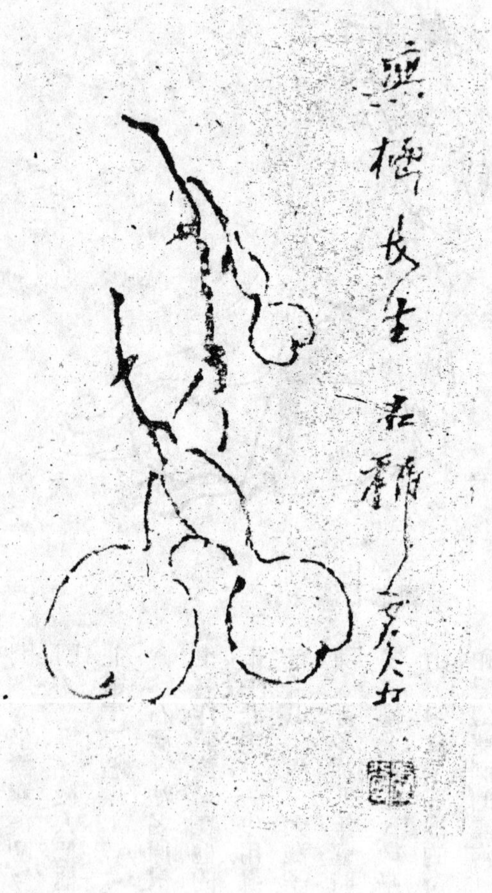

清釋虛谷《葫蘆圖》

原祁極其嘆服地說：「大江以南，當以石濤為第一。」石濤之後，一度籠罩整個江南畫壇畫風的揚州畫派，就很受到他的創作思想和畫風的啟發。他所留給後人的，除了數以千計的畫作，還有《苦瓜和尚畫語錄》，以及後人所輯《大滌子題畫詩跋》等文字著作。

虛谷是清末往來於揚州、蘇州、上海一帶的著名畫僧，他俗姓朱，名懷仁，安徽新安（今安徽歙縣）人。起初，朱懷仁曾擔任過清軍參將之職，並奉命與太平軍作戰，後來意有所觸，便出家做了僧人。他法名虛白，虛谷是他的字，別號紫陽山人。有趣的是，他雖然出家為僧，但卻不吃素禮佛，表現了一種超然法外的生活情致。他畫畫時，最愛用長鋒羊毫，落筆冷雋偏側，無論是水墨還是設色，都畫得虛靈淡遠，以古為新，如果不是有著深邃的文學修養，是無論如何也達不到這種境界的。

情愛，僧尼生活的禁區

《紅樓夢》第十五回，王熙鳳帶著寶玉、秦鍾往饅頭庵來。一時到庵中，靜虛帶領智善、智能兩個徒弟出來迎接，大家見過。不言老尼陪著鳳姐，秦鍾、寶玉早去殿上玩耍。因見越發長高，模樣兒越發出落得水靈的智能兒過來，寶玉笑笑道：「能兒來了。」秦鐘說：「理她作什麽？」寶玉笑道：「你別弄鬼了，那天在老太太屋裡，一個人沒有，你摟著她幹嗎？」秦鍾笑道：「這可是沒有的話。」寶玉道：「有沒有也不管你，你只叫她倒碗茶來我喝，就放過手。」秦鍾沒法，只得說道：「能兒倒碗茶來。」那能兒自幼在秦府走動，無人不識，常和寶玉、秦鍾玩笑，如今長大，漸知風月，便看上了秦鍾人物風流，那秦鍾也愛她妍媚，兩人明的雖未上手，暗中卻已情投意合了，待到智能倒了茶來，這邊智善又來叫智能去擺果碟子，一時來請他兩個去吃果茶。他兩個哪裡吃這些東西？略坐坐仍出來玩耍。

待到夜裡無人，秦鍾單個兒悄然前來尋那智能。剛到後頭房裡，只見智能兒獨在那裡洗茶碗。秦鍾便摟著××，智能兒急得跺腳說：「這是做什麼？」就要叫喚。秦鍾道：「好妹妹，你今兒再不依我，我就死在這裡。」智能兒道：「你要怎麼樣？除非我出了周圍這牢坑，離了這些人，才好呢。」秦鍾道：「這也容易，只是遠水解不得近渴。」說著一口吹了燈，滿屋漆黑，……

又翻到《紅樓夢》八十七回，且說妙玉歸去，早有道婆接著，掩了庵門，坐了一回，把《禪門日誦》念了一遍。吃了晚飯，點上香，拜了菩薩，屏息垂帘，跏趺坐下，斷除妄念，趨向真如。坐到三更以後，聽得房上「骨碌碌」一片聲響，妙玉恐有賊來，下了禪床，出到前軒，但見雲影橫空，月華如水。其時天氣尚不很涼，獨自憑欄站了一回，忽聽房上兩個貓兒一聲聲嘶叫。

妙玉因而忽然想起日間寶玉之言，不覺一陣心跳耳熱，自己連忙收攝心神，走進禪房，仍到禪床上坐了。怎奈神不守舍，一時如萬馬奔馳，覺得禪床恍蕩起來，身子已不在庵中。便有許多王孫公子，要來娶她。又有些媒婆，扯扯拽拽，扶她上車，自己不肯去。一回兒，又有盜賊劫她，持刀執棍的逼勒，只得哭喊求救。

《紅樓夢》的兩段文字，揭開了青春女尼萌自內心的情愛之火。寫智能兒的那段由愛及性，性愛並重，先則半推不就，後則順水推舟。那妙玉則坐禪不穩，由情入魔，純以情愛取勝。然而不管怎樣，在曹雪芹的筆底，於表現性愛與戒律衝突的同時，使人感到的只是一種美感，一絲兒也不汚人眼目。

青年男子，誰個不善鍾情？妙齡少女，哪個不善懷春？這是人世間至潔至純的感情，只是因為封建社會男女授受不親，再加上一重佛門女尼應守戒律的約束，於是這發自內心，美妙無與倫比的至情，便或則倔強衝決羅網，或則窒息走魔入火。

單就正常的情愛來說，這是一種美妙而無可指責的感情，在近代名僧蘇曼殊身上，更有著流自肺腑，深切而又矛盾得不能自拔的直率表露。

蘇曼殊小說《斷鴻零雁記》，以及詩歌如《為調箏人繪像》、《本事詩》、《無題》、《東居雜詩十九首》等，都可認作是他一方面熱烈追求愛情，嚮往男女之間美妙結合，一方面又視愛情為成佛魔障，痛苦地實行僧侶禁欲主義矛盾的刻骨銘心之作。《為調箏人繪像》兩首第一首說：

收拾禪心侍鏡台，沾泥殘絮有沈哀。
湘弦灑遍胭脂淚，香火重生勢後灰。

公元一八八四年，出身於廣東香山商人家庭的蘇曼殊在日本降生了。其後六歲回國，於青少年時留學日本。公元一九○三年，蘇曼殊的足跡再次從日本回到祖國大地，不久披剃為僧。一九○九年時，由於難割往昔與日本妙妓百助眉史之間的一段刻骨戀情，於是便以「調箏人」為名，寫下了對百助眉史的深切懷念。詩中他說，近年來我一心禮佛參禪，思想雖說已如飛絮沾泥，不復飄動，可是卻依然時有哀情襲來。想起過去你調箏撥弦，脂淚遍灑的那幕，使我劫後死灰般的心中，重又迸出了香火一樣的火星。

再如《本事詩》十首的第二首，蘇曼殊這樣寫道：

丈室番茶手自煎，語深香冷涕潸然：
生身阿母無情甚，為向摩耶問夙緣。

曼殊回憶，在日本一丈見方的小房間裡，百助親手為我煎煮番茶。隨著彼此交談的深入，百助禁不住悲從中來，玉容冷寂，臉上掛滿了晶瑩的淚花，低聲泣訴：「我的生身阿母把我這還沒成年的姑娘死活送進妓館，真是太絕情了。請代我問問摩耶夫人（釋迦牟尼生母），我的上輩子到底作了什麼孽！」

又如《本事詩》的其他幾首：

桃腮檀口坐歡笙，春水難量舊恨盈。
華嚴瀑布高千尺，未及卿卿愛我情。

烏舍凌波肌似雪，親持紅葉索題詩。
還卿一鉢無情淚，恨不相逢未剃時。

相憐病骨輕於蝶，夢入羅浮萬里雲。
贈爾多情書一卷，他年重檢石榴裙。

碧玉莫愁身世賤，同鄉仙子獨銷魂。
袈裟點點疑櫻瓣，半是胭脂半淚痕。

簡直字字是情，字字是愛，字字是淚，字字是血。如果說由情生愛，由精神的愛過渡到肌膚的愛也曾在蘇曼殊這位亦僧亦俗大師身上有所體驗的話，那麼他的表露也是悲沈、直率、大膽的。這種直率、大膽，有時還大有衝決佛家割斷情欲之戒的意味。他的《寄調箏人》三首第一首道：

偷嘗天女唇中露，幾度臨風試淚痕。
日日思君令人老，孤窗無那是黃昏。

我們再看《東居雜詩十九首》第五首：

碧闌干外夜沈沈，斜倚雲屏燭影深。
看取紅酥渾欲滴，鳳文雙結是同心。

又是看取美人嫩紅欲滴的肌酥，又是偷嘗天女零露香潤的櫻唇。然而，這只是一種帶著悲劇色彩的親近，相反換來的非但不是激蕩人心的兩性間身心的交互愉悅，相反是更深一層的思念與折磨。這裡，曼殊大師自製自釀的愛情悲劇，可以說是進入了完美而爐火純青的藝術境界。

按下蘇曼珠詩一般、夢一般的戀情和火辣辣誘人的性本能，現實生活中僧侶娶妻的從古以來也代有記述。宋代廣南風俗，僧人在市井上做生意致富的很多，並且有的還討有老婆。當時其地有富翁嫁女，大會賓客，可是女婿姍姍來遲。然而，女婿畢竟還是來了，衆賓客定睛看時，想不到原來是個僧人。客中有人從來也沒有碰到這事，不禁吟詩道：

行盡人間四百洲，只應此地最風流。
夜來花燭開新燕，迎得王郎不裹頭。

有關僧尼娶妻的做法，近代江南等地，也時有所聞。清末民國杭州靈隱寺的貫通和尚，就是一個有家室的方丈。又如上、中、下三天竺的僧人和法相寺裡的僧衆，有家室的也不在少數。文革期間，由於各地寺廟大批被毀，僧尼紛紛逐出佛門，因此這一時期還俗結婚，以至於今天重入佛門而帶有家眷的，也就時有所聞了。

其實，佛教雖然提倡禁欲主義，但就中國佛教和印度佛教相比，對於性的語言感受無疑是貧乏的。公元三世紀時，印度佛教著作《迦摩須多羅》就對性的本質和性愛技巧，作了研究和探討。公元七世紀後半葉時，印度密宗佛教經典著作《理趣經》一書，也在很大程度上反映了密宗菩薩境地的性愛觀。這種有關菩薩境地的性愛觀，據一九八八年吉林人民出版社翻譯出版的《性與婚姻的衝突》(日本大井正著)，書中《菩薩境地的性愛》一節介紹，其書「十七清淨句」前九句為：

①男女交媾的恍惚之境，是達到清淨的菩薩的境地。

②男女交媾慾望的產生，並且快如飛矢，這是事實，也是菩薩境地。

③男女交往，也是達到清淨的菩薩境地。

④男女擁抱而又想互相離開對方的想法，也是清淨的菩薩境地。

⑤男女相互擁抱滿足之後，感到世界上一切都是自由的心境，也是菩薩的境地。

⑥見到有魅力的異性而產生的美感，也是菩薩的境地。

⑦男女交媾而產生的快樂感，也是菩薩的境地。

⑧相擁而又離開了的男女之間的思戀，也是菩薩的境地。

⑨男女擁抱滿足後，達到了好像自己成為世界一切主宰的心境，這種滿足感也是菩薩的境地。

至於「十七清淨句」的後八句，主要是說佛教徒應當像感覺春、夏、秋、冬四時那樣自然清淨的境地。可見《理趣經》所貫穿始終的，是一種體驗人生現世歡樂的菩薩信條。今天日本和東南亞一些佛教盛行的國家，對於僧侶娶妻已並不全被認為是違反教義的事。

日本僧人原先也沒有家室，可是從十二世紀時淨土宗一派，淨土真宗創始人親鸞倡導帶妻修行以來，便有了娶妻生子的做法。後來，這種做法從淨土真宗漸漸漫衍開來，其他各派也或多或少地受到了一些影響。在《理趣經》的影響下，出版於公元十六世紀的《寶鏡鈔》反映，真言密宗立川流一派，就對性愛提出了自己大膽的看法。作為空海和尚創立的密宗主要思想特徵之一，就是即身成佛。受著這種「即身成佛」思想的支配，其中重要的一條就是，學佛的人可以在現實世界修成佛果，不必待到來世。

歸納立川流一派對性愛問題的說教，一是現世的芸芸衆生，都是父母兩根彼此交合，從而導致生育的直接後果；二是提倡「男女兩根交會，完成了五塵大佛事」和「享受具有淫慾的極樂」。這裡，立川流一派把男女淫樂的性愛，放到了現世極樂，即身成佛的高度上來肯定，無疑是一種大膽的突破。

另據一個禪的故事說，二十個比丘和一個名叫慧青的比丘尼一起參禪。慧青出落得玲瓏水靈，非常漂亮，雖然剃了頭髮、穿了法衣，還是風姿綽約，迷人得很。慧青的綽約風姿，惹得好多參禪的比丘都暗暗戀上了她，其中有個還竟然暗通款曲，為她寫上了一封美美的情書。第二天禪師上堂說法，說罷之後，慧青站起身來對那位寫情書給她的比丘說：「如果你真的那樣愛我，那就請過來擁抱我吧。」慧青尼的大膽，從禪的角度，並不認為是叛逆行為，相反，還在某種程度上與禪的不拘形式暗相吻合。奇怪的是，在現實生活中，日本佛教界帶妻修行的做法，卻僅僅只適用於僧人而不適用於尼衆。因此直到今天，日本尼衆還和中國一樣，基本上是不嫁人的。

關於日本國僧人娶妻的做法，因為合於人道，因此社會上也大可不必非議。我國那位一直誨人不倦的儒家大師孔老夫子和繼承人孟老夫子也認為飲食和男女情欲，是與生俱來的人的大欲。現在出家做了僧人，不僅要割斷飲食上的美味享受而唯蔬菜是吃，並且還要割斷情愛上兩性間的彼此愉悅而唯獨身是處，戒律的壁壘可謂森嚴矣，而在這森嚴壁壘之中讓密宗佛教透一菩薩境地的性愛之光，又何非議之有？對於菩薩境地的性愛之光，大井正《性與婚姻的衝突》還曾這樣指出道：

在密宗發展史中，還有一部比《理趣經》晚一個世紀的特別重要的經典，一般認為這部經典只傳入西藏和蒙古地區的，而對中國和日本沒有產生直接的影響。密宗把瑜伽作為最高的境地，提倡意念與對象一致，人要有自由自在的行為領域。為了說明「瑜伽」，運用了男女的性知識。「瑜伽」的境地表現出的形象，就是所謂的「歡樂佛」。這樣，密宗崇拜的菩薩，都是男性的化身或女性的化身。認為男女兩性的合體，就是瑜伽的境地。我們在西藏和蒙古地區的寺院中所看到的男神和女神性交的形象，也是信仰的對象和神聖的心性的形象。

話雖如此，可是從我國漢族佛教沿習已久的佛門清規戒律來說，僧尼們由萌自內心的本能需要而談情說愛，由談情說愛而發展到親近肌膚，甚至深一步進入性的領域，以至於娶妻生子之類，畢竟屬於嚴加限制的禁區。

所以，對於中國的漢族佛教徒言，凡入我佛門，成佛弟子者，只要一旦觸犯這一清規戒律，那麼遭到嚴詞呵責而被逐出佛門，也是天經地義的事了。至於還俗後的僧尼，由你結婚生子，因為已經脫離僧尼生活，因此就不受戒律約束了。

為了慎重起見，當筆者撰寫此章之時，心裡畢竟感到有點不太踏實，於是去信請教福建莆田廣化寺佛經流通處的高僧大德——持德法師，想聽聽他的意見，書中放進此節是否合適？不意，持德法師到底是位了不起的高僧，他在一九九二年四月的一封來信中非但認為，這是一個十分重要而不可廻避的問題，並且還發了通振聾發聵，使人肅然起敬的高論：

《佛教生活風情》添進「情愛，僧尼生活的禁區」請參考《重治毗尼事義集要》淫戒，其對色欲之精闢見解論述，以糾正凡夫色欲之追求，而不知其情愛為逆風舉火，如陷阱，可以略舉過（過去）現（當今）事例。僧尼非無情無愛，以私我狹窄之情愛，擴大為對一切（衆生）之情愛——慈悲，與無緣大慈體同體之大悲，知五欲之劇害，欣「常樂我淨」之境界，超然物外，解脫煩惱，清涼自在，行人之所不能，忍人之所不能，此難行道也，亦解脫之道也，聖賢之道也，非大丈夫所不能為也。陷入情愛陷阱，欲脫難矣，其害無窮，求道者不可不知，亦不可嚴防範。善習對治，方能得度生死大塗，而證涅槃彼岸。此章甚要，不可迴避，豈但學道之人，即世俗之人，亦不可不知其厲害之關係也。當今時風，殺、盜、淫、妄、酒，氾濫成災，令人痛心疾首也。仁者毫端霹靂，以敬迷蒙。

持德法師信中所示，以私我狹窄之情愛，普及到對於世界一切衆生的情愛中去，這是一種多麼樣的高尚情操？至於凡夫俗子對於色欲的過度追求，則又往往猶如逆風舉火，難逃焚燒自身的嚴重後果，亦復發人深省，曾記古人有詩說：

二八佳人體似酥，腰間仗劍斬愚夫。
雖然不見人頭落，暗裡教君骨髓枯。

佛書《金瓶梅》的宗旨在於勸淫，書中第七十九回說到西門慶狂淫貪欲，一病纏綿，比及到晚夕，西門慶又吃了劉橘齋第二貼藥，遍身痛，叫喚了一夜。到五更時分，那不便處腎囊腫脹破了……西門慶不覺昏迷過去，月娘衆人慌了，都守著看視。見吃藥不效，一面請了劉婆子，在前邊卷棚內與西門慶點人燈跳神，一面又使小廝，往周守備家內訪問吳神仙在那裡，請他來看西門慶，他原相他今年有嘔血流膿之災，骨解形衰之病。待到月娘把吳神仙請來，進房看了西門慶，不似往時，形容消減，病體懨懨，勒著手帕，在於臥榻。先診了脈息，說道：「官人乃是酒色過度，腎水竭虛，是太極邪火聚於欲海，病在膏肓，難以治療。吾有詩八句，說於你聽。只因他：醉飽行房戀女娥，精神血脈暗消磨。遺精溺血流白濁，燈盡油乾腎水枯。當時只恨歡娛少，今日翻為疾病多。玉山自倒非人力，總是盧醫怎奈何！」

過了兩天，月娘痴心只指望西門慶還好，誰知天數造定，三十三歲而去。到了正月二十一日，五更時分，相火燒身，變出風來，聲若牛吼一般，喘息了半夜，捱到早辰巳牌時分，嗚呼哀哉，斷氣身亡。正是：三寸氣在千般用，一日無常萬事休。

為此，佛門非但為出家人制定戒律，斷離色欲，就是對於在家俗人，也苦口婆心，勸人在夫妻之外勿施淫欲，用心可謂艮苦。自然，對於那些迷途知返的人來說，只要一旦翻然悔悟，同樣可以立地成佛，證得正果。古印度摩登伽少女鉢吉帝，人稱「摩登女」。一次，有出家人阿難持鉢，向摩登女討水喝。摩登女看到阿難長得容貌出衆，思念不已，禁不住對老娘說：「非阿難不嫁。」老娘回答說：「阿難持佛道人，不肯為汝作夫。」做女兒的聽老娘這麼一說，就哭鬧著不肯吃飯。

沒奈何，老娘只好請來阿難家裡吃飯，並在席間挑明女兒對他的一片痴情。阿難聞言答道：「出家人持戒，不蓄妻。我師是佛，不與女人交通。」說完要走，誰知老娘竟然作起蠱道之法，把阿難縛了回來。待到黃昏，老娘為女兒布置臥床，女兒大喜，打扮得妖妖嬈嬈，花枝招展，把阿難一把抱到床上，欲心大動，躬淫撫摩，阿難見狀，堅決拒絕。老娘見一計不成，又生一計，當即在空庭裡燒起一堆大火，拉著阿難僧衣威嚇：「你如若不做我女兒的丈夫，我就把你丟進火裡。」正當阿難危急之時，佛持神咒，救出阿難。摩登女見阿難一下子不知去向，不禁號啕大哭起來。

第二天，摩登女看到阿難路上行乞，就跟在他的後面。佛向摩登女道：「你到底看上阿難什麼來著？」摩登女說：「我愛阿難眼，愛阿難鼻，愛阿難口，愛阿難耳，愛阿難聲，愛阿難步行。」佛聽摩登女執迷不悟，便開道說：

眼中但有淚，鼻中但有洟，口中但有唾，耳中但有垢，身中但有屎尿，臭穢不淨。其有夫婦者，便有惡露；惡露中，便生兒子；已有兒子，便有死亡；已有死亡，便有哭泣。於是身中，有何所益？（《摩登女經》）

摩登女經佛這麼一開導，不禁愧上心來，即自正心，獲阿羅漢果。摩登女的佛典說明愛欲不淨，便就墮入苦境。然而只要回頭是岸，還是可以證得果位，入於常樂我淨之境。正如元人尹世珍《琅環記》上卷所說：

天女本來淨，摩登淫第一。
今各成正果，淨淫無分別。

故事佛對摩登女所用的啟發開導之法，就是持德法師信裡所說的「善習對治」之法。何謂「對治」？所謂「對治」，就是佛門針對世人種種不同貪欲，進行思想上對症下藥的治療開解之法。按照佛書所說，其法主要在於修不淨觀。誠如《俱舍論·分別聖賢品》所說：

修不淨觀，正為治貪。然貪差別，略有四種：一顯色貪，二形色貪，三妙觸貪，四供奉貪。緣青瘀等修不淨觀，治第一貪；緣被食等修不淨觀，治第二貪；緣蟲蛆等修不淨觀，治第三貪；緣屍不動修不淨觀，治第四貪。若緣骨鎖修不淨觀，通能對治如是四貪，以骨鎖中無四貪境。

按照《瑜伽師地論》的說法，不淨有朽穢不淨、苦惱不淨、下劣不淨、觀待不淨、煩惱不淨、速壞不淨六種。由於人們平時最容易犯的貪愛，在於內起貪欲，外起淫欲，所以平時人們修習不淨觀，就往往以對治內、外兩種貪欲的「朽穢不淨」為主。

在類別上，朽穢不淨觀的修習之法，又有「依內朽穢不淨」、「依外朽穢不淨」兩種：

①依內朽穢不淨：「云何依內朽穢不淨？謂內身中發毛爪齒，塵垢皮肉，骸骨筋脈，心膽肝肺，大腸小腸，生藏熟藏，肚胃脾腎，膿血熱痰，脂肪膏髓，腦膜鼻涕，淚汗屎尿，如是等類，名為依內朽穢不淨。」佛書認為，觀想依內朽穢不淨，可以有效地對治內身的種種貪欲，使心地清淨升華，從而入於自我解脫之境。當年佛對摩登女的一番開示，使摩登女從

對阿難的戀情中解脫出來，就是用的這一對治之法。

②依外朽穢不淨：「云何依外朽穢不淨？謂或青瘀，或復膿爛，或復變壞，或復膨脹，或復食噉，或復變赤，或復散壞，或骨或鎖，或屎所作，或尿所作，或唾所作，或涕所作，或血所塗，或膿所塗，或便穢處，如是等類，名為依外朽穢不淨。」修習依外朽穢不淨，可以有效地對治顯色、形色、妙觸、承事等四種貪欲。

顯色貪是看到妙齡女郎朱紅粉彩等色黛而起貪戀，對治之法是想像死屍青瘀膿爛，變壞膨脹，心即清淨。形色貪是看到妙齡少女明眸皓齒，巧笑倩兮，或腰肢楚楚，曲線玲瓏，使人想入非非，對治之法是想像死屍皮肉變赤，逐步腐爛，心即清淨。妙觸貪是與女郎肌膚觸摸，擁抱親吻，使人淫欲萌動，對治之法是觀想死屍腐朽糜爛，最後剩下一具怕人的遺骸，心即清淨。承事貪是看到他人出呼入擁，行止威嚴，從而引起權欲之想，對治之法是想到死屍骨散形銷，墓草淒淒，心即清淨。

為此，《正法念經》有首偈語道：

如火蓋千薪，增長火熾然。
如是受樂者，愛火轉增長。
薪火雖熾然，人皆能捨棄。

醫僧的行醫生涯

愛火燒世間，纏綿不可捨。

鑒真和尚是何人？宏化扶桑著盛名。
仁術仁心延聖壽，佛家醫家世同欽。
——圓瑛法師《題鑒真和尚像》

圓瑛法師是近代著名的高僧大德，詩中，他用極為敬仰的口吻，頌揚了李唐一代佛家而兼醫家的鑒真和尚。

鑒真和尚對佛教東渡扶桑，溝通中日文化的業績自難一筆盡言，單就他把中國傳統醫藥學的種子灑向日本，就足以使人起崇敬之思。公元七三三年（唐玄宗開元二十一年），日本僧人榮睿、普照等隨遣唐使一起到中國留學。

事隔十年，公元七四二年（唐玄宗天寶元年）時，榮睿、普照的足跡又踏上了「二十四橋明月夜，玉人何處教吹蕭」的揚州地界。當時正在大明寺講律的鑒真和尚，因為有感於他倆人的一再邀請，便下決心東渡日本講學。公元七五三年（天寶十二年），第六次渡海，歷盡艱險，百折不回的鑒真和尚，終於率領弟子比丘法進、比丘尼智首，以及優婆塞（在家男信徒）潘仙童三十五人，帶著大批藥材和香料，乘坐日本遣唐使船隻渡海成功，迎著海日抵達九州。第二年起，年已六十七歲的鑒真開始在奈良東大寺築成戒壇傳受戒法，是為日本佛教徒登壇受戒的開始。

傳戒之餘，專程慕名前來請鑒真和尚看病的，一時竟多得不可勝數。《東征傳》記載，當天寶十二年十二月鑒真東渡時，除日常生活用品和僧侶法器外，還帶去麝香二十臍，沈香、甲香、甘松香、龍腦香、膽唐香、安息香、檀香、零陵香、青木香、熏陸香等六百餘斤，又有蓽茇、呵黎勒、胡椒、阿魏、蜂蜜、石蜜、蔗糖等五百餘斤，甘蔗八十束，同時尚有醫籍《鑒真上人秘方》、《醫心方》等，書內載有奇效方、呵黎勒丸、萬病藥、以及腳氣入腹方第八，鑒真服鍾乳隨年齡方等藥方。正是由於鑒真在傳播佛學的同時，把中國醫藥也大規模地傳向日本，從而在很大程度上促使日本醫藥得到了進一步的發展。

在歷史長河中，僧人而兼作行醫生涯的不在少數。北宋時四明僧人奉真，精於醫術。其時江淮發運使許元奏課京師，正欲拜見皇上滙報工作，可是偏偏就在這時，兒子病得一連幾天閉著眼睛粒米不進，生命垂危。

急切之中，許元讓人請奉真診治，奉真診後抱歉地說：「你兒子脾臟氣絕，明天就要死了，我已無能為力。」許元聽後懇切請求：「我兒子已病得這付模樣，我也知道沒救了，可是就在明天，我因有事進見皇上。去吧，我就不能為兒子送終；不去吧，又失信於皇上，後果將不堪設想。現在我求求你，千萬讓我兒子再拖幾天，這樣我就既不失信皇上，又為兒子送了終。」奉真看他臉色悲切，言詞誠懇，想了一想才說：「那就讓我一試吧。不過你兒子不僅脾臟氣絕，就是其他各臟，除了肝氣尚旺，也都因為脾臟氣絕而牽連致衰。脾屬土，肝屬木，木能克土，現在脾臟氣絕，再遭肝克，所以難保明天不死。應急的措施是，不妨讓你兒子吃點急瀉肝氣的藥，肝氣一衰，那麼受克的脾臟就可稍稍透一口氣。但這也僅能維持三天而已，三天以後就束手無策了。」說罷開下藥方，讓許元兒子服用。到了晚上，許元兒子竟然重新睜開眼睛，進了點稀粥，第二天竟還能吃點東西。許元見情狀，不禁心中大喜，可是奉真卻說：「你快去晉謁皇上吧，現在是肝木暫時被遏，脾土稍舒，過後就徹底沒救了。」第三天時，許元兒子果然壽終正寢了。

寶鑒大師也是一個行醫多歷，富有經驗的醫僧。平江人張省感染傷寒症已舌縮眼赤，氣喘失音，唇口生瘡，泄痢不止，病狀危在旦夕。家裡人因為著急，一連請來好多醫生。診治下來，醫生們都認為要先止泄痢，才能換回，這時正巧秀州醫僧寶鑒大師路過這裡，也在被邀之列。聽到醫生們這種議論，寶鑒力排眾議，主張進五苓散和白虎湯。結果斟酌下來，家屬聽了他的，果然藥到病除，起死回生。

眾醫生見他醫術這般神妙，紛紛請教道理。寶鑒回答：「醫聖張仲景說，病人五臟實而阻塞的死。現在幸虧病人大腸還算通利，如果用止瀉藥止住大腸泄痢，這樣就會體內全部阻塞，那有不死的呢？為此，我用五苓散通導他的小腸，白虎湯驅散他的病邪，所以病就好了。」眾醫們聽他這樣一解釋，個個都心悅誠服得五體投地。

明代真空寺老僧不用符藥治好病人心病的行醫經歷，也足以說明醫僧業務技術的精湛。鄺子元翰林患有心疾，發作時總是昏昏沈沈，好似夢境一般，有時還胡言亂語。這種心疾自然使他背上了沈重的精神包袱。後來聽人介紹真空寺老僧有著高明的醫術，便專程前去請教。老僧聽完病人自述，先開導說：「相公的貴恙起於煩惱，煩惱能生妄想。妄想這東西忽然而生，忽然而滅，禪家稱為『覺心』。古人說：『不怕念起，只怕覺遲。』如果你能把妄念驅除盡淨，讓心裡空淨得猶如太虛一樣，煩惱又何處安腳呢？」

接者，老僧又結合分析病因繼續開導：「您相公的貴恙起源於水火不交。大凡白天沈迷美色，禪家叫做『外感之欲』，入夜思念美色，禪家叫做『內生之欲』。不管外感之欲還是內生之欲，要是讓兩者之欲綢繆染著，勢必消耗人體之精。假如您能割斷美色，那就腎水自生，上交於心。至於因為讀書作文而引起的廢寢忘食，禪家稱作『理障』；因為職業雜事而導致的思緒紛擾，禪家稱作『事障』。這兩種障，雖非人欲，也要損及性靈。如果您在這方面也能作適當的排遣，那就心火不上炎而下交於腎水，腎水復升騰而上交於心火，從而使之成就一種水火既濟之象，那就疾病霍然可愈了。現在讓我送您一句話，叫做：『苦海無邊，回頭是岸』。」

鄺子元本是個明白人，只是過去一直被欲障迷住了心竅，現在經他這麼一點撥，心裡便豁然開朗了好多。回家後鄺子元獨住一室，掃空萬緣，靜坐了一個多月，從此心疾霍然而愈，今後也一直沒發過。

金山寺是江南有名的古剎。前清年間，寺中有一醫僧掛牌行醫，技術超群，活人無算。當時浙江有一孝廉約伴進京會試，當孝廉乘船由水路到達姑蘇時，想不到竟懨懨地生起病來。舟上同伴見孝廉染病，就叫了轎子把他送到姑蘇名醫葉天士家診治。葉天士診脈後說：「你這病不單單是感冒風寒，此去進京由水路改為陸路，還必定會生出消渴症來，到了那時就無藥可醫了。現在脈象已經顯露，決計活不過一個月。你現在趕緊回去，還來得及料理後事。這裡，我先讓你吃貼感冒藥，暫時把感冒解決了好回家鄉。」說完開方，同時讓學徒們把孝廉醫案登記下來。

孝廉回到船裡，不禁憂心如焚，淚眼汪汪。一旁同伴見狀，無不安慰說：「這是醫生們用來嚇人的生財之道，況且葉天士不過是個時醫罷了，決非神仙，你又何必介意呢？」第二天孝廉服藥，感冒藥後即癒。同伴見他身體好轉，更加鼓勵他一起進京應考。孝廉自忖，既然如此，就一起北上再說。

舟船行至江口，江上風急浪高，一時難以擺渡，於是孝廉一行一起捨舟上岸，遊覽金山古寺。其時，金山寺門前赫然掛有醫僧牌一塊，孝廉見牌，心想何不去禪室請教一下？心裡也好有個著落。待到步入禪房，醫僧問過病情，診過脈息，問道：「居士你將去哪裡？」孝廉回答：「我將進京參加會試。」醫僧聽後皺了皺眉直言相告：「怕來不及了。你此去登陸，消渴即發，壽數已不到一月，為什麼還要作這樣的遠行呢？」孝廉聽罷，不禁悲從中來，涕泣漣漣道：「你說的和葉天士一模一樣，我怕再也沒命了。」醫僧聽後問道：「葉天士是怎麼說的？」孝廉回答：「葉天士也說我活不過一月，並且認為無藥可救。」醫僧聽後說：「葉天士這就錯了，如果藥不能救病的話，聖賢又何必留此一道呢？」孝廉聽醫僧話中有因，急切跪請醫僧慈悲，救小生一命。醫僧見孝廉跪倒地上，急忙扶起他道：「你渡江登陸就是王家營地盤，那裡有的是秋梨。到時你可買一百多斤放在車上，口渴了以梨代茶，肚飢了以梨代飯，這樣直到進京，把一百多斤梨都吃完，就可安然無恙了。葉天士說的無藥可救，真是誤了性命。」孝廉聞言大喜，再三拜謝而退。

第二天行抵清河，離舟登車，果然消渴大發。好在金山寺醫僧的話猶在耳邊縈繞，於是到王家營買足秋梨，一路渴也生梨，飢也生梨，迨至京城，消渴竟消失得無影無縱。後來孝廉雖然考試不利，但活得一命，也算不幸中之大幸了。回到金山，為了感謝金山寺醫僧的活命之恩，孝廉恭恭敬敬地向醫僧送上二十金和京城裡的一些土產。醫僧接過土產，退還二十金說：「您居士路過蘇州時，再讓葉天士去診視。葉天士如果說沒有病，你就把過去所說的話責難他。如果他問起是誰把你醫好的，您就說是我老僧。如果你能這樣一說，就比用二十金謝我厚惠多了。」

到了姑蘇，孝廉果然照著金山寺醫僧的話再去找葉天士診視。葉天士說：「你沒病讓我怎麼醫呢？」孝廉聽葉天士這麼一說，就把過去葉天士說的全都掏了出來。葉天士聞言讓學徒查閱脈案記錄，果然白紙黑字，歷歷在目。葉天士不禁大惑不解：「這就奇怪了，難道你孝廉碰上了神仙不成？」孝廉從容答道：「是佛菩薩，不是神仙。」最後，孝廉把金山寺求醫的經過和醫僧的話一五一十告訴了葉天士。葉天士聽後說：「醫僧的話我領會了，您先生請回去吧，我這裡將摘牌停業，拜老僧為師繼續深造。」

幾天以後，葉天士隱姓埋名，穿著僕人衣著去金山寺拜老僧為師，學習醫術。學了幾天以後，葉天士跟老僧抄方看了一百多個病人，心想，這老僧的醫技好像和我也差不了多少，就壯著膽子試探說：「幾天抄方下來，我好像也有點悟了，不知您老可否讓我代您立方否？」老僧說：「你且試試吧。」葉天士識過病人，就把處方遞給老僧，等老僧有何下文。老僧看過處方，緩緩說道：「你的學業和姑蘇葉天士相近，為什麼不掛牌行醫，和葉天士各樹一幟，分庭抗禮，而要來拜我做老師呢？」葉天士回說：「弟子怕和葉天士一樣誤人性命，所以想精益求精，以求萬無一失。」老僧聽完面露笑容，點頭稱賞：「善哉，看你這話就知道見識勝過葉天士了。」

又過了幾天，寺裡抬進一人，肚皮脹得和大肚子孕婦一樣，看樣子已快斷氣了。陪來的家屬說：「病人肚皮痛了好幾年，現在越發嚴重。」老僧聞言診畢，讓葉天士再診，葉天士診後開方，方中用白砒霜三分。老僧看過處方笑著說：「妙哉，您所以及不上我的原因是太小心把細了點。比如這位病人，必須用白砒霜一錢才能起死回生，拔除痛根。」葉天士聽後呆了半響：「這病人生的是蟲蠱病，用白砒霜三分，把蟲毒死就可以了，劑量大了豈不連人也一起給毒死了？」老僧見葉天士惶惑不解，解釋道：「你既然知道這病由蟲引起，可就是不知道蟲的大小。現在這蟲已長達二尺左右了，如果用白砒霜三分，只不過暫時把蟲鎮住罷了，以後必定還會復發。復發後如果再用砒霜，那蟲就會避而不受，這樣就無藥可救了。現在我用白砒霜一錢，一下子就將蟲死，排出體外，使得永絕後患，豈不更妙？」葉天士聽後仍然感到迷茫，著實為病人和老僧各捏一把冷汗。

老僧卻不管葉天士心裡怎麼想，說罷立時就讓侍者取出白丸，把它放進病人口中，用水吞下。服藥之後，老僧對家眷說：「快把他抬回家去，晚上必定瀉出長蟲，我讓徒兒跟你一起回去觀察。」

家眷聞言唯唯諾諾，就把病人抬了回去。晚上，病人果然腹瀉不止，隨即瀉出二尺多長的赤蟲一條。長蟲瀉出之後，病人開始肚飢索食，僧徒讓家眷把人參、茯苓放進米裡一起熬煮成粥，這樣吃了十天，就病癒了。

親眼目睹的事實，葉天士對老僧的醫技更加心悅誠服，同時也把自己真實姓名告訴了他。老僧聽說，才知這小子原是葉天士假扮而來。心想他既然這樣虛心好學，就把一冊秘方訣送給了他，勉勵他好好學習。回家之後，葉天士依著方訣日夜研讀，終於醫技大勝往昔，無棘手之症了。

金山寺醫僧的行醫生涯告訴我們，他不僅醫技精湛，並且注意培養人才，從而為大乘佛教救苦救難，普渡衆生的教義，寫下了實實在在的一筆。

有意味的是，自從改革開放以來，各地寺廟有條件，還成立了紅十字會，這就比醫僧過去單獨行醫，大大地推進了一步。一九九二年《法音》雜誌第三期報導，從一九八五年七月起，四川新都寶光寺在做好寺廟管理、生產自養的基礎上，發揚佛教慈悲濟世的精神，成立了由五名僧人組成的紅十字會。紅十字會成立以後，購置了一萬一千多元醫療器械，並先後免費為病人診病施藥三萬五千多人次，受到了社會各界的好評。瀘州市一位教師在來信中表揚說：「我來寺參觀，突然舊病復發，經師父們精心治療，有了好轉，特來信感謝。您們那種忘我利人的精神，給我留下了深刻的印象。」

去年，寶光寺紅十字會被評為省和全國紅十字會先進單位，獲得了獎狀和榮譽。

此外，各寺廟治病救人，設有醫務室的，更比比都是，回想一九八七年冬天，小比丘常定在赴美之前，曾經和他姨媽帶著揚州高旻寺的兩個比丘尼來我家辭別。一個法名光真，一個法名洪輝。一個學習中醫，一個學習針灸。他倆年紀都剛二十出頭，長得活潑玲瓏，聰明可愛。聽介紹，高旻寺醫務室的醫技一向享有盛名，遠近慕名前去求治的病家絡繹不絕。我想，當今醫技像高旻寺醫務室這樣的寺宇也不是絕無僅有，因為從古以來，治病救人的行醫生涯和高超醫技，早就成了佛門弟子的一個優秀傳統。

聯繫佛教教義，菩薩為了利益衆生，少不了要廣學多聞，因為不這樣就無以饒益有情。所謂菩薩，就是梵文菩提薩埵（Bodhisattva）的簡稱。它的名稱含義大致包括「自度度他」和「自覺覺他」兩個方面。

「自度度他」是抱著廣大志願，不僅要把自己從苦海中救度出來，達到究竟安樂的彼岸，就是對於其他一切衆生，也無不這樣。

「自覺覺他」是把自己從不覺不悟的愚痴中解脫出來的同時，不忘開悟其他一切衆生，使之達到徹底覺悟的境界。對於這種能夠「自度度他」，「自覺覺他」的人，就是菩薩。修菩薩行的出家人為了自度度他，自覺覺他，在條件許可的情況下，都要盡可能地學習五明：①聲明，聲韻學和語文；②工巧明，包括算學、歷數，技術或所有其他工藝；③醫方明，亦即醫藥學；④因明，即邏輯學；⑤內明，意即佛學。由於「學處廣大，悲心懇切」是成為菩薩的必要條件，所以大乘佛教要求修菩薩行者必須要難學的能學，盡一切地學。也就因為這個緣故，所以明代沙門袾宏《竹窗隨筆》說道：「僧又有作地理師者，作卜筮師者，作風鑒師者，作醫藥師者，作女科醫藥師者，作符水爐火燒練師者。」雖然其中有些涉及迷信職業，但這畢竟是歷史投下的陰影，和佛教的原始教義並不違背。一段時期來，人們一直認為佛教遵奉的是一種消極的人生觀，現在當是糾正這種片面看法的時候了。

出家人和法律

風蒲獵獵弄輕柔，欲立晴蜓不自由。
五月臨平山下路，藕花無數滿汀洲。

這是北宋著名詩僧道潛寫的一首名為《臨平道上》的七言絕句。全詩生動細膩，真切傳神地描繪了臨平山下初夏的動人景象。

道潛本名曇潛，後在蘇軾建議下，把曇潛改為道潛，別號參寥子。後來蘇軾獲罪南貶，浙曹呂溫卿得到一個僧人秘密告發說，曇潛不但和蘇軾關係曖昧，並且還私改度牒法名。呂溫卿得到告發，驗看曇潛度牒，證實僧人告發屬實，下令把道潛趕出佛門，責令還俗。宋徽宗建中靖國初年，在曾子開的辯白下，由徽宗皇帝親自下詔，恢復了道潛的僧籍。

僧人生活在社會上，一般很難絕對脫離紅塵。既然很難脫離紅塵，那就少不了要有紅塵中的世俗往來，並且和法律發生種種關係。

唐德宗貞元初年，沂州城西郊孤拔聳峭，廻出衆峰的宮山，住著兩個苦行僧人。一個住在廟宇東廊，人稱東廊僧，一個住在廟宇西廊，人稱西廊僧。

唐憲宗元和年間，一個月色皎潔的冬夜，寂靜空虛的宮山，由遠而近地隱隱傳來一個男子的悲痛哭聲。不久，哭聲來到廟宇的院牆外停住了。隨之，一個高大男子的身影翻進院牆，竄進西廊。接著又傳來了西廊發出的陣陣捽打聲。所有這些，東廊僧看在眼裡，聽到耳裡。駭極之中，東廊僧不禁渾身篩糠似地抖了起來，連夜逃下山來。昏黑之中，驚魂未定的東廊僧摸進一農家牛棚，躲了起來。

夜深以後，躲在牛棚裡的東廊僧忽然看到有個黑衣歹徒拿著明晃晃的鋼刀，躡手躡腳地來到這戶人家牆外，過了片刻，只見牆裡丟出兩包衣裳雜物。黑衣歹徒剛接過衣物，又見牆上爬出一個女子，然後兩人一起逃之夭夭。見此情景，東廊僧怕第二天案發累及自己，又匆匆忙忙逃離牛棚。這樣一口氣逃了十里路，恍惚中猛然腳底一空，竟一個大跟斗跌進了一口枯井裡面。待到回過氣來，坐在井底稍微定一定神，隨手向旁一摸，驚魂甫定的東廊僧不禁又一次地嚇出一身冷汗，心頭狂跳起來：原來井底離他不遠的地方，正躺著一具體溫還沒冷卻下來的新鮮女屍。定眼看時，隱約中感到這具女屍的模樣，好像是剛才翻牆出來，跟那漢子一起逃逸的女子。

天已蒙蒙發亮，一陣陣叫喝聲和腳步聲由遠及近，來到井邊。這時只聽得一個喝道：「強盜躲在井底，還不快快上來！」隨著話音，一根繩索從井欄圈上丟了下來。東廊僧拉著繩索，從井底爬到井外。到縣以後，東廊僧把昨夜發生的事情從頭底對縣官講了一遍，縣官那裡肯信？一陣大刑伺候之下，東廊僧只得含冤誣服，情願一死了事。然而，由於找不到確鑿的證據，雖有口供，可還是不能定罪結案。

這樣過了一個多月，黑衣歹徒因為其他案情敗露，連帶招出了拐騙婦女，然後把她殺死滅口，丟進井裡的犯罪事實，才使得東廊僧的冤案得以平反昭雪。

社會上，僧尼含冤牽涉到法律，僅僅是問題的一個方面，此外在其他方面牽涉到法律的還很多，例如唐朝，由於僧衆、尼衆、道士、女冠，因為有著各自的宗教身分，所以除非還俗，法律規定一律禁止婚嫁。非但如此，就是僧道等出家人，如果為人作媒說合，也要受到罰作苦役的處罰。

與此同時，唐律對於宗教活動場所的天尊佛像，還有《盜賊律》中，作出了保護的措施。要是有人盜毀天尊佛像，不管是普通老百姓還是出家人，都要處以相應的刑罰，並且出家人重於老百姓。對於這種處罰條款，律文明確規定：

「諸盜毀天尊像、佛像者，徒三年。即道士、女冠（女道士）盜毀天尊像，僧尼盜毀佛像者，加役流。真人、菩薩，各減一等。盜而供養者，杖一百。」

對於以上條款，大致可以這樣解釋為：①者百姓盜竊、損毀天尊、佛像，各徒三年；道士、女冠盜毀天尊像，僧尼盜毀佛像，各加役流。為什麼僧道盜毀天尊、佛像的處刑要比老百姓重呢？原因在於僧道所盜毀的，正是他們平時所供奉的先聖形象，性質要比普通老百姓所犯為重，所以要在判處和老百姓同樣刑罰的同時，還要加上役流之刑。②盜竊、毀壞真人、菩薩像，各按盜竊、毀壞天尊佛像（教主）減罪一等。具體處罰為，老百姓盜竊、損毀真人、菩薩像，判處二年半徒刑，道士、女冠盜竊、損毀真人像，僧人、尼姑盜竊、損毀菩薩像，各判處三年徒刑。③把盜竊來的天尊、真人或佛像、菩薩供奉起來的，從輕判處一百大杖，原因是盜竊的目的不是為了貪利，而是為了供養。

此外，《唐律疏義》還補充說，如果盜竊、毀壞的不是天尊、佛像，也不是真人、菩薩，而是坐化的佛門弟子，或者神王等像，那就只依照《雜律·不應得為》條從重處罰。如果有贓物入己肥私，就按照一般盜竊罪進行懲治。倘若損毀之像較為嚴重，要花費好多人工才能修復的，那就計算所費人工坐贓論罪，並且分別責令重新修立。如果是道士等盜竊、損毀佛像和菩薩像，僧人、尼姑盜竊、損毀天尊和真人像，那就各自按照對老百姓的治罪條例進行處罰。

出家人和普通百姓一樣，在受法律保護的同時，又受著法律的制約。有意味的是，在法律生活中，逆來順受的僧尼也不全然處於被動的地位，在一些特定的場合，有時還常參與司法活動。

元蒙統治時期，我國僧道在法律上享有很大特權，原因是元王朝統治者十分崇尚宗教。其時不單佛教中的喇嘛教被奉為國教，就是那些不奉為國教的道教、答失蠻、也里可溫等教，也一律都在崇尚之例。元始祖至元初年，尊西藏名僧八思巴為國師，此後代代相傳，具有極高的地位和權力。國師的職責是統治全國佛教和掌握管藏地的政教事務，並干預中央司法機關對僧俗案件的判決。此外，國師的法旨還享有「與詔敕並行西土」的特殊待遇。

原來元朝佛教機構，由最早的總制院一變而為功德使司，再變而為至元二十五年（公元一二八八年）的宣政院。不管是總制院、功德使司，還是宣政院，都由國師首開展活動。在等級上，宣政院與中書省、樞密院並列。並且，各地設有行宣政院。實際上，宣政院的權力除了管理全國佛教，還兼管全國一級的宗教審判事務，並且不受御史台的監看。在官員設置上，宣政院的主管官員，也必定要僧俗並用，平分秋色，藉以在組織人事上保證宗教人員的領導權威。在發揮最高宗教審判機關作用時，宣政院受理全國各地地方長官審理上報的有關僧侶所犯人命、奸盜、詐偽等重大案件。如果各地僧侶只是犯了一般刑、民事案件的，則由地方寺院主持僧負責審理，地方官一般無權過問。至於僧尼、百姓之間產生糾紛，地方長官不得擅斷，而是必須會同廟裡主持僧一起審理。

在僧人法權膨大的同時，元初法律甚至還一度出現過「毆西番僧者截其手，詈之者斷其舌」（《元史・武宗本紀》）的特殊規定。僧尼的受寵程度，於此不難窺見。

由於元朝僧侶在國家法律上享有如此的特權地位，因此往往促使部份僧侶地主，氣焰十分飛揚跋扈。至大二年（公元一三〇八年），僧龔柯等十八人與諸王合兒八剌的妃子忽禿赤的斤在路上發生爭執，僧侶們竟然肆無忌憚地把妃子拉下車來打了一頓，後來事情鬧到中央，朝廷也對之採取容忍態度，結果還是不了了之。至於一般世俗地主和百姓受到僧侶欺侮，那就更是多得不在話下。

諸如此類，不能不激起世俗地主百姓，乃至蒙漢貴族官僚的強烈不滿。大德年間，元成宗有鑒於此，才不得不下詔規定：「自今僧官、僧人犯罪，御史台與內外宣政院同鞫，宣政院官徇情不公者，聽御史台詒之」（《元史・成宗本紀》）。從而對僧侶的囂張氣焰，進行了一定程度的抑制。

其實在法律制度上，早在佛教傳入我國之初，就已有鴻臚寺兼管僧尼事務了。不過，在我國歷史上正式設置僧官，則還是從後秦開始的。其後，北魏武帝在皇始二年（公年三九七年）任命僧法果為沙門統，後來文成帝又讓罽賓沙門師賢擔任道人統的職官。道人統由沙門通改名而來，為當時最高的僧官職位。此後北齊文宣帝時，也設有僧官以管理天下僧尼。

南朝之時，朝廷沿用後秦所設僧正，另外又立僧主之職，僧正和僧主都是國家一級的最高僧官。宋明帝泰始元年（公元四六五年），詔僧瑾為天下僧主。齊武帝永明元年（公元四八三年），敕玄暢、法獻同為僧主，住正覺寺。後來，僧主、僧正的職司，還被廣泛地應用到地方上。

降至隋朝，除沿用北朝僧官之制，還另設崇玄署管理天下僧人、道士。

到了唐朝，因為統治階級崇奉道教，所以把崇玄署改屬崇正寺，而另敕全國僧尼歸尚書祠部管理。後在唐玄宗時，又一度把僧尼劃歸鴻臚寺接管。唐玄宗天寶六年（公元七四七年），詔令天下僧尼屬左、右兩街功德使。在此後的沿革中，功德使下又設僧錄司，由僧錄掌管全國寺院僧籍，又有左街僧錄，右街僧錄之分。關於左街僧錄，右街僧錄，一般各由一人擔任，但有時如有需要，也可由一人兼任兩職。

此後五代到宋，全國僧尼除歸鴻臚寺管轄，廢置左右街功德司外，對於其他職官設置，基本變動不大。

如今，在法律上，作為國民一部份的僧尼，既受法律保護，又受法律制約，既不享有特權，同時也絕不受到歧視。文化革命十年動亂中，各地僧尼紛紛被趕出寺廟，廟宇受到嚴重破壞，宗教信仰自由早已成了一句空話，人格尊嚴掃地殆盡。然而浩劫以後，國民對於宗教信仰的自由，重新得到了國家憲法的認可和保護。

在憲法規定和保護下，各地被毀寺庵，幾年已有很大一部分得到恢復或重新修繕。對於那些被占的寺產，各地寺僧也紛紛通過法律途徑，使之物歸原主。隨著國家宗教政策的進一步落實，西安化覺寺、嵩山少林寺、揚州大明寺、蘇州寒山寺、上海玉佛寺、龍華寺、浙江國清寺等一大批國內外享有盛名的寺院恢復了昔日的壯觀：菩薩佛像裝金點彩，室相莊嚴；佛事活動鐘磬齊鳴，香烟裊繞。莊嚴國土，利樂有情，在法律的保護下，僧尼們將可大有一番「自覺覺他，自度度他」的作為了。

你知道羯磨和懺悔嗎？

說到出家人的懺悔，一般都結合羯磨進行。什麽叫「羯磨」呢？一切還得從頭說起。

原來僧伽出家後，吃、住等日常生活，以及誦經、念佛等宗教活動都在寺廟進行。過的是一種集體的生活。

「僧伽」本是梵文Samgha的音譯，簡稱為「僧」，意思是「和合」或「衆」，所以佛教的早期，以四個以上出家人結集聚合一處進行宗教活動和修習為僧伽。僧伽又稱僧團，後來由於積時日久，詞義範圍有了擴大，故而對於單個比丘，也稱之為僧伽了。

既然僧伽是出家人的一個集體單位，那麼在這個集體中，就必定有一種健全的議事法則，或者說是辦事制度，否則就會成為一團散沙，什麼事也辦不成功。對於僧伽的議事辦事制度，梵文叫做Kamma，中文音譯「羯磨」。由於僧伽辦事常要通過會議，所以「羯磨」又可解作會議辦事、議事法或會議法。

《玄應音義》卷十四說：「羯磨，此譯云作法辦事。」《慧苑音義》卷上：「羯磨，此云辦事，謂諸法事由此成辦也。」

羯磨法的目的之一，在於維護協調僧伽的民主生活或民主精神，這種帶有民主色彩的生活或精神，佛教名為「六和」。「和」是和諧一致的意思。「六和」的內容是：①戒和同修：一起修習同要遵守的戒律；②見和同解：見解一致地共同修學；③利和同均：平等受用佛寺中的公共財物；④身和共住：生活上互相照顧地住在一起；⑤口和無諍：談話中彼此勸善止過；⑥意和同悅：思想上彼此友愛敬重。為此，凡是在發揚民族基礎上能夠解決僧團事務，促進「六和」的種種議事法，都可把它看成為是羯磨法的範圍。僧團中成就善舉，剃度受戒離不開羯磨法；去除惡業，懺悔罪過，也離不開羯磨法。

在具體方法上，羯磨法的大致情況是：寺廟碰上什麼重要事情要辦，必須召集全體僧衆開會，集體討論決定。開會時如果有人因事因病不能參加，可以委託別人代為請假，並表示願意接受會議所作的各項決定。會議開始以前，執行主席羯磨師先要詢問全寺清淨僧衆是否已經到齊，是否有犯戒而還沒有懺除的，以及俗家人在場，如果僧衆齊集，俗家出場，就可宣布開會。按照會議議事方式的不同，又有三種情況：

①單白羯磨：單白羯磨又稱一白羯磨。在詞義解釋上，「單白」就是「一白」，也就是唱言一次的意思。這是對於羯磨中按照慣例應做而不必徵求同意的事，在會上講一下就可以了。②白二羯磨。「白二」是講兩遍的意思。對於那些不屬慣例應做的事，主時會議的羯磨師先要把這件事向全體僧衆宣告一遍，聽取意見，然後再宣布第二遍，聽取意見。③白四羯磨：羯磨中如果碰上授戒，或者對某一僧衆進行處分等重大事情，往往採用白四羯磨的形式。所謂「白四」，就是對所要徵詢意見的事，在會上向僧衆宣告一遍，接著又一次、二次、三次地宣告其事，並徵詢意見。假如最後大家仍不提出異議，這時羯磨師就可宣佈：「僧人默然故，是事如是持。」意思是既然大家都沒意見，這事就這樣辦了。原來羯磨徵求意見後的表決方式，一股是同意的不作聲，不同意的才開口發言，因此幾番徵求意見下來，僧衆如果仍都默然寂然，便就算是通過了。此外還有投籌的表決方式，這是一種用黑白顏色作為同意或不同意區別的竹籌投票法，就好比我們現在投同意票還是反對票一樣。

羯磨的時間安排，通常是半月一次，叫做布薩羯磨。布薩羯磨是一種以誦戒為主的僧衆集會。開會時僧衆齊集念誦戒本，以便各自檢查自己半個月中的生活是不是有犯戒情況。誦戒以後，或者自己發露，或者別人舉過，不論哪一種方式都可，當然自己發露總比別人舉過要來得更生動些。半月一次的布薩羯磨外，還有一種每年雨季安居期滿後的「自恣」集會，所謂「自恣」，也就是不僅自己發露，同時也讓別人恣意揭舉的意思。不論布薩羯磨還是自恣，目的都是舉出罪過，進行懺悔。此外，關於那些臨時需要辦理的寺廟大事，也可隨時召開會議，進行商量決定。

佛教的羯磨制度，可說是世界上最古老的一種會議法了，和現代會議通過提案必須要有半數以上贊成才算通過，或三分之二以上贊成才算通過相比，羯磨法對於贊成票的要求是百分之一百。僧衆中只要有一人對於議案表示異議，就算是不和合。對於羯磨法來說，不和合標誌著議案不被通過，其事就只得留待他日再議。但也有一種例外情況，就是投黑白竹籌的滅諍羯磨，如果計數投籌結果，能有多數贊成，就算是通過了。

在大多數情況下，羯磨法既然只要有一人反對就不能通過議案，那麼如若出現個別僧人無理取鬧怎麼辦呢？這就牽涉到另外的規定了。比如有人對完全合乎規定的羯磨法橫加阻攔，羯衆們有權對他一人另作羯磨，以示教育。如果橫加阻攔的是四人以上的小集團，則也有「破羯磨僧罪」予以懲戒。

問題在於，羯磨法的是不是合乎規定，要由事、法、人界四個必要條件進行衡量。①事。羯磨要討論徵詢意見的事很多，最常見的有授戒、懺悔，以及對一些越規壞法僧人的處理等等。②法。羯磨本身的議事程序或其他有關方面，都有一整套的規定，如果越出這些規定，就不合法。③人。人是參加羯磨的人數，有一人僧、二、三人僧、四人僧、五人僧、十人僧、二十人僧六個類別的不同。④界。舉行羯磨的地點場所叫做界。界有作法界和自然界兩類。作法界分大界、小界、戒場三種，自然界分聚落、蘭若、道行、水果四種。

舉個例說，在羯磨時受具足戒，沙彌受戒成為比丘是「事」，傳戒的儀式是「法」，參與授戒的比丘是「人」，受戒的戒壇是界。這時如果沙彌年齡已經達到受戒規定的二十歲，傳戒的儀式完全合法，參與授戒的比丘達到規定所必須的十人，而傳戒的處所又在符合規定的場所，由於羯磨時事、法、人、界四個條件完全具備，所以合乎規定。反之，如果要受戒的沙彌年齡不滿二十歲，或者傳戒不合儀式，或者參加與授戒的比丘不滿規定的十人要求，或者受戒的戒壇選地不當，由於不具備羯磨成立的四個必要條件，所以即使勉強舉行傳戒，也不合法。

在形式上，羯磨又有心念、對首、衆法等法，以及它們各自規定的應有人數等種種不同：①一人：只有一人參加的叫心念法，例如有比丘心念自責，懺除誤犯的突吉羅罪，就屬於這種情況。《行事鈔》卷下四說：「上座犯僧殘，諸人生慢，佛言：若一人生念：『從今日，更不作。』即得清淨。」事實上，心念法是因受條件限制難以召開羯磨時的一種權宜之法；②二人：一個犯戒比丘對另一個清淨比丘懺除波逸提罪，叫做對首法。嚴格地說，對首法也是難以成就羯磨法的；③三人：犯有妄語、兩舌、殺生、飲酒等罪的，必須在三個清淨比丘前懺悔，才能有效。④四人：除了不能出僧殘罪、授戒羯磨、邊地授戒羯磨，以及自恣羯磨等，已完全符合了其他一切羯磨所規定的人數；⑤五人：除了不能出僧殘罪和授戒羯磨，已達到了邊地授戒羯磨和自恣羯磨的最低人數；⑥十人：十人是授戒羯磨必要的在場人數，但這一人數，還不足以出僧殘罪；⑦二十人：這是出僧殘罪的最低人數，同時也是成就一切羯磨的人數。

有趣的是，在僧尼之間，還有六種彼此相對而作的羯磨。六種之中，三處是比丘為比丘尼所作，另三種是比丘尼對比丘所作。

比丘為比丘尼所作的三種羯磨是：①授戒羯磨，②摩那埵（尼僧犯僧殘罪，為作隨衆意三十五事）羯磨，③出（僧殘）罪羯磨。

比丘尼對比丘作的三種羯磨是：①不禮拜比丘尼羯磨，②不共語比丘尼羯磨，③不敬畏比丘尼羯磨。

這裡，比丘尼對比丘作的三種羯磨，都是比丘無理觸惱比丘尼而引起的，但羯磨時觸惱比丘尼的比丘可以不必在場，不比比丘為比丘尼作羯磨時比丘尼必須在場。

說到這裡，羯磨法中有好一大部份涉及到僧尼犯戒的懺悔問題，這裡不妨讓我們再來看看僧尼生活中的懺悔羯磨到底是怎麼回事。《天台止觀》卷七說：「懺名陳露先惡，悔名改往修來。」把「懺」、「悔」兩字拆開來解釋，自然講得過去，但在佛典上，「懺悔」兩字卻是梵語「懺摩」音譯和意譯的合譯。《金光明經文句記》卷三說：「懺悔二字，乃雙舉二音，梵語懺摩，華言（中文）悔過。」《南山戒疏》卷一下也說「懺悔，悔是此土之言，懺是西方略語，如梵本言懺摩也。」前人有《西江月》「懺悔」一首道：

> 堪駭娑婆濁世，凡夫顛倒昏迷。惡緣日熾善緣微，愁殺眼光落地。
>
> 今世因循不悔，他生欲懺無期。冤仇迭報不曾差，曾見誰人逃避？

按照佛教教義，「諸惡莫作，衆善奉行」可說是最根本的。雖說佛家羯磨之法有一百零一種之多，但歸納起來，卻也不外成善和去惡兩個大類，前者如受戒、說戒、自恣、結界、結淨地、受迦絺那衣、分臥具等羯磨，後者則有苦切、驅擯、別住、摩那埵、向白衣懺悔、舉罪比丘羯磨等等。

羯磨中的懺悔法大致有作法懺、取相懺、無生懺三種：①作法懺，這是一種在佛前按照規定作法說罪悔罪，能夠滅戒罪而不能滅除煩惱性罪的比丘和比丘尼悔罪法；②取相懺，《梵網菩薩戒本》說：「應教懺悔，在佛菩薩形象前，日夜六時，誦十重四十八輕戒，苦（切懇）到禮三世千佛，得見好相。」「好相者，佛來摩頂，見光升華，種種異相，便得滅罪。」

於定心而作懺悔之想的取相懺，雖然能夠滅除煩惱性罪，但卻不能滅除障礙中道觀的無明；

③無生懺，懺時正心端坐，默觀萬法空如無生之理，而又即真即俗，中道現前，所以能開佛眼而破無明。

三種懺法，前兩種都用事相來達到悔罪目的，所以統稱「事懺」，後一種則必須借助教理，人稱「理懺」。三種懺法，作法懺比較容易，取相懺居中，無生懺最難。

由於三懺中作法懺懺罪，雖然能夠滅除戒罪而無始以來的業道性罪仍在，反之，取相懺和無生懺懺罪，雖能滅除性罪而戒罪仍在，所以僧尼平時懺罪，最好能夠三者並用，相互補充，這樣就事半功倍而相得益彰。

僧衆在懺悔披陳所犯罪名時，首先要至誠如法，內懷慚愧，誠如《四分律・毗尼增一法》所說：「佛告比丘言：汝自懺悔，於我法中能至誠如法懺悔者，便得增益。」蕭子良《淨住子・滌除三業門》補充：「懺悔之法，先當潔其心，靜其慮，端其形，整其貌，恭其身，肅其容，內懷慚愧，鄙恥外發。」與此同時，還要至心歸命，發菩提心，慈念一切衆生，願令悉得度脫。當然，《華嚴經・普賢行願品》中那段懺悔詩文，也是必須念誦的：

我昔所造諸惡業，皆由無始貪嗔痴，

豐子愷畫

從身語意之所生，一切我今皆懺悔。

與此同時，還要行穿袈裟、袒右肩、右膝著地、合掌、禮大比丘足等五種儀式。

由於各人懺悔認罪的態度不同，又可分為上品懺悔、中品懺悔、下品懺悔三個等級。誠如《往生禮贊》所說：

上品懺悔者：身毛孔中血流，眼中血出者，名上品懺悔，中品懺悔者：遍身熱行從毛孔出，眼中血流者，名中品懺悔；下品懺悔者：遍身徹熱，眼中淚出者，名下品懺悔。

僧衆懺悔以後，並非就此沒事了，因為有人雖然懺悔時淚血交進，渾身感到火辣辣的難以自容，然而懺悔後因舊病復發而再犯的，也並不在少數，為此《心地觀經》指出：「若復罪者，罪即增長；發露懺悔，罪即消除。」臉要經常地洗，地要經常地掃，才能保持乾淨整潔，一勞永逸的事，在現實生活中可以說是並不太多。

說到僧尼的罪，在比丘和比丘尼戒中，計有波羅夷、僧殘、偷蘭遮、波逸提、提舍尼、突吉羅等六種罪名，稱為「六聚」。六聚以波羅夷罪為最重，意譯為「斷頭」。犯了波羅夷罪的，懺法已經不能懺除其罪，就好比人的斷頭不能再生一樣。關於波羅夷罪，比丘戒中有四條，比丘尼戒中有六條。比丘的四條是淫欲、竊盜、殺人、妄語。如果一有觸犯，就終身喪失僧尼資格。波羅夷罪之外，其他五罪又稱「五篇」，都可用懺法進行懺除，其中以僧殘罪為最重。《四畏尼母論》說：「如人為他所斫，殘有咽喉，故名為殘，理須早救。」由於僧殘的戒項在比丘有十三戒，所以又有「十三僧殘」的說法：

①故意出精戒；②觸女人身戒；③對婦人發淫猥粗語戒；④向婦人說「供養淫欲法」戒；⑤做媒人戒；⑥乞求施生建造廣大房舍戒；⑦自我營造超過規定的房舍戒；⑧沒有根據地誘造別的比丘犯波羅夷罪戒；⑨把別的事附會在波羅夷罪上以誹謗別的比丘戒；⑩破僧團和平，不聽別人勸諫戒；⑪對破僧團和平，不聽別的比丘勸諫戒的僧人推動波助瀾，並不聽僧團勸諫戒；⑫自己有罪不聽其他比丘諫告，反而辱罵其他比丘，並不服從僧團諫告戒；⑬惡性拒僧違戒。

偷蘭遮是犯波羅夷、僧殘兩罪而未遂的一種罪名，這種罪名只有比丘有，比丘尼則沒有，比如在隱蔽處和女人單獨對坐等。偷蘭遮以下如波逸提、提舍尼、突吉羅等罪，由於情節較輕，所以也都可以懺除。

對於被稱為「斷頭」的波羅夷罪，本來只有犯者永遠斷除僧尼身份而沒有懺悔之法，但是對於初次犯波羅夷罪如根本淫戒而立刻向僧團自我發露，並哀痛切割，徹底悔罪的人，雖然喪失僧尼身份，可卻仍然給予一次在二十個僧衆中求悔之後，以三十五事終身受持的「與學比丘」機會。與學比丘也稱與學沙彌，這是一種終身在比丘之下，沙彌之上的中介身份。與學比丘終身為大衆比丘或比丘尼作承事服役的苦行，並且無權參加任何羯磨活動。

犯了僧殘罪的，雖然情節比五篇中的其他四篇為重，可並不像波羅夷罪的不可悔除。悔除之法是比丘犯僧殘罪，如果隱瞞一天的，就要做六夜的摩那埵，行別住法。《行事鈔》說：「摩那埵者，翻為悅衆意，隨順衆教咸生歡喜。」在此期間，非但剝奪一切僧權，受持三十五事服役並隨順大衆，同時還要使僧衆心裡感到喜歡。待到六夜完畢，再在二十個清淨比丘中出罪，就可重新成為清淨比丘。如果比丘尼犯僧殘罪，一律先要做半個月的摩那埵，然後逐一向上座、大衆二部僧中各二十人前出罪，以再次獲得清淨比丘尼的資格。至於一些人數不滿二十人的小寺闍，僧尼如果犯僧殘罪的，也可用一人自念的心念法，或用對另一比丘所作的對首法來悔除其罪。

僧殘以下各罪，由於一般較輕，所以大多可用心念法或對首法來痛切改悔，消除所犯的罪，使自己重新成為清淨的比丘或比丘尼。

懺悔法中要緊的是，《根本說一切有部分律雜事》卷三十二有云：「佛言，苾芻（比丘）不應向尼說罪，宜於清淨苾芻見解同者，發露說罪。又說：「苾芻尼不應向苾芻邊發露，宜於清淨尼邊說罪。」這是說比丘和比丘尼如果懺悔自己所犯的五篇之罪，只好比丘向比丘悔說罪過，比丘尼向比丘尼悔說罪過，不可以比丘向比丘尼悔說，或者比丘尼向比丘悔說。

目前，布薩羯磨和自恣懺悔等制度，仍在南方佛國和我國一些佛寺中廣泛實行，只是由於我國長期封建陰影的籠罩，因此它所倡導的「六和」民主精神，已或多或少地受到了一定的影響。至今，我國好多寺廟方丈和監院個人說了算的現象普遍存在，並且還有好多佛寺，由於送往迎來，大小佛事極其繁忙，羯磨之風已經漸漸衰頹，或者竟至於成了明日黃花。然而無論如何，羯磨民主精神的遺風，在較多的一些佛寺中，卻仍然是光芒不磨的。

佛教徒的臨終和喪葬

一九五三年九月，中國佛教協會第一任會長，我國近代史上著名高僧，七十六歲圓瑛法師因病在寧波天童寺與世長辭。臨終當天，圓瑛法師神志清晰地問天童寺方丈：「今天是幾月幾日。」深夜十一點，正當圓瑛法師彌留之際，寺里諸法師和信徒齊集床前，一心念佛。這時，只見圓瑛口唇微動，好像也在默默念著「阿彌陀佛」的樣子。一刻鐘後，在大衆靜謐肅穆的念佛聲中，圓瑛法師終於帶著安詳的微笑撒手西歸。

為什麼圓瑛法師在臨終時，要有好多法師和信徒齊集床前，一心念佛呢？原來出家人修習的最終目的，就是能夠在圓寂之後，往生西方極樂世界。佛教認為，出家人或在家教徒，只要平時真信、切願、念佛，並且臨終時一心不亂，就能往生西方極樂世界。相反，病人平時雖有念佛功夫，但是未能純熟，到了臨終，即使有往生西方極樂世界的心願，然而因為陷進病苦和種種難以割捨的煩惱之中，念佛的心既提不出來，一旁又沒有親友幫著念佛，這時如再有人哭哭啼啼，病人的心就更加痛苦挫塞到了極點。這樣命終之時，那人識心如果本來可往生極樂國土，無奈在家屬的哭鬧聲中，反而隨著煩惱昏昏沈沈地不知落到哪一道去了。因此，稍有佛學常識的人，對於自己至親好友臨終或一命嗚呼之初，都決不哭哭啼啼，因為這樣既徒增死者煩惱，又無益生者福份，又何苦來？

那麼，比丘或為人子的居士，當廟里長老或在家父母等至愛親朋病危臨終之時，究竟怎樣做才好呢？

首先，一個人到了臨終，已走到了生命的盡頭，這時做子女的，應當盡量在這短短的時間裡，對著家長，真心實意地表現出一種親切柔順的孝心，時時刻刻地小心護理，並且無論在什麼情況下，都要依順長輩要求，不能使臨終的尊長產生絲毫不快和煩惱。

做比丘或家長的臨終如有什麼囑咐，其他比丘或家屬必須在他心識清明的時候，靜心地聽他把話說完。如果臨終者心識昏迷，不能說話，那就不要再去問他還有什麼事要安排，只要幫他專心念佛就可以了。

如有至愛親朋探望病重比丘或家長，其他比丘或眷屬，最好把來訪者請到客房招待，並對客人說明：「病人處在臨終時刻，千萬不要在他面前悲啼哭泣，使他在病痛之外，再增加精神上的煩惱。如果你能幫著代為念佛，那就功德無量了。」

臨終之時，出家人或居士如果平時早有念佛求生西方極樂世界的願望，那就最好了。假如是俗家人，家眷如果想按佛教的那一套去做，這時不妨帶著愛心誘導病者：「西方極樂世界，每一個人都從清淨蓮花裡降生出來。平時，他們坐的都是些又軟又大又光明的蓮花。在這個國度裡，人們都住在美妙無與倫比的樓閣裡。平時，如果人們想要吃什麼，穿什麼，那麼要想吃的和穿的就會自動來到面前。你們如果也想去那裡的話，那你就發心念『阿彌陀佛』名號，到了一定的時候，阿彌陀佛自然就會手拿美麗明淨的大瓣蓮花降落到你的面前，把你接到那個極樂國土裡去。」這種啟發誘導，一定要真切自然，並且看起來還要像無意說起來的樣子，不是專為病人而說。如果病人在這種啟發誘導下真的想念佛了，那麼就有功德了。

病人自念之外，出家病人因為多住在廟裡，所以可有好多比丘幫著一起念，而做居士的，則由家屬幫著一起念也可。念的聲音要莊嚴肅穆，充滿慈愛，千萬不可念時帶有哭聲，使臨終者反而產生煩惱，割捨不下，那就不美了。

以上種種，就是佛教徒臨終之時的一些做法。這些做法使用得好，可在很大程度上收到讓臨死者安樂不懼，心裡充滿往生西方極樂世界的效果。就精神實質說，這種做法完全屬於慈悲為懷，人道主義精神的體現。

但事情不就到此為止了，要緊的是病人斷氣之後，身體還沒有完全冷下來的一段時間裡，做比丘或家屬的，心須繼續念佛，就好像他還沒斷氣一樣，千萬不可放聲大哭，同時也不要讓蚊蠅等小蟲停到死者面上和身上，因為按照佛教說法，在這段時間裡，死者雖然已經心跳呼吸停止，然而在身體沒有完全冷透以前，死者的神識還部分地停留在病人的身上。這時廟裡其他比丘或做家眷的如果放聲痛苦，或者讓蚊蠅等叮咬亡人，那麼亡人就會感到極大的悲痛，只不過是表現不出來罷了。

在為死人換衣問題上，佛教的做法也自有它的一套。過去社會上有一種說法，就是人一死下來，最好趁著身體還沒冷透，骨節活絡時就換上衣裳，並且還要趁早搬鋪和哭喪，因為不早搬鋪就要久眠床債，不早哭喪就會凶星不退。對於這種說法，佛教認為都是荒謬的。

經書說，古印度有一位阿耆達王，平生信奉佛法，興造塔寺，功德無量。阿耆達王臨終之時，一旁待者因為多天沒有睡覺，不慎把手裡的一柄扇子掉落到了他的臉上。這樣一來，剛斷氣的阿耆達王不禁懊惱萬分，油然生出一股嗔恨之心，以致使得自己的神識隨著這股嗔恨之心，飄飄搖搖地投進蛇身去了。好在這位阿耆達王活時功德很大，所以這蛇不久遇上一個僧人。經過僧人對蛇的一番說法，這蛇三日後死。這樣，阿耆達王的神識才得以脫離蛇身而歸向西天。

照此說來，佛家主張人死後要多久才能為之更換衣服呢？一般做法是，待死者身體全部冷下來後，再停一晝夜就可換衣服了。換衣時，如果死者關節僵硬，可用熱毛巾捂的辦法，把死者的眼睛給合起來。至於替換的衣服，不必太好，不必求新，只要把他平時喜歡穿的，洗乾淨後給他穿上就可以了。因為奢侈浪費，是不符合佛家節儉原則的。

人死以後，輪迴之前，佛家有所謂「中陰」的說法。什麼叫「中陰」呢？一種說法：「中陰」就是冥冥之中處於中轉站的意思。人死以後，神識逐步脫出身體，這時有兩種情況，一是直接往生西方極樂世界或墮入無間地獄（阿鼻地獄），不經過中轉站。一是途經中轉站，然後根據具體情況，或去西方極樂世界，或墮地獄。對於平時念佛，一心積善的大善人來說，這種脫出軀殼的神識，一下子就能往生西方極樂世界，永脫輪廻之苦；對於作惡多端，萬衆痛恨的大惡人，則直墮無間地獄，永世不得超生。以上兩種是神識不經過中轉站「中陰」的情況。至於經過中轉站「中陰」的，多是那些升沈於六道輪廻中的神識。

說起「六道輪廻」，這是佛敎為懲惡勸善而立的一種說教。在佛書中，「六道」又稱「六趣（趨）」。佛經把衆生世界分為六道：天道、人道、阿修羅道、地獄道、畜生道、餓鬼道。六道中的前三道稱為「三善道」，後三道為「三惡道」。認為：活著時積善多做好事，死後就可趨向於「三善道」，又有上、中、下之分。《智度論》三十說：「善有上、中、下，故有三善道，天、人、阿修羅。」同書九十六補充說：「善業亦有上、中、下，上者天、中者人、下者阿修羅等。」活著時積惡多做壞事，死後便趨向「三惡道」，也有上、中、下之分。《法華經・方便品》說：「以諸欲因緣墜墮三惡道。」其中上品十惡趨地獄道，中品十惡趨餓鬼道，下品十惡趨畜生道。

人死以後，那些經中轉站「中陰」而分別趨向於「三善道」或「三惡道」的識心，快的一眨眼就趨向明朗，慢的大致要迷迷茫茫地經歷七七四十九天，才能最後決定進入那一道中。

由於有著這樣一個七七的時限，所以作為死去比丘的同事，或者死去家屬，為了幫助死者的識心棄惡向善，便就有了一種為死者懺悔祈禱的辦法：做七。

按照佛教本義，在這七期的四十九天裡，死者的家屬必須吃素念佛，為死者盡可能地多做點功德，使死者能夠靠著這些吃素念佛功德的力量，部分地消除生前所犯罪惡，增長福善，往生西方極樂世界或超生到天道、人道裡去。如或家屬不在這四十九天裡發心吃素念佛，積點功德，反而做起殺生、淫邪，甚至犯罪等事，那麼死者宿業本來善的，就將消滅，本來惡的，勢必增添，又怎能使之進入「三善道」呢？

吃素念佛之外，在家庭經濟能力許可的情況下，也可做點佛事。設或經濟能力不許可，那麼做家屬的每天抽點時間念「南無阿彌陀佛」，也完全效力一樣。念佛的時間，分每天早飯以前，中飯前或後，晚飯以後三次。每次念佛完畢，都要在靈前念《迴向偈》。《迴向偈》有四種：

願以此功德，莊嚴佛淨土。

上報四重恩，下濟三塗苦。
若有見聞者，悉發菩提心。
盡此一報身，同生極樂國。
願以此功德，普及於一切。
我等與生生，皆共成佛道。
願消三障諸煩惱，願得智慧真明了。
普願罪障悉消除，世世常行菩提道。
願生西方淨土中，九品蓮花為父母。
花開見佛悟無生，不退菩薩為伴侶。

平時念佛後「迴向」，只要挑取其中一偈就可以了。三次念佛之外，假若有空，也可隨時心裡默念佛號。這種做法的好處是既簡便，又經濟，並且功德大，對於活人和死者，都可增長福慧。

對於六期念佛的好處，《地藏經・利益存亡者》的對話雖然深了一點，但我們還是不妨一看。大辯長者合掌恭敬問地藏菩薩說：「大士，是南閻浮提衆生，命終之後，小大眷屬，為修功德，及至投齋，造衆善因，是命終人，得大利益，及解脫否？」地藏回答：「長者，未來現在諸衆生等臨命終日，得聞一佛名，一菩薩名，一辟支佛名，不問有罪無罪，悉得解脫。」又說：「無常大鬼，不期而到，冥冥遊神，未知罪福，七七日內，如痴如聾，或在諸司辯論業果，審定之後，據業受生。未測之間，千愁萬苦，何況墮於諸惡趣（趨）等。是命終人，未得受生，在七七日內，念念之間，望諸骨肉眷屬，與造福力救撥。過是日後，隨業受報。若是罪人，動經千百歲中，無解脫日；若是五無間罪，墮大地獄千劫萬劫，永受衆苦。」又說：「若能更為身死之後，七七日內，廣造衆善，能使是衆生，永離惡趣，得人、天、受勝妙樂，現在眷屬受益無量。」

和臨終、做七連在一起的，就是喪葬。王羲之《蘭亭序》曾感慨萬分地說：「生死亦大矣。」在佛門中，僧尼死後的喪葬是荼毗進塔。「荼毗」是利巴文 Jhapeti 的音譯，也有譯為「闍毗」的，意思就是火化。僧尼死後荼毗進塔，起源於當時釋迦牟尼死後的一套做法。公元前六世紀時，古印度迦毗羅衛國二十九歲的太子悉達多（釋迦牟尼）毅然捨棄優裕的王族生活，出家求道。經過多年的苦修靜思，在他三十五歲那年，終於在一個天將破曉的凌晨，於伽耶城外畢頻羅樹下恍然悟道。釋迦牟尼確信，自己這時已完全洞徹人生痛苦根本，斷除生老病死的牽繫，使貪、嗔、痴等煩惱不再起於心頭，得大解脫而成佛陀了。此後又過了四十五年，一次，八十高齡的佛陀在旅行中來到拘尸那國。這時，他自知化期將近，便帶著隨侍弟子阿難等到城外的婆羅樹林，為他們說了最後的教誡。說完教誡，佛陀就寂然地在雙樹之間涅槃（逝世）了。這一天，相傳正是我國農曆二月十五日。釋迦牟尼涅槃後，為了簡單省事，由弟子們把他的遺體作了茶毗處理。茶毗下來的所有骨殖，被八個國王分去。此後，八個國王又各在自己的國度裡造塔供養。其後，印度高僧來中國傳教，也有帶來佛身舍利的。這種舍利，就是火化下來的骨殖。佛陀以後，為了歷行節儉，印度的佛教徒們都實行這一遺體茶毗的喪葬原則。

西漢末葉，東漢初年佛教傳進我國，僧尼死後茶毗的風俗，也就自然傳來中國。南梁僧人慧皎撰《高僧傳》，書中就載有佛教僧徒死後焚身的記載。此後，出家人死後茶毗入葬，還形成了一整套的有關儀式，從而為我國喪葬文化，平添了幾許瑰奇色彩。按照老友羅偉國先生《佛教知識一百題概括》，我國禪宗僧人亡故後的喪葬過程及其儀式大致為，先為死者沐浴，隨後穿衣並抬進寢室，舉行入佛龕事。第二夜整夜念經，再入龕。第三天在寢室先舉行移龕佛事，然後移龕到法堂。移進法堂後，舉行鎖龕佛事，而後鎖上龕蓋。接著便是舉哀儀式和奠茶湯佛事。再次舉行起龕佛事，由法堂起龕到山門口，在這裡轉龕向裡。這時供香花、茶湯，舉行轉龕佛事，鳴鈸直到安葬之處。到了葬處，先燒香奠茶，再行秉炬下火。導師取擬炬的小木為下火佛事。接著付茶毗。茶毗後收骨，拾白骨，然後安骨，迎之於寢室做佛事，再行起骨佛事，舉骨到塔所，在塔所舉行入塔佛事，這樣才算入骨於墓。從入龕到入塔，光佛事就要做十次，可見是很隆重的。

後來僧尼火葬習俗，曾不同程度地影響到民間。當然，佛教火化影響我國喪葬習俗，並不是說我國原來就沒有火葬了。其實從考古發掘看，我國火葬起源極早。據一九四五年甘肅臨洮縣寺洼山史前遺址考古發掘結果。出土了一個盛有人的骨灰的灰色大陶罐。由此推知，火葬在我國的出現，基本可以上推到原始社會時期。

又據《墨子・節葬》記載：「秦之西有儀渠之國者，其親戚死，聚柴薪而焚之。燻上，謂之登遐，然後成為孝子。」儀渠也作義渠，地點大概在現甘肅省慶陽縣西南。可見先秦時期的儀渠人，也是實行火葬的。不過，這種火葬做法，在我國早期畢竟還只是局部的，少數人實行的一種葬法，在全國範圍內並沒有產生多大影響。

佛教傳入以後，寺院裡不但僧尼死後實行火葬，就是社會上居士或其他信衆要求火葬，寺院也多半在力所能及的情況下給予辦理。這樣一來，自然為火葬在民間推廣，起了一定的推波助瀾作用。不過，千百年來，由於儒家倫理觀念的影響，《孝經》不就說過「身體髮膚，受之父母，不敢毀傷」這樣的話，所以，為了維護儒家倫理觀而不違孝道，歷代封建統治者對於火葬，大多是不讓提倡，甚至是嚴加禁止的，這在清明時期表現得更為嚴厲。《大明律・禮律》說：「其以尊長遺言，將屍燒化及棄置水中，杖一百。」連子孫遵照尊長遺言進行火葬，也要遭到「杖一百」的刑罰，可見佛教火化在民間的推廣，雖曾一度在宋、元等朝起過推波助瀾作用，但結果卻終於難以推行。好在目前政府提倡火化，雖然用於節省土地，但與佛教火化的初衷，卻暗相吻合。

僧尼們火化以後，骨灰都裝進瓦罐，然後埋在寺裡或寺院周圍，一些高僧大德死後，還要築龕或建舍利塔埋葬骨灰。初唐李百藥撰文，書法家歐陽詢書寫的《化度寺邕禪師舍利塔銘》，就是為化度寺邕禪師舍利入塔所作的一篇銘文。此後，唐高宗顯慶（公元六五八年），還有上官靈芝撰文，敬客作書的《王居士磚塔銘》石刻一通，可見唐朝在家佛教徒火花，也有骨灰入塔的葬俗。

現在，姑蘇木瀆鎮的靈岩山寺，寺後建有塔院一所，就是僧人和在家善男信女火化後的埋骨場所。塔院的殿裡，左右兩側石台，赫然立有丈餘大小的石塔四座。四座石塔正面，分別刻有：「比丘」、「比丘尼」；「優婆塞」、「優婆夷」等字樣。可見，高僧名僧之外，對於大多數的普通僧、尼來說，死後火化，骨灰或先或後，都可葬進一個供集體安放的石塔裡面，只不過是僧、尼分開罷了。

至於在家男居士「優婆塞」，女居士「優婆夷」，除了供集體用的石塔外，還有殿側左右室內的一排排壁龕，或地下室裡的一排排壁龕，供單獨安放骨灰之用。但入塔入龕的費用比較起來，供集體用的石塔，顯然要廉價得多。

佛教的節日

小時候，我家住在愚圓路中段，離靜安寺較近，每當靜安寺廟會，我們慣常總跟著大人一起，在熙熙攘攘的人群中磕碰而行，把兩旁攤鋪雜貨，以及各式玩具盡收眼底。當然，在孩子的嚷嚷下，做家長的總少不了要買點長槍、假面之類的玩具哄哄，於是乎，我這從小並不十分調皮的孩子也得以和其他頑皮小孩一起，套起了張飛的假面，弄起了趙雲的長槍……

後來，由於靜安寺地處鬧市，交通相擠，那裡的廟會便漸漸地銷聲匿跡了。與此同時，地處龍華鎮的龍華寺廟會卻蒸蒸日上，較之過去，更進一步地呈現出一派上升繁華之勢。比如一九八八年的廟會，從四月二十三日揭幕，到五月二日結束。其時春風吹暖，桃花吐艷，萬商輻輳，遊客雲集。揭幕那天下午，各國駐滬領事館人員，在滬外國專家、留學生，以及臨時來滬的友好代表團、旅遊團等近千名外國貴賓，和摩肩接踵的中國百姓一起，你擠我碰地觀看了龍華寺的盛大佛事，有的還品嘗了廟裡的素齋點心，入夜又領略了龍華公園多姿多彩的廟會燈展。廟會由徐滙區政府和《文滙報》等七家新聞單位聯合舉辦，參加的市內市外單位共有三百餘家之多。推出的商品從農業到工業，從吃到穿到用等多達二萬餘種，真是琳琅滿目，美不勝收。廟會期間，客流量總計超過四五〇萬人次，總銷售額達一七〇〇萬元之巨，可謂盛況空前。

廟也叫廟市，我國歷史上從唐朝開始，就已有了一集市形式。廟會的時間，大多在佛教節日或其他規定日期舉行，如上海地區的廟會，就大多在浴佛節前後舉行。

說到浴佛，這是一個和釋迦牟尼佛有關的節日。佛教中有關迦牟尼佛的節日一年內有四個，就是誕生日、出家日、成道日、涅槃日。這四個節日在我國農歷的月份和時間是：

佛誕日——四月初八。

出家日——二月初八。

成道日——十二月初八。

涅槃日——二月十五日。

在有關釋迦牟尼佛的四個節日中，對民間有重大影響的是佛誕日四月初八和成道日十二月初八。

四月初八佛誕日又稱浴佛節，其日各大寺廟都要舉行浴佛儀式。大約相當於我國春秋這一成史時期的三千多年前，印度北邊迦毗羅國淨飯王娶摩耶夫人為妻。婚後摩耶夫人一直沒有生育，此後直到他年近四十歲時，才在城外藍毗尼園右手攀枝，從右脇生下了佛陀。

據說佛陀一生下來，就東南西北地在四個方向上各走了七步路，並且右手指天，左手指地說：「天上地下，唯我獨尊。」隨之空中天女散花，異香馥郁，並有九龍吐水，為太子浴身。而這一天，正是四月初八明星出時。此後四月初八浴佛，便成了佛教的一個重要節日。由於我國漢族習慣尚在，所以時至今天，對於浴佛所塑太子像，卻又多半塑成為左手指天，右手指地的模樣。

宋朝之時，我國浴佛會的規模已很盛大。關於當時浴佛的情況，《東京夢華錄》卷八說：「四月初八佛生日，十大禪院各有浴佛祭會，煎香藥糖水相遺，名曰浴佛水。」《武林舊事》卷三也說：「四月八日為佛誕日，諸寺院各有浴佛會，僧尼輩競以小盆貯銅像，浸以糖水，覆以花棚，鐃鈸交迎，偏往邸第富室，以小杓澆灌，以求施利。」《醉翁談錄》記載得更詳細：「浴佛灌澆之日，僧尼道流雲集相國寺。」「合都士庶婦女駢集，四方挈老扶幼交觀者莫不蔬素。衆僧境列既定，乃出金盤，廣四尺餘，置於佛殿之前，仍以漫天紫幕之於上，其紫幕皆銷金為龍鳳花木之形。又置小方座，前陳經案，次設香盤，四隅立金頻伽，磴道闌檻無不悉具，盛陳錦襜褥，精巧奇絕，冠於一時。良久，吹螺擊鼓，燈燭相映，羅列香花，迎擁一佛子，外飾以金，一手指天，一手指地，其中不知何物為之，唯高二尺許，置於金盤中。衆僧舉揚佛事，共聲振地；士女瞻敬，以祈恩福。或見佛子於金盤中周行七步，觀者愕然，今之藥傀儡者，蓋得其遺志。既而揭去紫幕，則見九龍飾以金寶，間以五彩，從高噀水，水入盤中，香氣襲人。須臾，盤盈水止。大德僧以此舉長柄金杓，挹水灌浴佛子。浴佛既畢，觀者並求浴佛水飲漱也。」從記載佛子能在金盤中周行七步看，當時浴佛，已經出現了神妙的機器佛像，為浴佛的進行，平添了不少情趣。

伴隨著浴佛而來的，四月初八這一天還有齋會，吃阿彌飯、結緣，以及放生等事。阿彌飯也叫烏飯或烏米飯，如果做成糕式，名烏米糕。其飯盛行於元明以來，做法是用烏葉染米，或者用南天燭葉煮汁浸米製成。相傳西域風俗在佛陀降生的這一天，用黑黍飯、不落角祭祀，後來習俗傳到中國，所以浴佛節吃烏米飯，就成了漢族的民俗之一了。

周宗泰《故蘇竹枝詞》說：

阿彌陀佛起何時，經典相傳或有之。
予意但知噉飯好，底須拜佛誦阿彌。

四月初八結緣的做法也很有意味，佛家注重因緣，但緣是可結的，明朝人的做法是平時念一聲佛，拈一顆豆，念佛愈多，則拈豆自然愈多。到了佛誕這一天，把一年來所拈之豆，不管是青豆還是黃豆，統統煮成鹽水豆送給人家，名為「結緣豆」。此後，被送到豆的人則也要反過來仿照拈豆念佛的辦法，念一聲佛數一顆豆，然後把所數之豆按自己喜歡的方式吃掉。明人著述《帝京景物略》說：

「（四月）八日捨豆兒，曰『結緣』。十八日亦捨。先是，拈豆念佛，一豆佛號一聲，有念豆至石者。至日，熟豆，人遍捨之，其人亦一念佛啖一豆也。凡婦不見容於夫姑婉若者，婢妾擯於主及姥者，則自咎曰：『身前世不捨頭兒，不結得人緣也。』」

清朝之時，人們沿襲明時做法，所以張遠《陝志》記載：「京師僧俗念佛號者，輒以豆識其數，至四月八日佛誕日之辰，煮豆，微撒以鹽，邀人於路，請食之，以為結緣也。」其時，數佛豆的做法，還與結緣積壽扯在一起了，以致《紅樓夢》第七十一回中，在曹雪芹的筆底，出現了賈母八十大慶揀佛豆積壽的文字。賈母對鳳姐道：「你們兩個在這裡幫著師父們，替我擇佛豆兒，你們也積積壽，前兒你妹妹們和寶玉都揀了，如今也叫你們揀揀，別說我偏心。」

齋會又叫善會。四月八日這天，僧人邀集善男信女赴會吃齋，齋可設在寺院裡，也可設在餐館裡。規矩是赴齋的善男信女，各自事先預掏腰包，付赴會的會印錢二百文。有時隨齋菜價錢，會印錢的多少可上下略有浮動。這種齋會配合浴佛、放生、結緣等活動，為佛誕的這一天，添上了不少節日的氣氛。

十二月初八是釋迦牟尼的成道日，這一天，廟裡和百姓家裡都有吃臘八粥的風情習俗。

傳說當時釋迦牟尼毅然捨棄繁華生活出家修道，經年累月地過著僅吃一麻一米的苦行生活。一天，釋迦牟尼在苦行道中因勞累過度昏絕於地，一位好心的牧女看到後，急忙把自己隨帶的雜糧和鮮果熬成糜粥，把他救醒。釋迦牟尼吃了糜粥，頓時感到精神振奮，元氣大復，就在近旁的尼連河洗了個澡，然後去畢頻羅樹（菩提樹）下靜坐沈思，最後終於在臘月初八晚上，仰望天上閃爍的明星而悟道成佛。人們為了不忘他成道前的苦行生活，紛紛在臘月初八這天吃粥表示紀念。

後來，臘八粥傳來我國，隨著時間的推移，臘八粥的用料便日益考究起來，生活中常見果菜如赤豆、桂圓、棗子、栗子、榛子、松子、核桃、杏仁、瓜子、花生、米仁、木耳、金針、豆腐、蠶豆、青菜、胡蘿蔔等等無不都可加進粥裡。也就因為這樣一來，加上傳說吃臘八粥可以增長福德，因此臘八粥同時又有了五味粥、七寶粥、佛粥、福德粥、福壽粥等名稱。宋吳自牧《夢粱錄》卷六「十二月」說：「此月八日，寺院謂之臘八。大剎等寺俱設五味粥，名曰『臘八粥』。」周密《武林舊事》卷三「歲晚節物」記載南宋杭州習俗說：「八日，則寺院及人家用胡桃、松子、乳蕈、柿、栗之類作粥，謂之臘八粥。」

清人富察敦崇《燕京歲時記》「臘八粥條則反映了清代北京煮臘八粥用料的一些情況」：「臘八粥者，用黃米、白米、江米、小米、菱角米、栗子、紅江豆、去皮棗仁等，合水煮熟，外用染紅桃仁、杏仁、瓜子、花生、榛穰、松子、及白糖、紅糖、瑣瑣葡萄、以作點染。切不可用蓮子、扁豆、薏米、桂圓，用則傷味。每則臘七日，則剝果滌器，終夜經營，至天明時，則粥熟矣。除祀先供佛外，分饋親友，不得過午。並用紅棗、桃仁等製成獅子、小兒等類，以見巧思。」

廟裡煮臘八粥，除了供佛和僧尼自用，還常分送寺廟附近施主，以及沿門散給，用以結緣。當然，慣常寺廟臘八粥的用料來源，也有很大一部份是從化緣而來。有這樣一首《江南好》詞道：

揚州好，臘八粥真佳。托鉢尼僧群募化，調錫巧婦善安排，棗栗稱清齋。

按照用料不同，臘八粥有細臘八粥和粗臘八粥的不同。有錢人家用桂圓、核桃、棗泥、杏仁、榛子、松子、瓜子、木耳、金針等四時佳果菜和糯米一起熬成的，叫做「細臘八粥」。反之，無錢人家用黃豆、蠶豆、胡蘿蔔、荸薺、青菜、豆腐等和米熬煮，叫做粗臘八粥。不管是細臘八粥、粗臘八粥，作為一種對於佛陀成道的慶賀，那節日的氣氛，則並不因此而有所增減。

清朝之時，臘八粥的食俗盛極一時。其時京城雍和宮用「容米數擔」的大鍋熬臘八粥，從初七一早生火熬臘八粥，前後一共要熬好幾鍋。熬成以後，第一鍋供佛，第二鍋進宮，第三鍋賞王公大臣和大喇嘛，第四鍋賞文武官員和封寄各省地方大吏，第五鍋雍和宮衆喇嘛自食，第六鍋加上前五鍋的餘粥，作為施捨散給。道光皇帝有《臘八粥》詩一首道：

一陽初復中大呂，谷粟為粥和豆煮。
應節獻佛矢心虔，默祝金光濟衆普。
盈兒馨香細細浮，堆盤果疏紛紛聚。
共償佳品達沙門，沙門色相傳蓮炬。
童稚飽腹慶升平，還向街頭擊臘鼓。

自然，對於民間生活的困苦，過著紙醉金迷生活的道光皇帝是體驗不到的，倒是李福《臘八粥》詩，道出了勞苦大衆的辛酸：

臘月八日粥，傳自梵王國。
七寶美調和，五味香糝入。
用以供伊蒲，藉之作功德。
僧尼多好事，踵事增化飾。
此風未汰除，歎歲尚沿襲。
今晨或饋遺，啜之不能食。
吾家住城南，飢民兩寺集。

男女叫號喧，老少街衢塞。
失足命須臾，當風膚進裂。
怯者蒙面走，一路吞聲泣。
問爾泣何為？答言我無為。
此景親者之，令我心悽惻。
荒政十有二，蠲賑最下策。
慳囊未易破，胥吏弊何極。
所以經費艱，安能按户給。
吾佛好施捨，君子貴周急。
願言借粟多，蒼生免菜色。
此志虛莫償，嗟嘆復何益？
安得布地金，憑仗大慈力。
眷焉對是粥，歧望蒸民粒。

除與釋迦牟尼佛有關的節日，佛敎中尚有好多牽涉到其他菩薩的節日，例如：

彌勒菩薩聖誕——正月初一。

定光佛聖誕——正月初六。
帝釋天尊聖誕——正月初九。
觀音菩薩聖誕——二月十九。
普賢菩薩聖誕——二月廿一。
文殊菩薩聖誕——四月初四。
伽藍菩薩聖誕——五月十三。
韋馱菩薩聖誕——六月初三。
觀音菩薩成道——六月十九。
大勢玉菩薩聖誕——七月十三。
佛歡喜日、僧自恣日、盂蘭盆會——七月十五。
普庵祖師聖誕——七月廿一。
龍樹菩薩聖誕——七月廿四。
地藏王菩薩聖誕——七月三十。
燃燈古佛聖誕——八月廿二。
觀音菩薩出家——九月十九。
藥師佛聖誕——九月三十。

達摩祖師聖誕——十月初五。

阿彌陀佛聖誕——十一月十七。

華嚴菩薩聖誕——十二月廿九。

諸節日中，二月十九日觀音菩薩生日是很熱鬧的一個佛教節日。張讀《宣室志》說：「唐敬宗時，廚吏修御膳，烹卵，聞鼎中呼觀音菩薩，聲甚悽咽，因罷斥緇徒之詔，詔郡國各於精舍塑觀音菩薩像。」後來，這一天士女們多駢集佛寺燒香，有的還布施佛前長明燈用油，據說這樣做法可保四季安康。自然，還少不了有好多婦女在這天到觀音菩薩前去求子。同時在這以前，信女們從二月初一開始持齋吃素，直到十九日為止，俗稱「觀音素」。廟裡則在這天建觀音會莊嚴道場，用香花供養大士。蘇州地區，觀音菩薩生日的那幾天，從十五前後就有好多人上支硎山朝拜。因為支硎山東麓建有觀音寺，所以又名為觀音山。黃省曾《吳風錄》說：「二三月，郡中士女渾聚至支硎觀音殿，供香不絕。」沈朝初《憶江南》詞反映支硎山香市盛況道：

蘇州好，二月到支硎。大士梵香開寶，大姑聯袂鬧芳軿，放鶴半山亭。

七月十五日為佛歡喜日，僧自恣日，傳說在這個日子裡供養佛、法、僧三寶，可以仗三寶功德之力，解救倒懸之苦。說到「救倒懸之苦，佛寺在這裡建盂蘭盆會。盂蘭盆會原是佛教徒為追荐祖先亡靈而設的一種宗教儀式。盂蘭盆是梵文 ullambana 的音譯，意譯為「救倒懸」。《盂蘭盆經》說，目連看到自己亡母生餓鬼中，瘦得皮包骨頭，就用鉢盛飯給母親送去。母親得到目連送來飯食，剛要吃時，飯食就變成火炭，無法下咽，痛苦非凡，好像整個身子被倒懸過來一樣。目連沒法，求佛救度，佛告訴他說，在僧衆季夏安居終了的七月十五僧自恣日那天，把百味五果放進盆裡，供奉十方大德僧衆，就可以讓母親解脫餓鬼之苦。

我國盂蘭盆會，開始於六朝時梁武帝同泰寺所設盂蘭盆齋。唐代宗大曆元年（公元七六六年）以來，宮中內道場設唐高祖以下七個祖宗牌位，舉行規模盛大的盂蘭盆會。後來，盂蘭盆會在糾集僧衆時還禮懺誦經，施放焰口，有的甚至還剪紅紙蓮花燈到郊野水邊去燒，名為水旱燈，以照幽冥之苦。寺院則通常印有《盂蘭盆經》和《尊勝咒》出售。徐倬《盂蘭盆會歌》記載盂蘭盆會景況道：

城頭鼓角吹遙空，沈沈月色來陰風。
陰風淅瀝紙錢飛，金山銀山光閃紅。
道場潔淨大歡喜，撞鐘伐鼓聲隆隆。

聲隆隆，燈爛爛，千盞萬盞蓮花散。
蓮花散成般若台，欲泛慈航登彼岸。
啾啾衆鬼泣荒丘，栖苔附草招同伴。
魂來風月明竹枝，滿地幡影鬼魂去。
風月落森森，夜色轉蕭索。
須彌一粟不可量，杯中淨水甘露涼。
安得甘露化為酒，孤魂一吸消愁腸。
雉矯矯，狗屋屋，
蟾蜍影滅高樹顛，營火飛光不成緣。

七月三十日的地藏王菩薩生日，也是佛教中一個有名的節日。陸啟宏《北京歲華記》說：「七月晦日，為地藏佛誕。供香燭於地，此風輦下亦行之。」《昆新合志》說：「七月杪，相傳為地藏王誕。夜點燭庭階，曰『幽明燈』。攜楮錠至地藏殿焚之，以遺亡者。」蘇州習俗，地藏王菩薩生日那天，士女多駢集開元寺殿酬願燒香，又有三種風習：一是點肉身燈，目的為了報答娘親之恩；二是用紅紙剪成裙子穿在身上，生育過一個孩子的脫裙一次，生育過二個孩子的脫裙二次，其他次數依次類推，據說這種脫裙之俗使得婦女們他生「可免產厄」；三是以紙錠箬納寺庫，作為來世的費用，叫做「寄庫」。此外，黃昏時分，又挨家挨戶地在庭階裡點起燈來，名為「地藏燈」。兒童們則把磚瓦堆積成一座座寶塔，把假琥珀放在塔上燒著玩，俗稱「狗屎香」。筆者小時一度寄居常州外婆家裡，地藏王菩薩生日的那天，只見滿庭滿街都插上了香燭，在黑沈沈的夜色中看那忽閃忽閃的點點星火，煞是情趣別具。香點完後，我們做孩子的又少不了紛紛撿起香棒，做起了挑香棒遊戲。由於是孩提時事，以致於至今記憶猶新。關於地藏王菩薩生日那天的這些有關習俗，蔣元熙《地藏燈》詩說：

金仙轉劫降東瀛，教主偏從晦日生。
一點禪燈分寶焰，頓教黑地見光明。

蔡云《吳歈》也說：

脫裙解襪一重重，村婦紛投地藏宮。
磚塔夜來燃珀屑，水燈放後地燈紅。

十一月十七日那天，相傳為阿彌陀佛降生東土的生日。這天除了寺廟佛弟子舉行重大佛寺法會，農民們還有候風占米價貴賤的說法。諺云：

風吹彌陀面，有米弗肯賤；
風吹彌陀背，無米弗肯貴。

諺語說明，如果這天吹東南風，占得米價貴；吹西北風，占得米價就賤。貴則欠收，賤則豐收。

千餘年來，隨著佛教在中華大地上深廣流布，到了今天，好多佛教節日早已和民俗結合在一起了，成了中華民族一種別具獨特情趣的風習了，比如浴佛節前後人山人海，熙熙攘攘的廟會，十二月初八喝色香味俱佳的臘八粥，就是這種結合的典型。

在家佛弟子的修持

佛學小說《金屋夢》第二十二回「留高僧善士參禪」那一段，寫善士參禪，高僧說法，使人有如親臨其境。那城東有一善居士王杏庵，專好行善濟人，修橋建寺。一天，雪澗禪師空挑著衣鉢到他門前化齋，王杏庵正在門口，見禪師雙目垂雪，一頂圓光，帶著個小沙彌，赤腳挑著經擔蒲團衣鉢，來得很不一般，就請進客廳備齋。

王居士問：「禪師從哪裡來？」禪師道：「無來無去，不定何方。」說話間，家僮捧出一盆白米蒸飯，兩個大餅油條，四碟小菜，很是清潔。禪師盤膝坐在蒲團上面，兩人用畢齋飯，家僮捧出苦茶淨口。禪師正要問訊告別，王居士請問佛法從何入門？

於是，雪澗長老稍留片刻，合掌說法道：「凡學佛者，必參戒、定、慧三學。一受持戒法：迷心為惑，動慮成業，由業感報，生死無窮。二受持定法：欲除苦果，先除苦因，業分善惡，無功起滅。三受持慧法：塵去鏡明，天空自照，業盡惑除，情忘性顯。」

雪澗禪師說完「三學」，王居士又問：「何為四變？」雪澗禪師合掌道：「一是以佛的慈悲，變衆生的暴惡；二是以佛的喜捨，變衆生的貪吝；三是以佛的平等，變衆生的冤親；四是以佛的忍辱，變衆生的嗔害。」

說罷四變，居士又問：「何爲漸次？」雪澗解說：「從漸入頓，以次入圓，功到自成，瓜熟蒂落。」

接著，王居士又問：「何為四斷？」雪澗說道：「四斷是和四去連在一起。不去淫，斷一切清淨種；不去酒，斷一切智慧種；不去盜，斷一切福德種，不去殺，斷一切慈悲種。」

說罷「四斷」，王居士又問：「何為坐禪？」雪澗合掌說偈曰：「心光虛映，體絕偏圓。金波匝匝，動寂常禪。念起念滅，不用止絕。任運滔滔，何曾起滅。起滅既望，現大迦葉。坐臥住行，未常閑歇。禪何不坐，坐何不禪。了得如是，是號坐禪。」

雪澗說畢坐禪，王居士又問：「何為心觀？」雪澗又不嫌其繁地開悟道：「《楞嚴經》說：『諸法所生，惟心所現。一切因果，世界微塵，因心成體。欲言心有，如箜篌聲，求不可見；欲言心無，如箜篌聲，禪定即響。不有不無，妙在其中。』」接著又說偈道：

諸佛從心得解脫，心者清靜名無垢，
五道鮮潔不受色，有解此道成大道。

雪澗說畢，王居士聽得五體投地，願拜他為師，在家持戒修行。

小說提到的居士，梵文作 Grhapati，音譯「迦羅越」，意譯「家主」。這種「家主」，原是古印度吠舍種性工商業中的豪富，因為這些「家主」，很大一部份是信佛的，所以當時佛教就順用居士以稱呼受過「三歸」、「五戒」的在家佛教徒。《維摩詰經》說，維摩詰居家學道，號維摩居士，後來慧遠對「居士」作注時說：「居士有二：一廣積資財，居財之士，名為居士；一在家修道，居家道士，名為居士。」居士在家學佛，又有優婆塞和優婆夷的不同。其中男居士叫優婆塞，女居士叫優婆夷。優婆塞是梵文 upasaka 的音譯，又稱為「烏波索迦」，意譯為「近事男」。優婆夷的梵文為 upasika，也是音譯，又譯為「烏波斯迦」，意譯為「近事女」。

佛教信徒按照受戒程度不同，有出家佛教徒和在家佛教徒之分。出家佛教徒受戒分為三壇：初壇受「十戒」，成沙彌或沙彌尼；二壇受「具足戒」，方始正式成為比丘或比丘尼；三壇受「薩戒」，此後終身嚴守各種戒律，弘法利生，努力實踐佛的宗旨。在家佛教徒則基本受「三歸依」，持「五戒」，修「十善」，並在一定的日子裡持齋。

公元一九八五年，筆者拜龍華寺方丈明暘為師，受三歸五戒之訓，從此歸依佛門，成了一個地地道道的優婆塞。歸依時，明暘大和尚發給憑執一張，上書：

歸依

三寶弟子洪丕謨，法名妙摩收執

本師和尚明暘

西元一九八五年夏曆五月十三日

憑執所寫「三寶弟子」中的「三寶」，就是「三歸依」所說歸依佛，歸依法，歸依僧中的佛寶、法寶和僧寶。所謂「歸依」，近似於梵語「南無」的意思。「歸」是投歸，「依」是依托。打個比方，有人跌進茫茫大海，這時忽有船來，落水者就會奮力向船靠攏，就是投歸;上船後安穩而坐,就是依托。佛門以生死為海,三寶為船,衆生歸依上船,就可馳向極樂彼岸,漸離苦海。

三寶中佛寶指佛教創始人釋迦牟尼和一切佛;法寶指佛教教義和典籍;僧寶指有高深德行的清淨比丘。

在家弟子歸依佛門,為什麼要奉佛、法、僧為「三寶」呢?這是因為:佛寶為三界導引,四生慈父,能夠把衆生引出生死苦海。法寶為佛典中經、律、論「三藏」,有證悟衆生,返妄歸真的妙用。僧寶為佛、法的奉行者,擔當的是宏宗演教,人天眼目的角色。因為有著這些原因,所以在家佛弟子要歸依三寶。詩說:

歸敬如來是我師,歸敬正法證教體,
現前僧衆賢聖等,直至菩提永歸依。

「三歸依」的儀式不管是集體歸依,還是個別歸依,一般較比丘簡單得多。歸依時,先要找一位歸依的法師,然後由法師按照《三歸儀規》為自己說明「三歸依」的意義,自己則表示從此發心歸依三寶,這樣就可成為一個正式的居士了。如果再進而向法師受「五戒」,那麼男的成為五戒優婆塞,女的成為五戒優婆夷。五戒以後,有再進而從法師受「菩薩戒」

的，那麼又可男的成為菩薩戒優婆塞，女的成為菩薩戒優婆夷了。不過在習慣上，多數地區都只受「三歸依」。受「三歸依」後，五戒自然也就成了今後在家修持的一個重要內容。

我國從古以來，著名居士多得不可勝數，唐朝大詩人王維、白居易，宋朝文人蘇軾、黃庭堅等，都是首屈一指的頭面大居士。

近代學者梁漱溟，則更是居士中具有高深佛法的一位。這是一位堅持素食達七十六年之久，經歷了無數人生坎坷的知識分子。他的一生，從來沒有向這個世界索取過什麼，卻以佛教的「無我」精神，為社會和人民服務了一輩子。早年，梁漱溟指受灌頂，學過密藏，對禪定、氣功都有一定的造詣。後來，他雖堅持念佛，傾心淨土法門，可是卻又各宗並弘，精研各派教理。他的遺訓是：「佛教徒要愛國愛教，弘法利生。」

仍然說回到居士的歸依上來。歸依要有比丘為師，也就是要拜僧人為師，如果偏僻地區一時找不到僧人，也可臨時在佛前歸依，待到將來有僧人時再正式具備儀式。佛門有「受得方法」一詩說：

決定信樂歸三寶，無諂誑驕從師受，
千里無僧佛前受，後遇僧時速具儀。

在家人既然歸依三寶，棲心佛門，就得一心行持，不受天魔外道干擾，否則就算失卻歸依。為此，「行持方法」說：

歸依佛竟，以佛為師，永不歸依天魔外道；
歸依法竟，以法為師，永不歸依外道典籍；
歸依僧竟，以僧為師，永不歸依外道邪衆。

頌曰：

不歸天神外道等，不惱不害於有情，
不與外道人共住，違此三法失歸依。

歸依三寶以後，還有個與天下衆生共學的問題，因此自覺覺他，自度度他是我國大乘佛教的一個重要特色。對於這種「共學」，佛們的偈語是：

自歸依佛，當願衆生，

體解大道，發無上心。

自歸依法，當願衆生，

深入經藏，智慧如海。

自歸依僧，當願衆生，

統理大衆，一切無礙。

「三歸依」後，居士們平時最重要的修持是遵守「五戒」。「五戒」的內容是：「①不殺生，②不偷盜，③不邪淫，④不妄語，⑤不飲酒。

「五戒」的早期，並不僅是為了在家居士而設，因為這種戒條，原是沙彌、沙彌尼、比丘、比丘尼戒和菩薩戒的基礎。只是由於曠日持久下來，「五戒」與出家正式成為比丘或比丘尼的「具足戒」相比，比較適宜於在家居士遵守，所以此後便就逐漸演化成為在家佛教徒的戒條了。

在家居士為什麼要守戒呢？這是因為佛教認為：「戒為無上菩提本，能生一切諸善法。」從名稱看，「五戒」又有「五大施」、「學本」、「學處」、「學跡」或「路」的叫法。所謂「五大施」，意為「五戒」能夠攝取無量衆生，成就無量功德，增長種種福慧。所謂「學本」，就是世界上各種應學的東西，多以此為本。所謂「學處」，是說佛弟子應該學習的地方。所謂「學跡」，如果有善男子、善女人遊跡此處，便可登上大智慧的殿堂。所謂「路」，意思是說一切律儀，妙行善法，都由這裡轉學而成。

「五戒」中，殺、盜、淫、妄等前四戒是絕對不許開的「四根本」戒。現在且聽筆者逐一將「五戒」道來：

①不妄殺。

殺有兩種情況：一種是故意殺生，另一種是無意誤殺。不管是故殺還是誤殺，對於持戒的三寶弟子來說，都是犯了殺戒，但比起輕重來，故殺的罪孽自然要比誤殺來得深重。佛教提倡不殺生的原因是，世界上飛禽走獸等生靈都是好生惡死的，對每個人來說，既然自己不希望死，那為什麼又非得去殘害其他血肉有情的生命呢？社會上故意殺生的原因有三種：一種是貪口福，今天殺雞，明天殺鴨，後天又殺魚殺豬；一種是貪財利，今天殺犀，明天殺象，後天又殺珍禽異獸；還有一種是毫無道理的殺生取樂，以滿足某些個人的殘忍心理。

對於佛弟子來說，如能一心修持，不貪口福，不貪財利，發慈悲心，那麼不妄殺的戒條是基本不難做到的。這裡需要討論的是，有時權衡利弊，在迫不得已的情況下，比如對於蚊蠅傳播疾病，惡狠吃人這種情況，是不是還要死守這一戒條呢？答案是否定的，因為這時殺生，正是為了拯救更多的生靈，其出發點並不是為了殺生才殺生的。

②不偷盜。

佛弟子對於別人的財物，除了施主布施，不管數目大小、價值高低，都絕對的一絲一毫也不准偷盜。偷盜的情況多種多樣，有公然劫取的，有秘密竊取的，有詐術騙取的，有勢力強取的，有詞訟巧取的，有恫嚇脅取的，有借而不還的，有受寄私吞的，有損公肥己的，有應稅不納的，等等。此外，印光法師認為，對於那些「忌人富貴，願人貧賤，陽取為善之名；遇諸善事，心不認真，如設義學不擇嚴師，施醫藥不辨真假，誤人生命，凡見急難，漠不速救，緩慢浮游，或致誤事；但取塞責了事，糜費他人錢財」等，雖不直接偷取，可是劣心劣跡，也都算是觸了「不偷盜」的戒。

③不邪淫。

在家佛弟子男婚女嫁，兩性難愜，夫婦琴瑟和諧，白頭到老，這是一種正常的社會人倫現象，不屬犯戒。只是在夫婦天倫之外，另覓新歡，恣意貪念淫欲，才算是犯了不邪淫的戒。對於這一戒條中的「邪淫」，季性一居士《四十二章經新疏》這樣解釋說：「邪淫有兩大種。一為非偶間之邪淫，有三：一他夫他妻，二未婚嫁之童男童女，三娼妓等。二為配偶間之邪淫，有四：一非時而淫，如寒暑白晝、以及經期、孕期、疾病中等；二非處而淫，如室以外之所有諸地；三非道而淫，如生殖器之外其他內體局部；四非量而淫，如不問老幼強弱，為過量之房事。」由於「不邪淫」戒牽涉到發自本能的性需求，所以難持易犯，防止的方法是自覺地受禮儀和法制的約束，時時提醒自己是個虔誠的佛教徒。

④**不妄語**。

妄語是虛妄不實之語，又有妄言、綺語、惡口、兩舌等四種情況。對此，我師明暘大和尙闡述說：「一、妄言，就是任意隨便虛妄不老實的講話，如看見說沒看見，是說成非，非反而說為是。顚倒黑白，混淆黑白。另外一種妄語，就是在修道人所修所證的道果上胡說八道，未得羅漢果位，妄說我已得了羅漢道果，未證到無學聖人道果，瞎說我已得證了聖人果位。謠言惑衆，期騙衆生，妄圖供養，成大妄語深重罪惡。現在世界上竟然就有些人，自說我有神通，我能看見什麼，聽見什麼，許多不實虛言等就是一例。二、綺語，綺是綢緞綺羅、花紋織得非常花妙，十分好看。這個人說起來好像說得十分動聽，內心又是另一回事。實是『口頭甜如蜜，心裡利如刀』，花言巧語、暗箭傷人。三、惡口，就是以粗惡之口，汚蔑謾罵，傷人父母，咒詛害人等。四、兩舌，就是搬弄是非，挑撥造謠，向張說李什麼，對李說張什麼，無中生有，惡意中傷，使彼此不和，破壞團結，眞是罪大惡極，害人不淺。上面所講，叫做妄語戒，這是口的四惡，為佛弟子一定要把妄語戒嚴格受持，不可毀犯。」

⑤**不飲酒**。

古人說：「茶令人淸，酒令人昏。」酒能迷亂人心，壞智慧種，歷史上因酒誤事，因酒壞事的例子多得不勝枚舉，所以佛制規定，佛教徒必須斷酒，以除惑亂。然而，由於「五戒」

中前四戒為牽涉到人性善惡根本的戒條，所以決不可犯，而這一戒則是專門為了防止昏亂而設，不牽涉到人性善惡的大問題，所以如果偶有所犯，只要不飲過量，保持清醒的理智，也並不是那麼嚴重的一回事，歷史上有名的如宋代東坡居士蘇軾等，就是喜歡喝一點杯中物的典型。對於「不飲酒」的戒條，不僅居士偶有越軌，就是做比丘的，也並不就一定嚴守得那麼的密不透風，唐朝那位書僧懷素，就曾寫下過「狂來輕世界，醉裡失真如」的名句。當然，懷素、蘇軾之類的大藝術家、大文學家，為了激發創作靈感，偶而可以不受「不飲酒」一戒律的約束，但是無論如何，對於大多數的出家在家佛弟子來說，還是以守戒不飲酒為宜。

對於以上五戒，由於種種複雜的社會或個人原因，有的能夠完全受持，有的不能夠完全受持，因此便就有了受持一戒為一分戒，受持二戒為少分戒，受持三戒為半分戒，受持四戒為多分戒，受持五戒以滿分戒的不同。佛教認為，受滿分戒的由於人相俱足，有利於促成「十善」的條持，所以天道福果，恆常隨從，反之死後難免墮入地獄、餓鬼、畜生三途惡處，萬苦交加，那時就悔之莫及了。

提起「十善」，自然少不了要作一番交待。何謂「十善」？佛書記載「十善」的教法是：①不殺生，②不偷盜，③不邪淫，④不妄語，⑤不綺語，⑥不兩舌，⑦不惡口，⑧不慳貪，⑨不嗔恚，⑩不邪見。

按照邏輯劃分，十善中前三善的不殺生、不偷盜、不邪淫是「身業」，中四善的不妄言、不綺語、不兩舌、不惡口是「口業」，末三善的不慳貪、不嗔恚、不邪見是「意業」。所謂「業」就是「事」的意思。這裡很明顯的一點，就是「十善」的促成，基本建立在「五戒」的基礎上。關於「十善」中的前七善，前文已基本作過介紹，此處且引印光法師的話解釋一下慳貪、嗔恚、邪見。

法師認為：「慳貪者，自己之財，不肯施人，名之為慳；他人之財，但欲歸我，名之為貪。嗔恚者，恨怒也。見人有得，愁憂憤怒；見從有失，悅樂慶快，及逞勢逞氣，欺侮人物等。邪見者，不信為善得福，作惡得罪，言無因果，無有後世，輕侮聖言毀佛經教等。」因此，一個遵奉「十善」的人，對慳貪、嗔恚、邪見，就勢必會說一個「不」字。

「十善」的反面是「十惡」。所謂「十惡」，就是把「十善」前面的每一個「不」字統統去掉，其內容為：殺生、偸盜、邪淫、妄言、綺語、兩舌、惡口、慳貪、嗔恚、邪見。

按照持、犯程度不同，十善有上、中下之分，十惡也有上、中、下之分。在種善因的必感善果，種惡因的必感惡果的因果律支配下，就六道輪廻來說，上善的感天道，中善的感人道，下善的感阿修羅道三善道身，上惡的感地獄道，中惡的感餓鬼道，下惡的感畜生道三惡道身。所以佛教奉勸世人，一定要無善不修，無惡不斷，「衆善奉行，諸惡莫作」，以期同登彼岸極樂國土。

說到持齋，這是一種在每個月一定日子裡奉行淸淨身心的克己生活。持齋的日子一般在陽曆初一、初八、十四、十五、廿三、廿九等天。持齋的內容為浴沐淨身，素食清淡、不塗香裝飾，不歌舞觀劇，有的居士甚至還過午不食等。

居士在家修持，往常少不了念經禮佛。對於婦女來說，由於月經關係，所以有人提出在此期間應暫停禮佛誦經，因為月經屬於不潔的穢物。這種說法，其實是種不通情理，不明人體生理的誤解。正確的做法應該根據體質情況，休息之餘，仍可誦經禮佛，只不過在誦經禮佛時，要把沾過經水的汚手洗滌乾淨，以表示對信仰的虔誠。

還在佛教創始之初，一次佛陀來波羅奈國，見長者耶輸伽父善根成熟，便為他傳授三歸、五戒。這樣，耶輸伽父就成了世界上第一個受優婆塞戒的在家佛弟子。又有一次，長者俱伽梨供養佛陀和六個弟子午齋，耶舍的母親也在一旁同食。由於有著這個機會，耶舍的母親得以聽佛陀為他說了三歸、五戒之法，從而使她成為世界上第一個優婆夷。此後，佛陀又對在家佛弟子善生童子說法，為他詳細地講解了怎樣處理好父母、夫婦、子女、師弟、主從，以及僧人和居士之間各種關係的問題。另有一次，佛陀對青年跋闍迦談了方便具足，守護具足、善知識具足、正命具足等安樂法。方便具足是指職業修養完備，守護具足是指勤儉節約，善知識具足是指結交有智慧的益友，正命具足是安於正當的生活。

總之，佛陀教導的核心在於，要求在家弟子要寬以待人，嚴以律己，要盡可能地努力為人家多做好事，為自己淨化身心。

在家佛弟子既然在家修養，那就以家為廟，少不了要按佛的教導處理好家庭生活和成員間的關係。近些年來，有關這個方面的文章好比雨後春筍，較有影響的有大心衆生《佛化家庭之生活準則》，蔡慧誠《建設佛化家庭》，太虛法師《優婆夷教育與佛化家庭》，陳海量《佛化家庭夫婦之規律》，釋常惺《佛化夫婦徹底的真愛情》、《佛化眷屬永久之愛》，丁福保《佛化家庭烹飪方針》，夢飛《佛化家庭培植健康子女之要點》等等。陳海量《佛化夫婦家庭之規律》一文提出，丈夫對於妻子有十條應知的事，就是：一、不可於他人前指斥妻子；二、除家庭日用支出外，當另有所給與；三、妻感覺不快時，當設法體貼之；四、妻烹調菜肴，當留心讚美之，五、妻之思想及行動正當者，應對之表示發生興趣；六、應欣賞妻之優點，相機讚揚之；七、為你小事如補襪之類，應表示感激；八、遵守佛教十善戒，不可破犯，以身為妻作則；九、策勵妻子精進淨業，求生極樂世界；十、勸妻奉行衆善。

從對策關係出發，妻子對於丈夫，也有十條應知的事：一於夫所營業務，不可干涉其自由；二設法使家庭生活，發生興趣；三烹製菜肴，時時更換口味；四室內必須潔淨，勤灑掃；五夫收入減少，經濟困難時，或失業時，為妻者應泰然處之，宜體貼寬慰丈夫，切不可作埋怨語；六對於夫之父母或至戚，應表示恭敬親昵；七服飾宜樸淨，用財要節儉，家庭開支不可浪費，有時與夫意見不一致，應委曲順從；九遵守佛教十善戒，堅持毋犯，以身為夫作則；十勸夫諸惡莫作，衆善奉行，同願求生極樂世界。如果夫婦間彼此都這樣做了，那麼不僅夫婦恩愛，並且還可以在這基礎上為整個家庭的精神建設，起了榜樣作用。

下篇

僧尼生活天地

以廟為家的佛寺布局

佛學小說《金瓶梅》第八十九回寫吳月娘在清明節到城外為西門慶掃墓歸來，衆人一路踏青賞春，遠遠望見綠槐影裡一座寺院，原來就是梁武帝敕建永福禪寺了。入得寺來，但見：

山門高聳，梵宇清幽。當頭敕額字分明，兩下金剛形勢猛。五間大殿，龍鱗砌瓦碧成行；兩廊僧房，龜背磨磚花嵌縫。前殿塑風調雨順，後殿供過去未來。鐘鼓樓森立，藏經閣巍峨。幡竿高峻接青雲，寶塔儂稀侵碧漢。木魚橫掛，雲板高懸。佛前燈燭熒煌，爐內香烟繚繞。幡幢不斷，觀音殿接祖師堂；寶蓋相迎，鬼母位通羅漢院。時時護法諸天降，歲歲降魔尊者來。

書裡雖然寫的是永福寺，實際上卻描繪了一幅漢化寺廟布局結構的大致輪廓。

原來比丘出家以後，就住在廟裡，過去了以廟為家的集體生活。廟就是佛寺，不僅僧衆生活以廟為家，並且一應宗教法動，也多在被稱為廟的佛寺裡進行。從古以來，各地寺院布局儘管各有出入，但卻基本以伽藍七堂作為主要建築。作為一種建築平面布局的規制，伽藍七堂源於印度。後來，伽藍七堂的寺院建築規制傳入我國，又或多或少地帶上了傳統的中國色彩。對於出家佛弟子或遊客來說，了解一下中國伽藍七堂的大體情況，不但可以增長知識，同時還可加深趣味，促進佛教生活的進一步了解。

中國傳統審美崇尚對稱，所以在帶上較多中國傳統色彩的伽藍七堂的構建上，由南往北，從山門，天王殿、大雄寶殿，到法堂、藏經閣等主要建築，都一線直穿在中軸線上。主建築之外，伽藍殿、祖師殿、觀音殿、藥師殿等東西配殿，大體對稱地分列在中軸線的左右兩側。此外，寺院中軸線左側，也就是東側，一般為僧房、香積廚、齋堂、職事堂、茶堂等生活區；右側，也就是西側，一般為雲水堂、禪堂、馬厩等接待區，以接待如行雲流水的遊方僧衆，或居士，遊宮等暫住的客人。

我國佛教宗派，禪宗是影響極為深遠的一種。現以禪宗為例，讓我們對伽藍七堂作一次參觀。

參觀之前，我們先把伽藍七堂的名稱介紹一下。七堂是：①山門，②佛殿，③法堂，④僧堂，⑤廚庫，⑥浴堂，⑦西淨。

現在，讓我們依次作一番瀏覽：

①山門

「天下名山僧占多」，所以人們多把進入寺院的門叫「山門」。其實，山門因為有左、中、右之分，所以它的正名應當以「三門」為更確切。按照佛教教義，三門作為涅槃的門戶，標誌著三種不同的解脫。其中：正中大門為空解脫門，由佛教教義「諸法性空」而來；左側東邊門為無相解脫門，表示擺脫世俗的有相認識，而得無相的自在；右側西邊門為無作解脫門，意思是無所作為，無所願求，不造作生死之業而永脫果報之苦。踏進三門殿，左右兩側塑有手持金剛杵的兩大金剛塑像。金剛又稱「密跡金剛」，左面一像，怒目張口，高舉的金剛杵準軒隨時打擊邪惡；左面一像，閉口怒目，把金剛杵平托手裡，金剛是侍衛佛陀，守護佛法的夜叉神，從金剛的威嚴中，我們可以看出佛門的奉善止惡，精深博大。

有些較大的寺院如杭州靈隱等，可以有兩道山門，第一道稱為外門。兩道山門之間，往往置有不是方形，就是長方形或圓形的一泓潭水，水裡栽有蓮花，名為蓮池。如果潭中不栽蓮花而用作放生之用，則稱為放生池。

②佛殿

進入山門，由南往北，就是天王殿，大雄寶殿等佛殿。天王殿的正面，供笑口大肚彌勒佛歡迎來客；彌勒佛隔板的背後供韋馱菩薩持杵護持佛法。佛的兩旁，還供有東方持國天王

山西五台縣南禪寺總平面、剖面圖

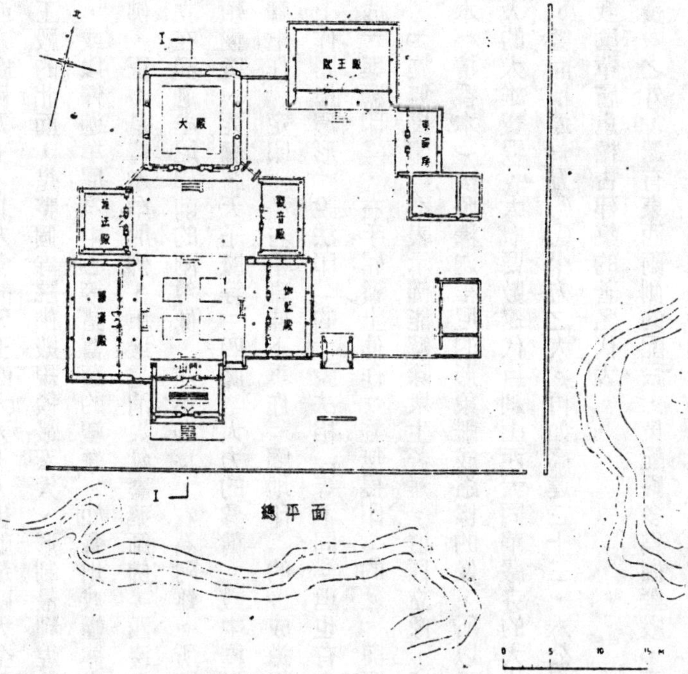

山西五台县南禅寺总平面、剖面图

、南方增長天王、西方廣目天王、北方多聞天王四大天王，也就是四大金剛的塑像。

大雄寶殿在天王殿的北面，是整個寺院佛殿規模最宏大、形制最輝煌的核心建築，中間供有佛祖釋迦牟尼，或以釋迦牟尼為中心等諸菩薩的塑像，如蘇州戒幢律寺大雄寶殿、殿中供奉三尊香樟木大佛，正中是釋迦牟尼佛、東邊是消災延壽藥師佛，西邊是阿彌陀佛，稱為「橫三世佛」。侍立在釋迦牟尼佛前的兩尊像，左為迦葉，右為阿難。所謂：「大雄」是對佛有降伏五陰魔、煩惱魔、死魔、天子魔等「四魔」大力的尊稱。殿中釋迦牟尼塑像，有結跏趺坐，左手橫放腳上作「定印」，右手直伸下垂作「觸地印」的「成道相」，和左手橫放在左腳上，右手向上作屈指環形「說法印」的「說法相」等不同。但也有寺院把釋迦牟尼塑成立像，左手下垂成「與願印」，右手屈臂上伸作「施無畏印」的。「與願印」的意思表示佛能滿足眾生願望，「施無畏印」則表示佛能解除眾生苦難。這種立像，據說釋迦牟尼在世時，優填王用旃檀木（檀香木）按照釋迦牟尼的形象雕成這樣的像，所以又叫「旃檀佛像」，我國佛寺現存最大的大雄寶殿，大概要數遼代巨剎山西大同華嚴寺的大雄寶殿了。其殿氣勢雄偉，結構堅固，總面積達一五〇〇平方之大。再如高達三十三・六公尺的杭州靈隱寺大雄寶殿，又堪稱為我國單層重檐古建築的著名代表。

天王殿、大雄寶殿之外，還有東西兩側的配殿，東配殿多爲伽藍殿，西配殿多為祖師殿。「伽藍」是梵文Samgharama音譯「僧伽藍摩」的簡稱，意思是眾僧之院，亦即寺院。

但這裡的伽藍殿，則特指釋迦牟尼說法居住達二十五年之久的祇樹給孤獨園。殿裡供奉的，正中是波斯匿王、左方是祇陀太子，右方是給孤獨長者三位居士，原因祇樹給孤獨園原是這三位居士為佛法居住而協力建造。伽藍殿兩邊，供奉著十八位守護寺院的伽藍神。

祖師殿是專為紀念禪宗師菩提達摩而建造的一座佛殿。殿的正中供奉菩提達摩禪師，達摩左側供奉禪宗實際創始人六祖慧能禪師，右側供奉我國禪宗清規制定人百丈禪師。

起先，一個佛殿一般多只供奉一個佛像，現在河北易縣開元寺就還保持著這種一佛一殿的古制，以毗盧、觀音、藥師三殿並列。後來由於土地、經費等種種原因，所以便就經常把好幾個佛像合供一殿了。

③法堂

法堂就是講堂，是寺院中規模僅次於大雄寶殿的主要建築。法堂的位置一般設在大殿後面，以作為演說佛法，歸戒集會的處所。進入法堂，只見中間設有高起的法座和講台，法座後面掛著釋迦牟尼說法傳道的圖像，講台上面另有象徵聽法的小佛坐象。講台下面設有香案，香案兩側列置聽法席位。此外，堂中還左設鐘而右置鼓，目的是為說法時擊鐘鳴鼓，可以平添肅穆氣氛。

有的寺院，法堂部位如果是多層建築，那末除下層用作法堂，還可在上部樓閣庋藏佛經，稱藏經樓或藏經閣。

④僧堂

僧堂也稱禪堂，為僧衆平時起居和坐禪的處所。一般多設在寺院東側。

⑤廚庫

香積廚（廚房）、庫房、齋堂等統稱廚庫。和僧堂一樣，廚房一般也設在寺院的東側。

⑥浴室

這是寺院沐浴淨身的處所，可兼作盥洗室用。

⑦西淨或東司

這是寺院的廁所，廁所的位置通常設在軸線的左右兩側，並不固定，廁所可以不只一處，有的供僧衆自用，也有供遊客使用，是肯定的。

除了以上這些，有的佛寺還在山門內左右兩邊，設有兩座獨立的小型樓閣，左為鐘樓，右為鼓樓。但從佛寺布局的早期規制看，鐘樓又常設在寺院後方法堂東北角上。唐張繼《楓橋夜泊》詩：「姑蘇城外寒山寺，夜半鐘聲到客船。」至今，寒山寺的鐘樓，仍保持著設置在寺院後方東北角上的古制。

儘管有的佛寺鐘、鼓很多，如蘇州寒山寺的鐘房，就陳列有明清時期保存下來的各種銅鐘十一只，但總以放置在鐘樓、鼓樓裡的鐘鼓為最大。佛寺置鐘，除了作法事或其他事情需要撞鐘作為號令，集合僧衆外，早晚兩次的擊鐘，還有警睡覺昏的作用。《百丈清規》說：

「大鐘，叢林號令資始也。曉擊則破長夜，警睡眠；暮擊則覺昏衢，疏冥昧。」

佛寺設置鼓樓，原由經樓演變而來，它的歷史要比鐘樓為晚。原來隨著佛教歷史的發展，由於藏經日益多了起來，原來的小小經樓也不敷應用，於是就索性騰出經樓，放置大鼓，另建規模較大的藏經閣或藏經樓。後來，鼓樓又挪動位置，以與鐘樓對稱。

有趣的是，不管鐘樓還是鼓樓，鐘、鼓的位置一律放在樓的上層，下層則供奉佛像。鐘樓下面，經常供奉地藏王菩薩，鼓樓下面則不一定，有的供奉觀世音菩薩，有的供奉關帝，上海的龍華寺，就是鼓樓下面供上了紅臉長髯的關帝。為什麼佛寺要奉關帝呢？原來這是根據隋朝智者和尚看到關帝顯聖，因而建玉泉寺的傳說而來。從這後，關帝成了伽藍神。但關帝算起來終究是漢人，和衆多狀貌瑰異的外來菩薩放在一起很不協調，因此後來，寺僧便把關帝一人放在鼓樓下面進行供奉，有時也另作一大龕供奉在佛殿裡。

不僅如此，有的寺院還有觀音殿、文殊殿、地藏殿、藥師殿、三大士殿等，以作爲東西配殿。此外，有的寺廟還可因爲土地擁有的實際情況，在中軸線東西另闢小院，建殿供奉這些佛或菩薩。

再如禪宗或其他宗的寺院，有時又常建羅漢堂，羅漢堂又稱應真殿。早先，羅漢經常作為寺院畫題材。至今，以壁畫享譽古今的成都大聖慈寺竹溪院裡，尙保存著大量的珍貴羅漢壁面。後來，羅漢漸漸擠進殿塑行列，大寺院修建羅漢堂日益多了起來，有供奉十六羅漢的，有供奉十八羅漢的，規模最大的自然要數供奉五百羅漢的羅漢堂了。江南一帶，較有名的是蘇州戒幢律寺大殿前西側的羅漢堂。堂中五百羅漢、木雕飛金、有的豐滿、有的清瘦、有的慈祥、有的威嚴、有的嬉笑、有的悲愁、有的屈膝箕踞、有的托鉢拈珠，表現不一，體態迴異，使人目不暇接。為了使濟濟一堂的羅漢能夠獲得充足的光線，有利觀瞻，羅漢堂建制大多呈田（田）字形，周圍殿堂，中間則四個天井，這樣堂與天井配合，就顯得寬暢明亮。

以上介紹由南往北，由山門、天王殿、大雄寶殿、法堂第一線貫穿在中軸線上，左右旁置配殿的格局，稱為縱軸式。縱軸式為我國漢地佛寺最為常見的一種布局形式。此外，漢地佛寺伽藍七堂制的常見建築格局，還有廊院式和依山式等。

有關廊院式的情況，范能船《中國佛教旅遊》把它概括為：「這是一種最早出現的布局，受印度佛教寺院影響，當然已結合中國傳統構圖習慣。即在每一個佛殿或佛塔的四周以廊屋圍繞，形成獨立院落，大的寺院可以由許多廊院組成。每個院落可根據內容標名，如觀音院、彌陀院、塔院等。廊院式寺院有寬闊廊壁，這就為繪製佛教壁畫提供極有利條件，使寺院頗具豐富的藝術表現力。」

依山式則依山而築，沿著山勢的曲屈上升左盤右旋，寺廟的山門、天王殿、大雄寶殿、以及左右配殿等也必須隨著山勢掩映盤屈而因地制宜，隨山賦形。依山式寺廟建築的好處是除了充分利用地勢的自然起伏而有所變化外，往往還能造成一種視覺上柳暗花明、殿宇參差的美感，使人驚嘆。當年，北宋著名詩人遊覽依山而築的鎮江金山寺時，就曾寫下了這樣有名的詩句：「數重樓枕層層石，四壁窗開面面風。忽見鳥飛平地起，始驚身在半空中。」

縱軸式、廊院式、依山式之外，好多寺院還在寺裡建造佛塔，如山西洪趙縣廣勝上寺的飛虹塔，就是寺裡建塔的典型。但是，這種寺裡建塔的做法，到了明清以後，開始逐步地解體。如上海的龍華寺，湖州的萬壽山寺等，由於歷代屢經興廢，如今早已寺塔分家，各自為政了。

又如從另一邏輯角度劃分，我國寺院建築又可以分為平川廟塔式和依山石窟寺等形式，由於依山的石窟寺大盛於北朝到南朝，宋以後漸趨衰微，而平川廟塔寺院卻一直流傳不歇，所以後世所建，也就自然以平川廟塔式寺院為主了。

經過風風雨雨的歷史洗禮，許多規模宏偉的佛寺現在已經越來越少。始建於隋文帝開皇年間的浙江天台古剎國清寺，雍正年間曾進行了一次大規模的重修。寺裡殿堂多達六百餘間，其中主要有彌勒佛殿、雨花殿、大雄寶殿、觀音殿等四殿，妙法堂、安養堂、齋堂、客堂等四堂，以及鐘樓、鼓樓、藏經樓、方丈樓、迎客樓等五樓，總面積達一九六〇〇平方公尺之鉅，與江蘇棲霞寺、山東靈岩寺、湖北玉泉寺並稱為我國古代「四大叢林」。

隨著社會歷史的不斷發展，尤其是改革開放，落實宗教政策以來，以於佛寺的布局和建設，又有了新的要求。在《寺院建設漫談》一文中，作者佛日認為，當前寺院基本建設，應符合繼承傳統，應機弘法兩大原則。對於繼承傳統一項，佛日認為：「傳統必先繼承，名山祖庭，應基本依舊製修復，在建築風格、園林規劃、佛像塑畫等方面，宜古香古色，保護佛寺的文物價值，造成一種古而常新、清淨脫俗的梵剎氣氛，現代化的建築，商業性的設施，應盡量置於正院之外。」

對於應機弘法一項，佛日提出，一所適應新時代需要的寺院，應具備四個方面的設施和功能：一為藏經樓下，應設有佛教圖書館、閱覽室，方便四衆閱讀，同時還應闢有供四衆交流學修心得的會議室、佛學諮詢室、複印室等；二為開闢培養弘法人才服務的大、小型教室，供交流會使用的會議室、宿舍等；三為文物多的寺院，應闢有文物展覽室，佛學研究所（室），以作為學術研究、交流的場所；四是為福利事業而建造的養正院、素餐館、茶館、流通處、診療所、海會塔（骨灰塔）等。

〔附〕漢傳佛教寺廟共住規約通則

佛制戒律，祖立清規，旨在防非止惡，安身進道，光大法門，造福社會。本此精神，訂立共住規約，全寺上下，均須遵守。

一、全寺僧衆必須遵守憲法和法律，執行有關政策，愛國愛教，以寺為家，勤修三學，恪遵六和。

二、住持依選賢制產生，任期三至五年，連選可連任，防止私相授受。

三、住持、班首、執事，均應忠於職守，盡職盡責，愛護常住，關心大衆，任勞任怨，廉潔奉公。如有玩忽職守，居職謀私，經批評教育不改者，免其職務。

四、全寺上下均須謹遵佛制，戒行清淨，僧儀整肅。犯規本大戒者，不共住。

五、早晚課誦、二時齋供、坐禪聽講、集體勞動，除按寺廟傳統可以不隨衆的僧人外，因病因事均應請假；無故缺席者，應批評教育；屢教不改者，不共住。

六、尊師重教，恭敬耆德，服從執事安排，遵守殿堂秩序，違者，應視情節輕重，給予教育，批評或記過。

七、挑撥是非，破和合僧者，應及時批評教育；情節嚴重而又屢教不改者，不共住。

八、打架鬪毆、惡口相罵，侵損偷竊常住或私人財物者進行嚴肅批評教育；對侵損偷竊的財物，須照價賠償；情節嚴重，觸犯刑律者，寺廟除名後依法處理。

九、全寺僧衆均需僧裝整齊，及時剃除頭髮，清淨素食，禁止飲酒（藥用除外）、賭博、看淫穢書刊，如有不遵，經批評教育屢教不改者，不共住。

十、外出未經請假，夜不歸宿，經教育不改者，不共住。

十一、私自化緣募捐或向香客遊人索要錢物者，視情節輕重予以處理，不服者不共住。

十二、寺院竹木花卉茶果，均應愛護培植，不得私自砍伐採摘自用或做人情。違者，進行批評教育，照價賠償。

十三、師友親朋來寺，經主管執事同意方可留膳宿。

十四、保持殿堂莊嚴，環境清淨，僧房整潔，保持寺廟文物，注意防火防盜。

遵規守戒，一視同仁。同居大衆，各自珍重。

四大名山、八宗祖庭及其他

我國輝煌的佛教史上，一向有浙江普陀山、安徽九華山、山西五台山、四川峨眉山「四大名山」的說法。所謂「四大名山」其實就是我國佛教的四大道場：普陀山為觀音菩薩道場，九華山為地藏菩薩道場，五台山為文殊菩薩道場，峨眉山為普賢菩薩道場。

由於歷史的積澱，僧尼生活其中，修習其中的四大名山、梵宮貝宇，蜿蜒曲折，名勝古蹟，美不勝收。普陀山是浙江東北部舟山群島中的一個小島，島上山岩峻秀，林木葱鬱，向有海天佛國，震旦第一佛國之稱。傳說唐宣宗大中元年（西元八四七年），有天竺僧來此燔十指，在潮音洞前「親睹觀世音菩薩現身說法，授以七色寶石」。此後，日本臨濟宗名僧入唐回國，於五代後梁貞明二年（公元九一六年）從五台山請去觀音菩薩像一尊，因為在途經普陀山時被大風所阻，就和當地居民一起，在潮音洞前紫竹林裡建了一座不肯去觀音院。這座不肯去觀音院，就是普陀山供奉觀音道場的開端。在衆多的佛教節日裡，有關觀音菩薩的節日有三個，一是農曆二月十九日誕生日，二是農曆六月十九日成道日，三是農曆九月十九日出家日。由於觀音菩薩在人們心目中大慈大悲，救苦救難的崇高威望，多少年來，每逢二、六、九月去普陀山燒香的香客總是結伴聯袂而來，絡繹不絕，甚至連日本、朝鮮、東南亞等國家的佛教徒也不遠千里，紛紛前去禮拜進香。為了滿足香客需要，從古代一直延續到解放前，普陀山已建有寺庵茅蓬達二一六個之多，僧尼達三千餘人。目前，曾經文化大革命劫難的普陀山寺庵大都重新整理開放，除普濟寺、法雨寺、慧濟寺等三大禪寺外，尚有紫竹林禪院，不肯去觀音院，以及衆多的庵堂如大乘庵，悅嶺庵、楊枝庵，梅福庵等多處。普陀山可謂寺庵林立，法雨繽紛。

過去有人說：「普陀山有室皆寺，有人皆僧。」這話雖然說得未免誇張，但也於此可見其地寺庵僧尼之盛。三大禪寺中，慧濟寺又名佛頂山寺，為普陀山最高的一處寺院。寺內有天王殿、大雄寶殿、地藏殿、雷祖殿等。明徐如翰《雨中尋普陀諸勝》詩說：

> 緣岩度壑各擔簦，翠合奇環賞不勝。
> 竹內鳴泉傳梵語，松問剩海露金繩。
> 山當曲處皆藏寺。路欲窮時又遇僧。

更笑呼童扶兩腋，溯風直上最高層。

九華山的地理位置，在安徽省青陽縣西南二十公里處，因為其中天台、天柱、蓮花、十王等九峰高出雲表，看去好似蓮花一般，所以便就得了「九華」的山名。當年大詩人李白有詩咏道：「昔在九江上，遙望九華峰，天河掛綠水，綉出九芙蓉。」傳說佛陀逝世一五〇〇年後，地藏菩薩降跡新羅國為王子，姓金名喬覺，出家後號地藏比丘。唐高宗永徽四年（公元六五三年），二十四歲的比藏比丘帶著神犬諦聽航海來到中國，歷經周折，最後選擇在九華山石洞結茅苦修，生活十分清苦。

幾年以後，地方紳士諸葛節等發現了他，諸葛節見他這樣苦修，後又問知是新羅王子，不禁大為感動，發心要為他建造佛寺。當時九華山地界屬閔公所有，經和閔公商量，閔公問地藏比丘要多少地？地藏比丘回答：「一袈裟所覆蓋地足矣。」不料覆蓋下來，整個九華山都被籠罩了進去。此後又過了幾十年，唐玄宗開元二十六年（公元七三八年）農曆七月三十日夜，九十九歲的地藏比丘召衆告別，跏趺而逝。死後肉身不壞，徒衆們把他放進缸裡，然後殯殮入塔。相傳山上的肉身殿，就是地藏菩薩成道之處。由於地藏菩薩坐化的那一日正值農曆七月，所以九華山的香火，以農曆七月為最盛。此後九華山寺廟經過歷代修建擴建，截至清朝初年，其地大小寺廟林立，多達一五〇餘處，後來雖然前後經過太平天國和文化革命兩次大的人為破壞，但經過努力修復，至今尚存有東崖寺、祇園寺、甘露寺、百歲宮四大叢林，以及化城寺、肉身寶殿等近百處之多。

五台山也稱清涼山，地處山西省東北部的五台縣境內。其山由北岳恆山而來，由東台望海峰，南台錦綉峰，西台掛月峰，北台葉斗峰，中台翠岩峰五座山峰聳立環抱而成，所以得了「五台」之名，正如《水經注》所說：「五台山，其山五台巍然，故曰五台。」主峰北台葉斗峰海拔二八九三公尺。縱觀五台山佛寺。多集中在五台縣東北約六十公里處的懷台鎮一帶。為什麼五台會成為文殊菩薩道場呢？《大方廣佛華嚴經》卷二十七《菩薩住處品》說：「東北方有菩薩住處，名清涼山。過去諸菩薩常於中住。彼現有菩薩名文殊師利，有一萬菩薩眷屬，常為說法。」

後來唐朝華嚴宗澄觀國師在五台山大華嚴寺（今顯道寺）為《華嚴經》作注疏，撰成《大方廣佛華嚴經疏》六十卷，疏中把佛經所說清涼山和中國五台山聯繫比附起來說：「清涼山者，即代州雁門五台山也。歲積堅冰，夏仍飛雪，曾無炎暑，故名清涼。」

因為有著這個緣故，後來五台山就逐步變成文殊菩薩的說法道場了。還在唐朝以前，經過北魏孝文帝的營建，此後又經北齊大力開拓，五台山佛寺建築群漸已十分可觀。唐朝以後，由於文殊道場的形成，更是使得梵宮輻輳，貝宇如林，到明神宗萬曆年間，佛寺已由北齊時二百餘處增加到三百餘處，一時蔚為大觀。此後直至清朝嘉慶以後，五台山佛寺盛極而衰，一時銳減到一百餘處。當前，經過十年浩劫，五台山的佛寺雖經大整修恢復，但已元氣大傷，約在四十處上下。在各寺院中，以顯通寺、塔院寺、菩薩頂寺、殊像寺、羅睺寺等「五大禪處」為最享盛名。顯通寺始建於東漢明帝年間，原名大孚靈鷲寺，為五台歷史最為悠久的一處寺院。寺裡有純用銅鑄的銅殿一所，殿內供有銅佛萬尊，為世界所矚目。此外，重建於唐代的南禪寺，以及佛光寺、秘密寺也很出名。

峨眉山的地理位置在峨眉市西南七公里處，因為有山峰相對，好比峨眉，所以才得了這個名稱，誠如《峨眉郡志》所載：「雲鬘凝翠，鬒黛遙接，真如螓首峨眉，細而長，美而艷也，故名峨眉山。」在佛教中，峨眉山被稱為「光明山」。山的主峰萬佛頂，海拔三〇九九公尺，為「四大名山」中最高的一山。峨眉山成為普賢菩薩道場，大概始於宋朝。宋初傳說，古時採藥老人蒲翁入峨眉山採藥，看到普賢菩薩瑞相，就在白水寺開始事佛。宋太祖乾德六年（公元九六八年），嘉州好幾次上奏普賢菩薩顯相，朝廷聞奏，派遣內侍張重進前往塑造普賢菩薩像，太平興國五年（公元九八〇年），宋太宗派張仁贊在成都分部鑄造普賢菩薩巨像，然後運到峨眉山白水寺總接而成。焊後的普賢菩薩身騎腳踏三尺蓮座的六牙白象。整個鑄像道高七·三五公尺，總重量達六十二噸。白水寺自從放進了普賢巨像後，便改名為白水普賢寺。因為有著這幾重因緣，因此要不了多久，峨眉山就成了普賢菩薩的道場了。

普賢道場發展到明清時期，山裡的寺院建築，峨峨巍巍，連綿起伏達將近百所之多，並且多為禪宗一系。清末以後，普賢道場由盛轉衰，餘下的寺廟，幾乎不及半數。現在極為著名的尚有報國寺、萬年寺、洪椿坪、普光殿、仙峰寺、伏虎寺、洗象寺、雷音寺、清音閣、金頂寺等。始建於唐代的報國寺是禪宗臨濟宗著名寺院，全寺氣宇恢宏，環境幽雅。寺中原住著名詩僧果玲方丈有詩說：

病不開堂道益尊，偷閑卻憶長公論。
小園花草親自種，丈室詩書任意溫。

因大名山之外，隨著隋唐以來我國佛教的不斷分出宗派，為了研究各宗的起源和發展，各佛寺作為祖庭的發祥地，它們的地位就顯得舉足輕重了。

在時間的大浪淘沙洗禮下，我國眾多的佛教宗派中，現在還在流行著的主要有三論宗、法相宗、天台宗、華嚴宗、禪宗、淨土宗、律宗、密宗等八大宗派。關於八大宗派的大致情況和它們的各自祖庭，且讓筆者逐一道來。

①三論宗

三論宗的實際創始人是隋王朝的吉藏法師，這是一個以研究鳩羅摩什翻譯的《中觀論》、《十二門論》、《百論》「三論」為主要典籍所形成的佛教宗派。三論宗的教義以法性理邊說的真諦，以及緣起現象邊說的世俗諦為總綱，以徹悟真俗不二的中道，也叫諸法實相為究竟。由於其宗著重闡揚佛教「諸法性空」理論，所以又有「法性宗」之稱。當時，吉藏曾在會稽（今浙江省紹興市）嘉祥寺講法，受學的人達千餘人，人稱「嘉祥大師」。在衣鉢傳授上，三論宗初祖僧朗和二祖僧詮住南京棲霞寺。其後，僧詮再傳法朗，法朗住金陵城郊皇興寺。接著法朗再傳吉藏，並由吉藏完成了對「三論」的注釋，此外並撰《大乘玄論》、《三論玄義》等著作，對三論要義作了專門的闡述。

三論宗的祖庭有江蘇省南京市郊的棲霞寺、皇興寺，以及浙江紹興的嘉祥寺。現在，皇興寺和嘉祥寺均已湮圮，只棲霞寺巍然屹立在江蘇省南京市東北十七公里的攝山上。

②法相宗

這一宗由分析「法相」以表達「唯識真性」，否認有離開「識」的客觀物質世界而來，所以既可稱為法相宗，也可稱為唯識宗。又由於法相宗奉《瑜伽師地論》為根本教典，因此又稱瑜伽宗。《解深密經》、《成唯識論》、《瑜伽師地論》，即一經二典是這一宗的基本典籍。除此，還由於法相宗創始人為常住西安慈恩寺裡的「慈恩大師」窺基，故而也有人稱之為慈恩宗。

法相宗的庭祖在西安市南和平門外慈恩寺，同時還有西安市東南約二十公里長安縣少陵原畔的興教寺，因為興教寺是窺基和他老師唐玄奘的遺骨遷葬之地。

③天台宗

天台宗因實際創始人智者常住浙江天台山而得名，又因為這一宗以《法華經》、《大智度論》、《中論》等作為立宗的依據，而尤以釋迦牟尼最後所說《法華經》為核心，所以又稱「法華宗」。法華宗的形成，主要是把當時印度和中國佛教各派教義，重新加以組織梳理，從而確立了以五時八教為總綱，以一心三觀，三諦圓融為中心的思想體系。

天台宗的祖庭，也就是根本道場，為隋朝晉王楊廣因繼承智者遺志而建的浙江天台山國清寺。此外，還有智者講《法華玄義》、《摩河止觀》的，所在地位於湖北當陽縣西十五公里，玉泉山東南麓的玉泉寺。

④華嚴宗

這一宗因以《華嚴經》作為主要經典而得名，又因為華嚴宗的實際創始人法藏，武則天曾賜他賢首國師之號，所以也叫賢首宗。同時，還因為華嚴宗發揮「法界緣起」的旨趣，故而又名「法界宗」。法華宗主要用三時五教判攝佛法，以三觀、四法界、六相、十玄作為核心理論。

華嚴宗的祖庭有清涼寺、華嚴寺和草堂寺。清涼寺位於山西省五台縣東北的五台山，為法藏私淑弟子澄觀撰注《華嚴經疏》、《隨疏演義鈔》的處所。華嚴寺在陝西長安縣少陵原半坡上，其寺南畔為華嚴宗三祖，實際創始人法藏的埋骨之所。草堂寺在陝西戶縣城東南二

天台宗創始人智者大師

十公里圭峰山下，華嚴宗五祖宗密曾在這裡起草《圓覺經疏》。

⑤禪宗

這一宗以把心專注在一法境上努力參究，以期證悟本自心性的禪定概括佛教所有修習，所以名為禪宗。禪是梵文dhyana音譯「禪那」的簡稱，意譯為靜慮，一般叫禪定。祖宗的初祖是南朝宋末時由天竺來華傳授禪法的達摩。達摩以後，二祖慧可，三祖僧璨，四祖道信，五祖弘忍。從五祖弘忍的兩個弟子開始，又分為北方神秀的漸悟說和南方慧能的頓悟說兩宗，稱為「北宗」、「南宗」。不久北宗微、南宗一枝獨秀，成了禪的正宗。南宗的教義是不立文字，直指人心，見性成佛。此後慧能門下，從青原行始，南岳懷讓開始，青原一系派生曹洞、雲門、法眼三宗，南岳一系形成溈仰、臨濟兩宗。曹洞、雲門、法眼、溈仰、臨濟五宗合在一起，人稱「禪宗五家」。後來，南岳臨濟一系又變生黃龍、楊岐兩派，因此又有「五家七宗」的說法。隨之楊岐一派又分出虎丘、徑山兩派。南宋以後，祖宗其他各宗漸趨門庭冷落，只有曹洞、臨濟兩宗延綿不絕。

由於禪宗「五家七派」支脈繁延，所以其宗除嵩山少林寺作為總祖庭外，各枝祖庭林立：東山寺，位於湖北省黃梅縣城東南十二公里的東山上，為五祖弘忍傳授禪法，弘揚東山法門的地方，又稱「五祖寺」。南華禪寺，位於廣東省韶關市南二十公里，為慧能開創禪學南宗的著名祖庭，一向有「東奧第一寶刹」之稱。淨居寺，位於江西省吉安縣東南十五公里的青原山上，為青原系開創人行思的道場。般若寺，位於湖南省衡山擲鉢峰下，為南岳系開創人懷讓弘揚禪法的祖庭。荷玉寺、普利院、天童寺，荷玉寺在江西省宜黃縣曹山上，為本寂大振洞門禪風的地方；普利院在江西省宜豐東北二十五公里，為艮價大行禪法的處所，天童寺在浙江省寧波市東三十公里的太白山麓，為日本曹洞宗創始人道元受學的地方，為日本曹洞宗的祖庭。雲門寺，位於廣東省乳源瑤族自治縣城外六公里，五代文偃禪師在這裡弘揚禪法，創雲門宗。清涼寺，位於江蘇省南京市漢中門內清涼山上，南唐淨慧禪師在此創法眼宗。十方密印寺、太平興國寺、十方密印寺在湖南省寧鄉縣城西七十公里的潙山上，為晚唐靈祐弘禪的處所，人稱潙山靈祐；十方密印寺，位於江西省宜春南四十公里的仰山上，靈祐弟子慧寂在這裡大建法幢。這樣，潙山和仰山，就成了靈祐、慧寂師徒所創潙仰宗的祖庭。臨濟寺，位於河北省正定城東南一公里的臨濟村，晚唐住持僧義玄禪師在這裡創立以「當頭棒喝」著稱的臨濟宗。崇恩禪院，在江西省武寧縣黃龍山上，北宋慧南禪師在此宏闡「黃龍三關」教義。楊岐寺，在江西省萍鄉市，北宋慧南同門方會在這裡大弘道法，又從臨濟宗自創一派，其寺毀於文化大革命中。虎阜禪寺，在江蘇省蘇州市閶門外山塘街，宋臨濟宗楊岐第五世紹隆在這裡創虎丘派。徑山寺，位於浙江餘杭縣城西北二十五公里的徑山上，楊岐第五世，紹隆的同門兄弟城杲在這裡創「看話禪」（話頭禪），寺院今已廢圮。

⑥淨土宗

淨土宗初祖慧遠法師

這一宗主張乘佛願力，用念「南無阿彌陀佛」來統攝一切法門，以達到死後往生阿彌陀佛西方淨土極樂世界的目的，所以叫「淨土宗」。

淨土宗的正式創立人是唐代演說淨土法門三十多年的善導和尚，而遠祖則為東晉廬山的慧遠法師。當時，慧遠曾邀集十八位高賢成立「白蓮社」，發願念佛求生西方淨土。慧遠之後，北魏曇鸞雖在山西玄中寺提倡淨土法門，但還沒有創立完備的淨土宗義和行義。淨土宗所奉的佛經主要是《無量壽經》、《觀無量壽佛經》、《阿彌陀經》和《往生論》，人稱「三經一論」。

淨土宗的祖庭，有東林寺、玄中寺和香積寺。東林寺在江西省廬山西北麓，為傳說中慧錠邀集十八高賢結「白蓮社」發願念佛的地方。玄中寺在山西省交城縣西北石壁谷中，又稱石壁寺，為曇鸞大師弘布淨土信仰的寺院。香積寺在陝西省長安縣香積村，由淨土宗正式創立人善導法師弟子懷輝等人，為紀念老師善導而建。

⑦律宗

這一宗因奉小乘法藏《四分律》，並加以大乘教義的闡釋而成，所以叫做律宗。又因為創始人唐朝的道宣經常住在終南山裡，所以，又稱「南山律宗」。

律宗的祖庭為陝西長安終南山豐德寺，此外尚有位於江蘇省揚州新北門外蜀崗中峰的大明寺。為什麼大明寺會成為律宗祖庭呢？原因是道宣之後，道宣的再傳弟子鑒真晚年曾在大明寺講授戒學，化導一方，所以這座始建於南朝宋大明年間的大明寺，就成了律宗的祖庭。後來，人們也有把蘇州西園戒幢律寺同時列為律宗祖庭的。

⑧密宗

這一宗自稱受法身佛大日如來密法奧秘的具真言教，並因不經灌頂，不經傳授不得任意傳習和明示別人而被稱為密宗，又稱真言宗。密宗的真正創始人是「開元大士」：善無畏、金剛智、不空。由於密宗儀規極為複雜，不經導師「阿闍梨」秘密傳授難以掌握，所以具有濃烈的神秘色彩。

密宗的祖庭為大興善寺、青龍寺。大興善寺位於陝西西安城南二·五公里，唐玄宗開元年間，印度僧人善無畏、金剛智和獅子國（斯晨蘭卡）僧人不空來寺譯出密宗經典《大日經》、《金剛頂經》等，所以其寺便成了密宗祖庭。青龍寺位於西安市東南郊鐵爐廟村北的高地上，為日本僧人空海來唐求法，向不空第子惠果受灌頂（傳法儀式），傳金剛界、胎藏界兩部大法，並受傳法阿闍梨灌頂的寺廟。為此，青龍寺又是日本密宗的發源地。

八宗祖庭作為我國佛教各宗的發源地，自然有著它們各自的特殊意義。但從我國佛教還沒分宗以前來看，我國第一古剎當推初創於東漢永平十一年（公元六八年）的白馬寺。相傳當時朝庭派蔡愔、蔡景去西域求經，在月支國地方，碰上來自天竺國的迦葉摩騰和竺法蘭兩個比丘。蔡愔等一見是西域高僧，就恭恭敬敬地把他們迎到中國。由於當時用白馬馱載經像而歸，因此第二年在洛陽東郊建寺，就取了白馬寺的名稱。

其寺規模宏大，現在僅有天王殿、大佛殿、接引殿、毗盧閣等建築。山門內東西兩側，建有迦葉摩騰、竺漢蘭兩僧墓。殿內佛像羅漢，奕奕如生，具有極高的藝術價值。可惜伽藍殿裡的石像刻彌勒像，已被盜往美國，陳列在波士頓美術館裡。寺的東西，並有金朝所建高達二十四公尺的齊雲塔一座，聳立雲霄。

除卻四大名山，八宗祖庭，我國著名佛教聖地還有很多很多，早在唐朝之時，還曾有過「四大叢林」、「四聖地」的說法。「四大叢林」是：

浙江天台山國清寺，

江蘇南京棲霞寺，

山東長清靈岩寺，

湖北當陽玉泉寺。

「四聖地」為：

文殊菩薩聖地山西五台山，

僧伽大聖（觀世音菩薩化身）聖地泗洲（今江蘇泗洪）普光王寺，

三階宗（隋唐佛教宗派之一）聖地陝西終南山，

佛骨聖地陝西風翔法門寺。

佛教是從印度傳來的舶來品，當時佛祖釋迦牟尼生前曾在祇園、竹林、大林、誓多林、那蘭陀五個精舍居住說法，稱為五山，釋迦牟尼涅槃後，遺體火化所得佛骨舍利分造十塔供奉，稱為十剎。剎原是佛塔頂部作為裝飾的相輪，亦可用來代稱佛塔。此後，人們為了紀念佛陀，建寺時總不忘建有佛塔。時間一久，佛寺就也常用「剎」來稱呼了。我國各宗僧人爲了效仿印度古剎，也有「五山十剎」的說法，而尤以集中在江浙一帶的禪宗「五山十剎」為最負盛名。禪宗的「五山」是：

杭州北山景德靈隱寺，

杭州南山淨慈報恩光孝寺（淨慈寺），

杭州徑山興聖萬福寺（徑山寺），

寧波天童景德寺（天童寺），

寧波育王山廣利寺（阿育王寺）。

「十剎」是：

江蘇南京蔣山太平興國寺（靈谷寺），

江蘇蘇州虎丘山雲岩寺，

江蘇蘇州萬壽山報恩光孝寺（萬壽寺），

浙江杭州中天竺山寧萬壽永祚寺（法淨寺），

浙江吳興道場山護聖萬壽寺，
浙江奉化雪竇山資聖寺，
浙江永嘉江心山龍翔寺（江心寺），
浙江義烏雲黃山寶林寺（今毀），
浙江天台山國清教忠寺（國清寺），
福建閩候雪峰山崇聖寺。

前面我們曾講了「四大名山」，有趣的是，由於「四大名山」遠遠不足以概括我國其他衆多的著名佛教聖地，因此又有「八小名山」的補充說法。「八小名山」是：

河南嵩山，
陝西終南山，
湖南衡山，
江西廬山，
浙江天台山，
江蘇狼山，
雲南雞足山，
北京香山。

至於八小名山上有哪些寺院，這裡就從略了。

莊嚴肅穆的佛像王國

勘破三春景不長，緇衣頓改昔年妝，
可憐綉户候門女，獨臥青燈古佛旁。
——《紅樓夢》第五回

僧尼集體生活在廟裡，天天要和佛像接觸，遊客和香客進入廟中，映入眼簾的主要對象，也是莊嚴肅穆，形形色色的佛像王國。一九八九年五月，筆者曾去律宗祖庭，江蘇揚洲大明寺重遊，正好碰上廟裡有個旅遊團在那參觀，那導遊拔直嗓子在天王殿前向大家講解有關大肚彌勒和韋馱菩薩的一些情況，接著又把遊客引進大雄寶殿，話題轉向了釋迦牟尼佛。那導遊講得繪聲繪色，很是生動，旅遊團成員側耳傾訴，鴉雀無聲，殿前一片肅靜，一時好似回到了佛陀時代。

為什麼旅遊團成員會對導遊講解每尊佛菩薩表現出這麼大的興趣呢？這主要是因為對於其中大多數成員來說，並不了解那些佛菩薩像的來龍去脈，所以心裡懷著一種說不出的神秘和好奇。回想筆者童年每當進入佛寺，面對充滿神異色彩的佛像王國，望著那山門裡怒目金剛、大肚彌勒、伏杵韋馱，以及釋迦牟尼佛、阿彌陀佛、觀世音菩薩、地藏王菩薩、文殊菩薩、普賢菩薩，乃至十八羅漢、五百羅漢等等，真是瞪目結舌，一種要求弄清的強烈願望，便油然從心底裡升起。後來年齡大了，接觸漸漸多了，尤其是歸依明暘大和尚做居士以來，對於廟裡各種主要佛像，才有了較為約略的了解。

一切還是從遊廟先後次序講起。當你進入三門以後，首先就是踏進天王殿。天王殿供奉六尊佛像，迎面笑口常開，典著肚子的是彌勒佛；和彌勒佛背靠背隔著一層板壁，面朝裡面大雄寶殿的是手裡伏杵的韋馱菩薩；彌勒佛和韋馱菩薩兩側殿壁毗牙裂嘴，怒目而視的，那就是孩子們最害怕，也最好奇的四大金剛了。

彌勒佛的「彌勒」兩字，原是梵文Maitreya音譯的略稱，意譯為「慈氏」。《彌勒上生經》說，彌勒佛住在兜率天裡，《彌勒下生經》又說他從兜率天下生到這世界上來，在華林園龍華樹底下度盡衆生，繼承釋迦牟尼佛的佛位而成佛。

兜率天是欲界六欲天的第四重天，天裡分為內院和外院。內院是釋迦牟尼佛學系統的聚集地，為未來成佛的先遣站；外院是專供聚居在兜率天裡衆生消遣的俱樂部。而我們的這位彌勒菩薩，正是兜率天內院的頭頭。為什麼廟裡要把這位兜率天內院頭頭彌勒菩薩放在第一重天王殿裡讓他笑口常開呢？這是因為香客們如若歸依了他，將來就可往生到兜率天裡，為

布袋和尙，彌勒佛的化身

未來的成佛作好準備。現在他在殿裡向你拉開笑口，正是為了先讓你認得，如果你足下在世時多做好事，死後定當歡迎你去兜率天內院他那裡報到。

我們知道，佛教傳到中國後，千餘年來，已經過了很大程度的漢化。目前，多數佛寺天王殿裡的這位彌勒菩薩，來自於我國五代僧人布袋和尚的化身。布袋和尚的名字叫契此，住在明州奉化（今屬浙江省）一帶。平時，人們總是可以看到大肚子的契此和尚用竹杖擔著一只大帽袋，瘋瘋顛顛地在市上走來走去，語無倫次地看到什麼就乞什麼，並且不管乞到什麼都一股腦兒往布袋裡塞。一天布袋和尚坐在奉化岳林寺東廊的一塊大磐石上，口念一偈道：

彌勒真彌勒，分身百千億，

時時示世人，世人總不識。

誰料偈剛念罷，就閉目溘然而逝了，直到這時，人們才恍然大悟，明白他原來就是彌勒菩薩的顯化。也就從此以後，布袋和尚作為彌勒菩薩或彌勒佛的化身，被搬進了天王殿。有意思的是，當你遊覽天王殿拜見大肚彌勒時，還經常可以看到在他身旁懸著這麼一副對聯：

大肚能容，容天下難容諸事；

護法韋馱菩薩

慈顏常笑，笑世間可笑之人。

聯語富於哲理，省人深發。

表過彌勒佛，我們再來看和彌勒佛背對背，隔著一塊板壁的韋馱菩薩。

韋馱又稱韋馱天，為梵文skamda不確切音譯的略稱，正確的音譯是「塞建陀」。古印度神話，韋馱生知聰慧，清淨梵行，為南方增長天八神將之一，位居四天王三十二將之首。後來因為受釋迦牟尼佛的囑托，於是來到佛界，手持降摩寶杵，成了鎮壓群魔，摧邪扶正的護法菩薩。

廟裡韋馱天的塑像一般有立像和坐像兩種。立像雙手合十，放在胸前，把個降魔寶杵橫在腕上，面對佛陀聽佛說法；另有一種立像，其像或右手把杵斜擱臂上，或握杵拄地，左手叉腰，右足稍稍向前邁開半步，顯得威風凜凜。坐像則正坐握杵，把杵拄在地上，也有一種凜然不可侵犯的威嚴氣象。人說，廟裡如果把韋馱天塑得以杵拄地，表示佛寺富足，可以客留遊方僧來此食宿；反之橫杵手腕，則暗示本佛寺不接待外來僧人食宿，敬請另覓佳處。但這僅僅只是傳說而已，事實並不完全如此。

天王殿左右兩側怒目威赫的四大天王，也稱護世四天王。佛經上說，須彌山山頂為色界六欲天第二重忉利天，須彌山腰為色界六欲天第一重四天王天。在四天王天裡、四大天王各居東、南、西、北一方，他們的名稱和識別標記是：

①東方持國王天，梵文音譯「多羅咤」，身白，住須彌山黃金埵，由於他不僅擔負著護持國土的重任，同時又兼著忉利天主樂神的職務，所以手裡抱著琵琶。

②南方增長天王，梵文音譯「毗琉璃」，身青，住須彌山琉璃埵。佛經說他能夠使善男信女增長善根，斬斷惡根，所以手執利劍。

③西方廣目天王，梵文音譯「毗留博叉」，身紅，住須彌山白銀埵。因為他有用淨天眼觀察世間善惡，保護衆生的本領，所以手執握臂繞羂索或非龍非蛇的動物。羂索原是絆取野獸用的繩具，放到廣目天王手裡，便可用來繫縛惡魔。非龍非蛇的動物，大致由羂索演變過來。

④北方多聞天王，梵音譯「毗沙門」，身綠，住須彌山水晶埵。據說他能守護財物，作戰時放出銀鼠咬斷敵方弓弦，所以一手執寶幢，一手按銀鼠，或托寶塔。

以上關於四大天王的一些情況，佛書《法苑珠林》在《三界》、《諸天》、《會名》等篇，以及《經律異聞・四天王》中都有記載。有趣的是，佛教漢化以後，民間還賦予四天王以風調雨順，國泰民安之職。說法是：

①南方增長天王手執寶劍，舞劍生「風」；

②東方持國天王揮奏琵琶，曲聲和「調」；

③北方多聞天王撐開寶幢，借傘遮「雨」；

④西方廣目天王握繞羂索，物狀細「順」。

看過天王殿彌勒佛、韋馱天、四大天王後，讓我們再踏進僧衆日夕禮拜誦經的大雄寶殿。通常，大殿正中如果只供一位主要佛像的，多為佛祖釋迦牟尼。

史籍記載，釋迦牟尼生活在公元前五六五年到公元前四八五年的一段時間裡，大致相當於我國春秋孔子生活的年代。釋迦牟尼的名字叫喬達摩•悉達多，釋迦是種族名稱。按照梵文字面解釋，「釋迦牟尼」含有「釋迦族聖人」的意思。後來佛教徒為了尊崇他，就索性把他尊稱為「釋迦牟尼」了。

佛教傳說，釋迦牟尼原是北天竺迦毗羅衛國（在今尼泊爾境內）淨飯王的兒子，從小就有沈思的習慣。社會上和生物界好多景象如人的生老病死，鳥獸的弱肉強食，都使他陷入深深的沈思之中。為了幫助世上有情衆生解脫痛苦，他總是不停地思索著，希望一旦能夠找到一種行之有效的方法。這種方法，在他看來在自己擁有的權力，以及讀過的婆羅門經典等書籍中都杳無影踪，無法找到，於是就萌生了出家求道的念頭。後來終於在二十九歲那年，悉達多太子毅然拋卻父母妻子，離家出家，過起了清苦的修道生活。

此後經過長達六年的冥思苦索，備嘗苦行的艱辛，最後在一個臘月初八星星閃爍的夜晚，忽然思想貫通，大徹大覺而悟道成佛。隨之，釋迦牟尼又組成僧團，在鹿野苑初轉法輪，

釋迦牟尼佛

具足佛、法、僧「三寶」，創建佛教。此後並把自己悟道成佛，了脫生死的「真理」，到中天竺等各地廣泛宏揚傳播，希望能夠以此普渡衆生，使得普天下的芸芸衆生都能夠斷卻煩惱，解脫生死，一起到達明心見性，圓融無礙的極樂彼岸。

佛祖釋迦牟尼涅槃以後，人們都把他尊為佛陀，簡稱為佛。雖說「佛陀」一詞在釋迦牟尼成佛以前的古印度語言裡早就有所存在，解作「覺者」或「智者」，但被引進佛教後，卻又賦予了不少新的涵義。趙樸初《佛教常識答問》的綜合佛典說法，把這種新的涵義概括為這樣三點：①正覺。對一切法的性質相狀，無增無減地，如實地覺了；②等遍或遍覺。不僅自覺，即自己覺悟，而且能平等普遍地覺他，即使別人覺悟；③圓覺或無上覺。自覺覺他的智慧和功行都已達到最高的、最圓滿的境地。

今天，大雄寶殿釋迦牟尼塑像最常見的有立像，結跏趺坐和臥像三種。立像左手下垂，右手屈肘向上。下垂左手的手勢成「與願印」，向上右手的手勢成「施無畏印」。什麼叫「與願印」呢？「印」是一種用手和手指共同做成，表示一定意願的手勢。「與願印」的手勢是下垂著的手心向前，五指自然彎曲，或拇指和食指圈拉成環狀，其他三指自然併攏下垂。「與願印」蘊含著滿足衆生願望的意思。什麼叫「施無畏印」呢？「施無畏印」的手勢和「與願印」一樣，手心向前，拇指和食指圈塔成環狀，其他三指自然併攏，只不過是「與願印」手勢朝下，「施無畏印」手術朝上有所不同。「施無畏印」含有解除衆生苦難的意思。

左、右手勢塑成「與願印」和「施無畏印」的釋迦牟尼立像，也叫「旃檀佛像」。傳說釋迦牟尼在世時，優塡王曾用旃檀木，也就是檀香木，按照釋迦牟尼的身材形狀為他塑成立像。後來佛教徒雕製釋迦牟尼立像，因為有著這個原因，就常用「旃檀佛像」作為釋迦牟尼立像的稱呼。

釋迦牟尼結跏趺坐的像有「成道像」和「說法相」兩種。成道相結跏趺坐，左手很自然地橫放在盤起的左腿膝上，手心朝上，人稱這種手勢為「定印」，用來表集禪定，右手則直伸下垂，食指觸及地面，名為「觸地印」，含意是釋迦牟尼成道以前，為了尋找救度衆生的徑途，寧可犧牲自己，這一切唯有大地可以作證。

結跏趺坐的說法相，佛陀左手安放的姿勢和成道相一樣，但右手卻改為屈肘朝上朝前，拇指和食指中間握一寶珠，其他三指半屈半伸，成爲一處「說法印」的形狀。顧名思義，「說法印」的含意，就是在為衆生說法了。

少數寺廟，大雄寶也有供奉釋迦牟尼臥像的，人稱「臥像」。臥佛佛身右側平臥，右手支頤或曲肱而枕，左手直伸放置左腿髖上，兩腿伸直，雙足併攏。有時，臥佛周圍還常放有十二個小型佛像，因為當年釋迦牟尼臥病涅槃前，曾在婆羅樹下向他的十二個弟子囑托後事。現代醫學分析，佛陀臥病涅槃前的這種臥姿，正是周身肌肉放鬆，血液暢行無礙的最好睡姿。

佛教宗派中，淨土宗是一種專念「南無阿彌陀佛」就可統攝一切法門，死後往生阿彌陀佛西方極樂淨土的宗派。因為有著這個緣故，所以在淨土宗寺院大雄寶殿裡，有時也常有把釋迦牟尼改供為阿彌陀佛的。

阿彌陀佛是梵文 Amitaha Amitayus 音譯的略稱，意譯為「無量光」和「無量壽」。佛書記載，阿彌陀佛本來是個國王，父親名叫月上轉輪聖王，母親叫殊勝妙顏夫人。一次，繼承王位後的阿彌陀佛聽了「世自在王」說法，忽有所悟，於是毅然決然拋棄王位，出家修行，法名法藏。修行之時，法藏立下誓言，成佛之後，定要現出個清淨極樂的世界，好讓衆生都往生到他那世界裡去，享受種種極樂，後來不知經過多少劫數的修福修慧，最後終於被他修成功了。在阿彌陀佛修行成功前，還在「世自在王」前發了四十八個大願心。這四十八個大願心裡，第十八個大願心說，如果我成佛後，十方世界一切衆生，只要念我名號，當他臨終之時，我就把他接引到我的西方清淨極樂世界裡來。《阿彌陀經》說：「從是西方過十萬億佛土，有世界名曰極樂。其土有佛，號阿彌陀，今現在說法。」指的就是有關阿彌陀佛在西方極樂世界說法的事。

在佛殿中，阿彌陀佛如果單獨供奉，常常雕成站立接引衆生的姿勢。這種佛像，右手下垂作「與願印」，左手當胸托金蓮花台，以表示衆生往生西方極樂世界時所給予他的座位。大雄寶殿放一尊主佛畢竟太寂寞了，因此之故，殿中又常有放三尊、五尊主佛甚至有時

阿彌陀佛

還有放上七尊主佛的，但放七尊的到底不多。

大雄寶殿放三尊主佛，叫做「三佛同殿」，較常見的，又有三身佛，橫三世佛，豎三世佛等不同。所說「三身佛」，就是正中法身佛，左側報身佛，右側應身佛的合稱。按照佛教說法，佛陀有法、報、應三種不同身相，具體情況是：①法身佛梵文音譯為「毗盧遮那佛」，這是體現了佛法的佛的廬山真面；②報身佛梵文音譯為「盧舍那佛」，這是在法身基礎上經過修習，終於獲得佛果的佛的身相；③應身佛梵文音譯為「釋迦牟尼佛」，這是佛為度脫世間衆生而現的一種身相。

所謂「橫三世佛」，指的是同時存在於東、西、中三個無限廣闊空間世界裡的三尊佛：①正中娑婆世界釋迦牟尼佛，脇侍為文殊、普賢兩菩薩，合稱「華嚴三聖」；②左側東方琉璃世界藥師琉璃光佛，脇侍為日光、月光兩菩薩，合稱「東方三聖」或「藥師三尊」；③右側西方淨土極樂世界阿彌陀佛，脇侍為觀世音，大勢至兩菩薩，合稱「西方三聖」或「阿彌陀三尊」。識別的標記是藥師佛左手托有盛有甘露的鉢，右手用大拇食指捏一藥丸；阿彌陀佛則掌中托有可供衆生往生坐的蓮台。

為什麼「橫三世佛」要以釋迦牟尼為生；並且把東西方兩人廣大教化主請到一殿供奉呢？這是因為東方為日出之處，象徵著生的樂園；中央為娑婆世界，象徵著現實的人生；西方為日落之所，象徵著死的妙境。這樣藥師光佛、釋迦牟尼佛、阿彌陀佛從橫向聯成一氣，就可

東方琉璃世界藥師光佛

包容古往今來世間整個生命歷程而不致有遺了。

此外，有的佛寺在「橫三世佛」的安排上，也有和這稍有出入的，但以這種安排為最常見。

所謂「豎三世佛」，就是過去、現在、未來三種在時間上縱向無限延續的佛：①正中為現在世賢劫一千佛的代表釋迦牟尼佛；②左側為過去世莊嚴世一千佛的代表燃燈佛，有的佛寺為迦葉佛；③右側為未來世星宿劫一千佛的代表彌勒佛。

燃燈佛又名「錠光佛」，或「提和竭羅佛」，是梵文Dipamkara的音譯。《大智度論》說，燃燈佛出生時身邊一切光明如燈，並說釋迦牟尼遙遠的前世，燃燈古佛曾慮言他將在九十一劫的未來成為佛陀。燃燈古佛在時間和輩份上都遠比釋迦牟尼要早，所以是過去佛。

那麼為什麼有的佛寺要把迦葉佛作為過去佛供養呢？因為這個迦葉，不是釋迦牟尼十大弟子中的那個摩訶迦葉，而是釋迦牟尼成佛前六個佛中的最後一佛。佛教傳說，早在釋迦牟尼成佛以前，就先後有了毗婆尸佛、尸棄佛、毗舍浮佛、拘留孫佛、拘那含牟尼佛、迦葉佛等六佛，此後連同釋迦牟尼一起合稱「七佛」。作為釋迦牟尼成佛前的一佛，把迦葉佛供作過去佛，在道理上也說得過去。

那麼，又為什麼要把彌勒佛作為未來佛呢？原來《彌勒上生經》說他住在兜率天裡，《彌勒下生經》說他將從兜率天降生人世，繼承釋迦牟尼而成佛，因為如此這般，所以彌勒佛就成了未來佛了。

大雄寶殿裡供奉五尊主佛的，除了宋、遼等古剎遺物如山西大同華嚴寺，福建泉州開元寺外，並不多見。殿中供奉五尊佛像，通稱東、南、西、北、中五方佛。按照密宗理論，五方佛是大日如來「五智」的化身。五方佛的具體情況是：①正中主尊為法身毗盧遮那佛，密宗稱為大日如來，代表法界體性智；②左手第一位為南方歡喜世界寶生佛，代表平等性智的福德，又稱灌頂智；③左手第二位為東方香積世界阿閦佛，代表大圓鏡智的覺性，又稱金剛智；④右手第一位為西方極樂世界阿彌陀佛，代表觀花智的智慧，又稱蓮茶智或轉法輪智；⑤右手第二位為北方蓮花世界不空成就佛，代表成所作智的事業，又稱羯磨智。

至於大雄寶殿供七尊主佛的，那就更少了，典型的是遼寧省義縣奉國寺大殿。七尊主佛，就是《長阿含經》所說的毗婆尸佛、尸棄佛、毗舍浮佛、拘留孫佛、拘那含牟尼佛，迦葉佛，連同釋迦牟尼佛加起來共有「七佛」，這在前文我們曾有提及。

大殿佛像除了釋迦牟尼佛或橫三世、豎三世等佛，有的寺院在這些佛像背面，還塑有海島觀音，也叫渡海觀音或三大士等菩薩。

說到菩薩，這是梵文「菩提薩埵」的簡稱，意譯為「覺有情」。這就是說，菩薩是覺悟世上那些有情衆生，幫助他們成佛的人。在寺廟衆多塑像中，佛作為教祖和教主，他的形象崇高偉大，肅穆莊嚴，高居於大殿正中的高大蓮台上，使得僧尼和遊人在心理上油然生出敬意的同時，卻又往往產生可望而不可即的感覺，然而菩薩則不這樣，他們形象親切，時出蓮座下界化度衆生，和群衆打成一片，所以更為我國廣大佛教徒所信仰。

走進我國寺廟，最為常見的菩薩有彌勒，文殊、普賢、觀世音、地藏等「五大菩薩」。五菩薩中，彌勒菩薩後來升級成佛，就剩下了文殊、普賢、觀世音、地藏四大菩薩。四大菩薩除去地藏，對於剩下的觀世音、普賢、文殊，又有「三大士」之稱。大殿佛像背面，如果不塑海島觀音而塑三大士的，我們一望便知塑的就是這三位菩薩。

佛經記載，觀世音菩薩道場原在南印度海上的補坦洛迦（普陀洛迦）島，島上自然環境優美，花木成林。塑像中，海島觀音腳下踏著一條鰲魚，據說只要這條鰲魚一動身體，天下就會發生地震。為此，觀世音菩薩要踏著它不讓其輕舉妄動。觀世音菩薩身旁，站著一對童男童女，左邊男的叫善財，右邊女的叫龍女。善財、龍女之外，海島觀音壁上還塑有許多形形色色的塑像，有塑十八羅漢的，有塑二十諸天的，有在觀音像上面塑釋迦牟尼「餓佛像」的，有的甚至還塑上了《西遊記》唐僧取經原班人馬，包括妖魔在內。

關於觀世音菩薩等四大菩薩的情況，我們下面再談，這裡且讓我們把視線轉向大殿兩側廊房，或大殿後壁左右的一群羅漢或諸天塑像上。

平時，我們慣常愛把這群羅漢塑像稱為「十八羅漢」。其實，只要我們仔細清點一下，就會發現，大殿裡的羅漢數目有時不單是十八位，也可為十六位或二十位。十六位的叫「十六羅漢」，二十位的則按理不應該稱羅漢，而是應該稱作「二十諸天」。此外，如廟裡另建羅漢堂，有時還常供奉五百羅漢。

佛曲記述，「羅漢」是梵文Arhat音譯「阿羅漢」的略稱，為小乘佛教修得的最高果位。修得這種果位的，一是「殺賊」，所謂「殺賊」，就是斷除了貪、嗔、痴等煩惱，因為小乘佛教把煩惱稱之為能夠殘害善法的賊；二是「應供」，所謂「應供」，就是應受眾生供養的意思；三是「無生」，所謂「無生」意即不現生死輪廻，永遠進入涅槃境界。有意思的是，小乘佛教又認為，如果大家都進入涅槃，那該又讓那一位去宏揚佛法呢？因此後來提倡，修得阿羅漢果位的可以不入涅槃，以便繼續留在世間護持正法，饒益有情。

「十六羅漢」是佛經原先的說法，現在我們在杭州烟霞洞，可以看到吳越王錢元瓘妻弟所造的十六羅漢石雕塑像。據唐玄奘翻譯，師子國（今斯里蘭卡）名僧慶友（音譯為難提密多羅）著作的《法住記》記載，十六位羅漢的名字是：

①賓度羅跋囉惰闍尊者，

②迦諾迦伐蹉尊者，

③迦諾迦跋厘惰闍尊者，

④蘇頻陀尊者，

⑤諾距羅尊者，

⑨戎博迦尊者，

⑩半托迦尊者，

⑪羅睺羅尊，

⑫那迦犀那尊者，

⑬因揭陀尊者，

⑥跋陀囉尊者，⑭伐那婆斯尊者，
⑦迦理迦尊者，⑮阿氏多尊者，
⑧代闍羅弗多羅尊者，⑯注茶半托迦尊者。

十六羅漢中，第一位賓度羅跋囉惰闍尊者的塑像常被供在禪堂和食堂裡。因為這位羅漢銀白色的眉毛長長地垂向左右兩邊，所以俗稱「長眉羅漢」。第六位跋陀羅尊者因為主管佛的洗澡，所以禪林常把他的像供在澡堂。第十位半托迦尊者和第十六位注茶半托迦尊者是對兄弟，但卻兄長聰明，弟弟愚鈍。第十一位羅睺羅尊者，是悉達多出家那天妻子懷胎，元年後成道那天出生的佛的唯一親生兒子。後來羅睺羅十九歲出家跟佛修行，終於成為釋迦牟尼十大弟子之一。因為羅睺羅出家後不毀禁城，誦讀不懈，所以稱「密行第一」。第十二位那迦犀那，在答國王彌蘭陀問時，曾對佛教基本原理作了闡發。那迦犀那習稱「那先比丘」。

中國佛寺，對於十六羅滿的具體人選，有時也略作變動。有的寺院在塑造十六羅漢時把釋迦牟尼十大弟子如舍利弗、目犍連、摩訶迦葉、阿難羅等人也都請了進來。由於受著數目的限制，這樣，原先十六羅漢中的一些尊者，就只好乖乖地讓出位置了。

再說「十八羅漢」。唐朝以前，廟裡所供都是十六羅漢，五代、宋朝以後，「十八羅漢」的說法才慢慢盛行開來。

北宋蘇軾曾經寫過一篇《十八大阿羅頌》的文章，文章所頌，十六羅漢之外，再加上《

第十五羅漢尊者

法住記》作者師子國慶友尊者為第十七羅漢，賓義盧尊者為第十八羅漢。但問題在於，賓義盧尊者的名字，只是截取第一位羅漢賓度羅跋囉惰闍尊者的幾個字改頭換面而成，難免引人家議異。為此，各書對於十八羅漢末兩位羅漢究竟是誰，又各有各的說法：

①《佛祖統記》認為，第十七位和第十八位羅漢應該是釋迦牟尼的弟子迦葉尊者和君屠鉢嘆尊者；

②也有認為，第十七位是迦達摩多羅尊者，第十八位是布袋和尚；

③第十七位是慶友尊者，第十八位是唐玄奘；

④第十七位是降龍羅漢迦葉尊者，第十八位是伏虎羅漢彌勒尊者。衆多的說法中，由於第十七位降龍羅漢迦葉尊者，第十八位伏虎彌勒尊者的說法為乾隆皇帝親自認可，出於帝王的威嚴，所以此後寺廟大殿供奉十八羅漢，大多以這種這法作為定局。

大雄寶殿兩側或大殿後壁左右，有時供奉的塑像數目不是十六、十八，而是二十尊的，那就是二十諸天了。

二十諸天是古印度傳說中二十個各管一方的天神。後來佛教採用這種說法，把諸天當作護法之神請進佛門。然而，在地位上，諸天比起修成正果的羅漢相對的要來得低一些。因為有著這個緣故，大雄寶殿如塑羅漢可以坐著，但塑諸天則必定站立。為了壯大聲勢，明代以後，二十諸天常被增加到二十四位，有時甚至擴大到二十八諸天，借以和天上二十八星宿的數目吻合。儘管這樣，但一般都以佛經所說二十諸天為準。二十諸天的名稱是：

①大梵天王，
②帝釋天尊，
③多聞天王，
④持國天王，
⑤增長天王，
⑥廣目天王，
⑦密跡金剛，
⑧大自在天，
⑨散脂大將，
⑩大辨才天，
⑪大功德天，
⑫韋馱天神，
⑬堅牢地神，
⑭菩提樹神，
⑮鬼子母神，
⑯摩利支天，
⑰日宮天子，
⑱月宮天子，
⑲娑竭龍王，
⑳閻摩羅天。

以上諸天，由於從神話傳說或其他宗教而來，所以形象五花八門，在很大程度上體現了「佛門廣大，無所不包」的精神。

遊罷大殿，有的廟宇還在大殿兩側建有觀音、地藏，或三大士等菩薩殿。觀音殿供奉觀世音菩薩。因為觀世音菩薩全稱「大慈大悲救苦救難觀世音菩薩」，體現了一切佛的「大悲」

之心，所以觀世音殿慣常又稱為「大悲殿」。在名稱上，觀世音的中文意譯，還有「光自在」、「觀自在」、「觀世自在」等等。

佛典記載，觀世音能現三十三化身、救七十二種大難，是西方極樂世界教主阿彌陀佛的上首菩薩，左脇侍，屬於「西方三聖」之一。《法華經・觀世音菩薩普門品》說：「佛告無盡意菩薩，善男子：若有無量百千萬億衆生，受諸苦惱，聞是觀世音菩薩，一心稱名，觀世音菩薩，即時觀其音聲，皆得解脫。」由於觀世音菩薩有著這種尋聲救苦的大慈大悲之心，所以從古以來，一直為苦難深重的老百姓所頂禮膜拜。

觀世音菩薩的三十三化身中，佛殿裡經常塑著的，主要有合掌觀音、白衣觀音、披葉衣觀音、楊枝觀音、魚籃觀音、滴水觀音、水月觀音，以及送子觀音、千手觀音等。

千手觀音全稱「千手千眼觀世音菩薩」。千手觀音除原有兩手外，另生有四十隻手，每隻手的手心都長有一隻慈眼。觀音借重這些慈眼，能夠隨著所看到的，救度三界二十五「有」（衆生生存的環境）一切衆生。因為四○（手、眼）×二十五（有）的乘積等於一○○○隻手、眼，因此從這四○隻手、眼生化，實際上等於千手千眼。千手象徵菩薩護持衆生法力無邊，千眼表示菩薩觀照世間智慧無窮。

實際上，廟裡為了表示虔誠，把千手千眼觀世音雕成真正千手千眼的也不在少數。一般情況下，真正千手千眼觀音多用上好木料，雕成前、後、左、右四面合一的立像，每面各生出二五〇隻手，並且手心各具一眼。

現今河南開封大相國寺密宗四面千手千眼觀世音巨像，高約七公尺，全身貼金，據傳由一整棵大銀杏樹雕成。蘇州戒幢律寺觀音殿所供三尊觀音，雖然不是千手觀音，但羅漢堂裡的那尊大觀世音，卻是用四塊香樟木雕製接合而成的四面千手千眼觀世音像。千手觀音的這一千隻手，因為每手又各有五個手指，所以總計下來全像共有五千條纖纖細指。也就這樣一來，雕刻時只要一疏忽，就會前功盡棄，那刻工的纖細精美，可想而知。

此外，河北正定隆興寺大慈閣裡，更供有高達二十二公尺的銅鑄千手千眼觀音巨像一尊。這尊巨像，和滄州獅子，定州塔，趙州大石橋一起，並稱為「河北四寶」。

在佛典中，和觀世音菩薩相關的有流傳頗為深遠的《千手千眼觀世音菩薩廣大圓滿無礙大悲心陀羅尼》，簡稱《大悲咒》。在梵文中，「陀羅尼」是「咒」的意思。我師明暘大和尚說，誦《大悲咒》的好處多得記不過來，其中有一種好處是現生能得十大利益。十大利益是：①能得安樂，②除一切病，③永離障難，④常得富饒，⑤滅一切惡業重罪，⑥延年益壽，⑦增長一切佛法諸功德，⑧遠離一切諸怖畏，⑨成就一切諸功德，⑩臨命終時，任何佛土，隨願得生。

因為有著這些好處，所以他總結：「《大悲咒》具有不可思議殊勝功德，因此為一般佛教徒朝暮課誦，不可缺少的內容，一切法會更是必誦之咒，希望大家精進誦持。」

在有地藏殿的佛寺裡，殿中供奉的是地藏五菩薩。地藏原為梵文Ksitgarbha的意譯，《地藏十輪經》說他「安忍不動猶如大地，靜慮深密猶如地藏」，所以叫做「地藏」。

據說地藏菩薩曾降跡新羅國為王子，姓金名喬覺，其人長得像貌魁偉，頂骨聳奇，出家後號「地藏比丘」。唐高宗永徽四年（公元六五三年），地藏比丘渡海來到中國，最後選中到九華山結茅苦修。此後，一連過了好幾年。

一天，地方紳士諸葛節帶著村人上山，在杳無人跡的洞穴邊上看到一口破鍋，鍋裡存著一些殘粒和白色的觀音土。懷著好奇心進洞一看，原來是有個和尚在坐禪。詢問下來，知是新羅王子出家為地藏比丘，特意遠道來此修習。諸葛節眼見地藏比丘生活這樣清苦，不禁為自己沒有盡到地主之誼而感到深深慚愧，於是發心倡議要為地藏比丘建造佛寺。

當時九華山地盤屬於閔公私產，閔公平時信奉佛教，一聽諸葛節有此倡議，當即滿口答應下來。閔公問地藏比丘：「你建廟要山上多少土地，儘管開口好了。」地藏答道：「一袈裟地足矣。」結果地藏菩薩袈裟披蓋下來，竟把整個九華山囊括了進去。閔公見地藏法力無邊，心裡極為高興，就把九華山賜給他建大道場，讓自己的兒子也出家跟他學佛，法名道明，不久閔公看破紅塵，自己也出家為僧學佛，禮拜兒子道明為師。

此後又過了幾十年，唐玄宗開元十六年（公元七二八年），九十九歲的地藏比丘終於跏趺坐化，涅槃成道。死後弟子把他的肉身坐置函中，三年後開函入塔，竟然肉身不壞，頻面如生。現在九華山肉身殿，相傳就是地藏菩薩成道之處，但是殿裡所供肉身，則換成了明代無瑕法師的乾屍。

《地藏菩薩本願經》說，地藏菩薩在忉利天宮受釋迦世尊囑吒，在釋迦寂滅以後，彌勒還沒降世之前的五六七〇〇〇萬年間，挑起娑婆世界化度眾生的重擔。當時，地藏菩薩發下大願，下決心要為眾生擔荷一切難行苦行，滿足眾生生活需求，祛病除疾，孝養並超荐父母，總之，不度盡六道一切眾生，直到撤空地獄，自己決不成佛。為此，他得了個「大願地藏王菩薩」的尊號。

現在地藏菩薩道場九華山有一副對聯道：「眾生度盡，方證菩提；地獄未空，誓不成佛。」由於地藏菩薩這一先人後己，廣設方便的大願，很大程度上和儒家傳統道德觀念暗相吻契，完全適合當時小農經濟的中國國情，符合百姓要求擺脫各種苦難的願望，以特別受到廣大百姓，尤其是農民們的歡迎。

正因為地藏菩薩有著這樣的大願，所以我國佛寺供奉地藏王菩薩，不和文殊、普賢、觀世音一樣作菩薩裝，而是塑出結跏趺坐的比丘形象。地藏的這種比丘塑像，右手持錫杖，表示戒修精嚴，愛護眾生；左手持如意寶珠，表示要使眾生的願望得到滿足。有一副對聯贊頌他說：「明不照徹天堂路，金錫振開地獄門。」

有時，也有一些佛寺供奉騎著一頭諦聽的地藏王菩薩。諦聽是一頭形狀有點像獅子的怪獸，它的聽力很好，只要伏到地上側耳傾聽，就能把任何神仙人鬼的善惡賢愚，分辨得清清楚楚。地藏王菩薩塑像的左右，有時還常一左一右地塑有兩個脇侍，上首的左脇侍年輕，為閔公的兒子道明，下首的年邁，為捨九華山為地藏道場的閔公。把兒子塑在上首，老子塑在下首的原因，是因為老子拜兒子為師，先入空門為長的緣故。

廟裡除了地藏殿供奉地藏菩薩，如上海龍華寺等衆多佛寺，還在鐘樓底下安置他的塑像。《阿含經》說：「若打鐘時，一切惡道諸苦，並得停止。」因此，僧人打鐘，口裡總是念著「南無幽教主本願拔苦地藏王菩薩」，據說這樣做的原因，就是為了讓三惡道一切受苦衆生，聽到鐘聲後都能靠著地藏菩薩的本願慈力而脫離一切痛苦。

廟裡如有「三大士殿」的，一般觀音居中，文殊居左，普賢居右。作為「三大士」之一，文殊菩薩全稱「文殊師利」或「曼殊師利」，為梵文Mañjusrin的音譯，音譯為「妙德」、「妙吉祥」等。經書記載，和釋迦牟尼同時代的公元六世紀時，舍衛國多羅聚落的婆羅門族姓中，降生了一個身紫金色，墮地能言，如童天子，有七寶蓋隨覆其上的孩子，這孩子就是後來的文殊菩薩。據說，文殊出生的方式也和釋迦牟尼一樣，從右脇鉆出來到世上。

在大乘佛教眼裡，文殊為諸菩薩的上首，經常和普賢一起隨侍佛的左右，被當成是智慧的代身，有智慧辯才第一的說法。尊號為「大智文殊師利菩薩」。釋迦牟尼四十幾年的說法生涯中，凡是大乘法會，都少不了有文殊參加。佛滅度後，文殊又遵照佛的囑托，和阿難、

文殊菩薩

彌勒在鐵圍山結集大乘經典，從而為釋迦牟尼大乘佛教的住世和發揚光大，作了重要貢獻。《寶藏陀羅尼經》佛告金剛密跡主說：「我滅度後，於南瞻部洲東北方，有國名文震旦，其中有山名曰五頂，文殊童子，遊行居住，為諸衆生，於中說法。」經裡所說的五頂山，我國佛教徒認為就是我國山西五台縣的五台山。

原因是漢明帝時佛法初來，摩騰竺法蘭以天眼通，看文殊菩薩就住在此山中，於是便在靈鷲峰山建寺，名大孚靈鷲寺。東漢以後，大孚靈鷲寺改了好幾次名字，後來明太祖重修，賜額「大顯通寺」。後來大顯通寺的名稱就一直沿用至今。因此之故，五台山作為文殊菩薩道場，也就自然拍板成交了。

關於文殊菩薩塑像，比較常見的是一種頭上梳著五個髻子，左手持蓮花、經書，右手執寶劍的寶相。五髻既表示法界體性智、大圓鏡智、平等性智、妙觀察智、成所作智等「五智」，同時又表示了一種童子的天真。左手持蓮花，花上安放《般若經》的原因，在於體現般若一塵不染，好比大火集聚，四面不可觸，一觸就燒的意思。右手執寶劍，主要為了顯示大智能斷一切煩惱，就好比金剛寶劍，能斬群魔一樣。此外，文殊菩薩跨下慣常還騎坐獅子或孔雀，以表示威猛或智慧。

三大士右側是普賢菩薩。普賢梵文Samantabhadra有時譯為「遍吉」，音譯為「三曼多跋陀羅」。在佛教中，「四大菩薩」名號上都加有一個贊詞，這樣就有了大悲觀世音菩薩

普賢菩薩

，大願地藏王菩薩、大智文殊菩薩、大行普賢菩薩之稱。關於大悲、大願、大智，前文介紹各個菩薩時都已有所述及，現介紹「大行」。所謂「大行」，指的是普賢菩薩為弘揚佛法所發的禮敬諸佛，稱贊如來，廣修供養、懺悔業障、隨喜功德、請轉法輪、請佛住世、常隨佛學、恆順衆生，普皆廻向等十種廣大行願。對於普賢的十大行願，前人曾各有詩一首進行贊誦，其中如《恆順衆生》一首道：

悉除一切惡道苦，等與一切衆生樂。
我常隨順諸衆生，圓滿無上大菩提。

佛寺所塑普賢菩薩，一般多趺坐在六牙白象背面的蓮座上，佛經上說：「普賢之學得於行，行之謹審靜重莫若象，故好象。」因此，白象就成了他願行廣大、功德圓滿的象徵。在我國四大名山中，普賢的道場在四川峨眉山。

《華嚴經》說，有善財童子佇立妙高峰上，看到峨眉山好比滿月，大放光明，所以峨眉山又叫大光明山。晉安帝隆安三年（公年三九九年），慧持和尚從廬山入蜀，開始在峨眉山修建普賢寺，寺中供奉普賢菩薩，就是今天的萬壽寺。後來佛教大盛於峨眉山，普賢道場由此而規模日趨宏大。

寺廟陳設和法器

僧尼集體生活在寺庵裡，除了天天禮佛誦經，修行砥礪，自然還少不了和佛寺陳設以及種種法器打交道。俗話說：「做天和尚撞天鐘」。這正說明，作為鐘等法器，和僧尼生活的關係有多密切。

走進佛寺，當你舉目看時，香爐、寶鼎、雲板、雲鼓不時地映入眼簾；及至殿堂，又有歡門、金幢、寶蓋、幡、長明燈、香案、具供、蒲團，以及鐘、磬、木魚、旁及鐃、鈸、鉦、鈴等眾多法器，使人目不暇接。

對於一個陌生人，面對這些琳琅滿目的陳設和法器，真是感到新奇別緻，不知所以，但對僧尼來說，卻是他們日常宗教生活中經常接觸的。為了清晰起見，這裡且編碼順次敘將下去：

①香爐、寶鼎

在大雄寶殿前，我們總可看到空庭裡放著一個用銅或鐵澆鑄而成，底下安著三隻腳的大鼎。這種鼎，有時似乎稱為大香爐來得更合適。因為鼎和香爐的區別在於，低而敞口的為鼎，高而有頂有蓋的為爐，而大雄寶殿前所安放的，多數情況下，正是屬於後者而不是屬於前者。然而，由於長期來人們都習慣地把寶鼎、香爐統稱為鼎，因此天常日久，也就從俗了。

②雲板、雲鼓

雲板是一種雲朵狀的金屬鑄板。板上有字，如龍華寺的雲板，就鑄有「龍華古寺」四字。雲板有時也稱大板，常掛在庫司面前，作用是擊板可以報時。《象器箋》十八說：「《雲章》云：板形鑄作雲樣，故云『雲板』。」《俗事考》云：「宋太祖以鼓多驚寢，易以鐵磬，此更鼓之變也，或謂之鉦，即今雲板也。」

和雲板得名的原理一樣，顧名思義，所謂雲鼓，就是畫有雲形的鼓。廟裡設置雲鼓，目的是為了報請午齋。僧尼聽到鼓聲，知道該是進午齋的時候了。

③歡門

殿堂佛、菩薩前，我們總可以看到一種方形錦製的大幔帳，這種大幔帳，就是「歡門」。歡門上大多繡有珍禽瑞獸、奇花異草。佛、菩薩面前裝上歡門，平添了不少莊嚴肅穆的佛教氣氛。

④金幢

金幢又稱寶幢，是佛殿裡懸掛著的一種長筒形陳設。這種陳設，大多用絲織品製成，顏色多半為香黃或杏黃色。金幢下面，有時還掛有好多如意珠，這就更增添了裝飾意味。

⑤寶蓋

寶蓋就是華蓋。這是一種罩在佛、菩薩上平頂圓柱形傘狀絲織物。佛、菩薩罩上寶蓋，有「佛行即行，佛住即住」的意思，同時兼有防塵作用。佛、菩薩外，講師、讀師高座上有時也可懸掛寶蓋。《維摩經・佛國品》說：「毗耶離城有長者子名曰寶精，與五百長者子持七寶飾，來詣佛所。」就是說，考究的寶蓋上面，還經常蓋有珠寶琉璃等物，所以美稱為「七寶蓋」。

⑥幡

佛菩薩前，除了歡門、金幢，我們還經常可以看到好多條形下垂的閃光絲織品，絲織品上寫有「南無本師釋迦牟尼佛」，「南無消災延壽藥師佛」，「南無大慈大悲救苦救難觀世音菩薩」，「南無華嚴海會佛菩薩」等字樣，這就是多半為在家佛弟子所獻的幡了。幡的顏色多種多樣，可青可黃，可白可紅，不拘一格。過去，幡上並不一定寫上佛名，更多的是以畫上獅、龍或蓮花等圖像為主。

⑦台座

所謂「台座」、就是供奉佛像的座台，又有蓮花座、金剛座、須彌座的不同。

蓮花座也叫蓮座。初唐王勃《遊佛跡寺詩》詩：「蓮座神客伊，松崖聖跡餘」這裡的神指的其實是佛。在佛門中，蓮花是一塵不染，清淨超脫的象徵。傳說，釋迦牟尼降生前曾經出現八種祥瑞，其中一種便是池沼突兀長出大如車輪，茂美無比的蓮花。又說釋迦牟尼一生下來，就在地上走了七步，並且步步生出蓮花。釋迦牟尼成道後講說佛法，也坐在蓮花座上。《華嚴經》有云：「一切諸佛世界，悉見如來坐蓮花寶獅子之座。」

金剛座是一種圓形台座，象徵釋迦牟尼成道時菩薩樹下所坐的那塊鉆出地面，下居金輪，又平又圓的大石頭。

《俱舍論》十一說：「唯此洲中有金剛座，上窮地際，下居金輪，一切菩薩將登正覺，皆坐此座上，起金剛喩定，以無餘依及餘處，有堅固力，能持此故。」《西域記》八也說：「菩提樹桓正中有金剛座，昔賢劫初與大地俱起，據三千大千世界之中，下極金輪，上侵地際，金剛所成，周百餘步，賢劫千佛坐之而入金剛定，故曰金剛座焉。」

須彌座又叫須彌壇。和圓形金剛座不同的是，彌須座是一種方形的台座，以象徵佛教傳說的須彌山。初唐王勃作文說：「俯會衆心，竟起須彌之座。」可見須彌座在中國也由來已久了。

⑧光背

光背也叫後光。釋迦牟尼三十二種相中，第十五種為身放光明四面各一丈的「常光一丈相」。為了體現佛的這一種相，一些佛寺常在大雄寶殿釋迦牟尼像背後，放上一個近似橢圓的葉形反光屏風，稱為「光背」。在光背反光作用下，跪在蒲團上頂禮膜拜的善男信女，有時常可被佛的「丈光」照及，從而增添不少拜佛的情趣。

⑨長明燈

長明燈又叫續明燈、無盡燈或長命燈。這是一種四面用玻璃框圍起來，經年累月添油，使它晝夜長明不熄的琉璃油燈。掛長明燈的地方，可以在佛、菩薩前，大殿中央，也可以在庭院中間。佛書認為，長明燈是佛前晝夜長明的燈，所以即使在大白天光照十分充足的情況下，寺僧也不讓它熄滅。《五百問》說：「問，續佛光明，晝可滅否？答，不得，若滅犯墮。」

唐代劉餗《隋唐嘉話》記載：「江寧縣寺有晉長明燈，歲久火色變青而不熱。隋文帝平陳，已訝其古，至今猶存。」江寧縣寺的這一長明燈，從晉代起點到唐代，長明不斷地延續了五百多年，真可謂是名副其實的「長明」了。

⑩香案

佛、菩薩前為了便於上香，總放有一只橫條形的几案，這種橫條形几案，就是香案。香案的用處，不僅可放各式小型香爐，以及燭台等物，並且還經常可以放上瓶花、供品等物，有著多種的用途。

⑪供具

供具有兩種解釋，一種是指供佛菩薩用的香花、飲食、幡蓋等物，又稱供物。另一種是指表示布施、持戒、忍辱、精進、禪定、智慧「六度」的花、塗香、水、燒香、飯食、燈明等六種物，佛家稱為「六種供具」。從後一種解釋延伸，現在一般都把供設「六種供具」的器皿，解作供具。

六種供具經過分離組合，又有「三具足」或「五具足」的說法。所謂「三具足」，就是香爐、花瓶、燭台三種供具具足。因為「三具足」中，除放置在中間的香爐為單個外，花瓶、燭台都是左右成對的，所以從數目上來說，「三具足」同時又可稱為「五具足」。

此外，還有一種「五欲供」的說法。佛教認為，人生由於有色、聲、香、味、觸五種欲望，所以往往墮進痛苦的深淵裡去，消除的辦法之一是用明鏡，琵琶、塗香、水果、天衣等「五欲供」來作為儆戒：明鏡戒目看色，琵琶戒耳聽聲，塗香戒鼻聞香，水果戒食嘗味，天衣戒身觸覺。

⑫蒲團

唐代詩人許渾詩說：「吳僧誦罷經，敗衲依蒲團。」歐陽詹詩也說：「草席蒲團不掃塵，松間石上似無人。」詩裡提到的蒲團，寺庵僧尼除用來坐禪，還同時用來跪拜佛像。一般情況下，薄團多用蒲草編成，因為形狀圓團團的，所以就得了個「蒲團」的名稱。

⑬鐘

廟裡的鐘，除了放在大雄寶殿東側鐘樓，若有多餘，還常放在殿堂之中。撞鐘的作用，和擊鼓一樣，可以用來報時。成語「晨鐘暮鼓」，說的就是佛寺這一作法。由於報時之外，撞鐘還有斷除煩惱，增長正念的作用，所以佛教儀式，僧尼臨終之時常有打鐘鳴磬的做法。《俱舍論》說：「為臨終令生善念中死，打鐘鳴磬，引生善心故。」《佛祖統記》也說：「又戒維那曰：人命將終，聞鐘磬聲，增其正念，惟長惟久，氣盡為期。」文革以後，日本遊客農曆新年來姑蘇寒山寺聽半夜鐘的很多，鐘聲的數目為一〇八次。據說，新年伊始聽了一〇八次鐘聲後，可以斷除人間一〇八種煩惱。

有趣的是，打鐘的聲響還有解脫地獄苦難的作用。古代志公借梁武帝道眼，看到地獄種種苦惱。梁武帝問：「何以止之？」志公回答：「唯聞鐘聲，其苦暫息。」於是梁武帝詔天下寺院，設鐘擊鐘。從《唐高僧傳・智興傳》中，我們也可看到這樣的描述：「亡者通夢其妻曰：不幸病死，生於地獄，賴蒙禪定寺僧智興鳴鐘，響震地獄。同受苦者，一時解脫。」

⑭磬

磬是一種原先由玉石質，後來改用金屬製成的法器，又有圓磬、引磬、扁磬的不同。圓磬由銅製成，形狀像鉢而稍偏長，作法事誦經時用磬叩鳴，聲音清脆而有餘韻。唐代詩人姚合《寄無可上人詩》說：「多年松色別，後夜磬聲秋。」詩裡的磬聲，就由圓磬發出。引磬又稱手磬，是一種樣子有點像蓬碗，底口朝天，下接木柄的小形銅鐘樣敲擊器。佛事開始，維那先鳴手磬引起僧衆注意，所以叫做「引磬」。扁磬是掛在方丈室前廊下，樣子像雲板似的通報用器。平時有客要見方丈，由主管接待的知客僧鳴磬三下通報，方丈在丈室裡頭聽到聲，就知道有客來了。

⑮木魚

廟裡的木魚有兩種，一種為前半部高起，後半部呈坡狀下滑的扁圓形誦經木魚，另一種為掛在大雄寶殿廡廊下的長直形木魚，進餐時用以敲擊為號，又稱為梆。不管哪種木魚，製作時都要中間鑿空，前開魚口，背刻魚鱗。

為什麼要把木刻刻成魚形呢？《敕修清規・法器章・木魚》說：「相傳云，魚晝夜常醒，刻木像形擊之，所以警昏惰也。」《摭言》也說：「有一白衣問天竺長老云：僧舍皆懸木魚，何也？答曰：用以警衆。白衣曰：必刻魚何因？長老不能答。以問悟道卞師，師曰：『魚晝夜未嘗合目，亦欲修行者晝夜忘寐，以至於道』。」除了「警昏惰」，「晝夜忘寐，以至於道」外，扁圓形的誦經木魚還有協調誦經節奏以獲衆口一詞的效果。

⑯鐃鈸

鐃和鈸本為兩種，原為南方少數民族樂器，後被引進到佛教音樂裡來。《法華經》說：「琵琶鐃銅鈸」。後來，由於鐃鈸漸漸地被混為一談，所以《正字通》說：「銅鈸，今鐃鈸也。」銅鈸除了稱鐃鈸外，還有銅鈸子、銅盤等叫法。今天，鐃鈸的形制為一種中心突起像半球形，突起中央鉆孔穿上綢條或布條的銅製蚌片狀拍打樂器。使用時左右兩手各拿一片，拍打發音。《僧史略》有云：「初集鳴鐃鈸，唱佛歌贊。」

⑰鈴

鈴是有柄有舌的半球形銅製法器，搖動時鈴舌和鈴壁相互碰擊，發出聲響，多在作法事時用。此外，又有一種懸掛堂塔檐上的鈴，稱為風鈴或金鐸，陣風吹來，風鈴發出輕脆響聲，發入深思。

⑱數珠

數珠是佛教徒用來默記念佛次數的串珠，又有念珠、佛珠等名稱，梵語稱為鉢塞莫。《木槵子經》說：「佛告王（毗琉璃王）言，大王若欲滅煩惱障極障者，當貫木槵子一百八以常自隨。若行、若坐、若臥、恆常至心，無分散意，稱佛陀達摩僧伽名，仍過一本槵子，如是漸次度木槵子。若十、若二十、若百、若千、乃至百千萬，若能滿二十萬遍，身心不亂，無諸諂曲者，得生第三諂天……若復能滿一百萬遍者，得斷百八結業，始名背生死流，趣向涅槃。」蘇東坡《乞數珠贈南禪湜老》詩說：「從君覓數珠，老境仗消遣。」蘇東坡向南禪湜老討數珠的目的很清楚，就是為了老來念佛，打消閑處光陰。

以上這些陳設和法器法物，有的佛寺可能還要多些，但對於一般寺院來說，這些是主要的。

佛典總滙《大藏經》

翠竹猗猗山石青，慧雲寺近漸江亭。
明年我亦南屏住，林下同翻貝葉經。
——楊維楨《題柯敬仲畫》

元代楊維楨這首詩，表達了作者對浙江山水寺院的嚮往：從明年起，我也辭去塵世喧囂，隱跡到南屏山下，靜下來翻翻佛教經籍，該多有人間難以領略的幽寂致趣。

自從古印度發軔到今天，佛教早已成了一種世界性的宗教。現在世界上流傳的佛教典籍，有人主張，大致可以按照語言系統，劃為巴利語（由印度南部地方口語演變而成）系、漢語系、藏語系等三個大系。原因是世界上雖有英、德、法、意、俄、日等國文字翻譯的佛經，可是這些譯本的來源，卻基本不出這三個大系。那末有人不禁要問，佛教既然起源於古印度，為什麼梵文經典反倒成不了系統呢？這主要是因為，梵文經典經歷了將近三千年的風風雨雨，至今保留下來的已經很少很少，僅尼泊爾和我國西藏，還有部分梵文本留存。

對於世界佛經三大系的劃分，中國佛教協會會長趙朴初先生認為是合乎實際情況的。他說：「現在佛教界都承認三大系的說法。一般說來，南方國家斯里蘭卡、緬甸、柬埔寨、老撾、印度、巴基斯坦、泰國和我國雲南省傣、崩龍、布朗等民族的佛教都屬於巴利語系，是小乘佛教，比較精確的說，應當稱為上座部佛教（theravada他們自稱的派名）。大小乘過去一直有宗派爭執，近來漸有融合的傾向。為了加強各國佛教和人民的團結和互相尊重，有許多人主張不再用大小乘的名稱，因此稱南傳佛教為上座部佛教較為合適。我國漢族和朝鮮、日本、越南的佛教屬於漢語系，我國藏、蒙、土羌、裕固等民族，以及蒙古、蘇聯西伯利亞地方和印度北部地方的佛教屬於藏語系。這兩系都屬大乘佛教。」

佛教徒研習佛教，少不了要和佛教經典打交道。我國漢族僧尼和在家居士，和佛經打交道的自然屬於三大系中的漢語系。話雖如此，但漢語系的根子，即仍來源於今已多數失傳的古印度梵文佛教。從古以來，我國人民不但創造了自己的燦爛文化，並且還善於吸收融合外來文化之長，為我所用。

肇始於東漢的我國佛經翻譯工作，就在很大程度上促進了我國語言和文字的發展。從佛經翻譯時間之長和翻譯作品之多來說，是世界上任何一個國家都沒有的。

我國歷史上最早的翻譯家，首推漢帝時來自西域的迦葉摩騰和竺法蘭兩位高僧。他們曾住在我國第一座寺院，洛陽的白馬寺裡一起翻譯了《四十二章經》，據說還有一些別的經籍。此後佛經翻譯經歷魏晉南北朝，著名的翻譯家有安息國安世高，月支國支婁迦讖，龜茲國鳩摩羅什，尼泊爾佛馱跋陀羅，天竺國真諦等人。安世高以翻譯《阿含經》和「禪數」之學為主，屬於小乘系統，支婁迦讖以翻譯《般若經》和淨土信仰為主，歸於大乘一脈。而樹立龍樹所創中觀系統典籍翻譯，並綜合佛經翻譯大成的，則首推鳩摩羅什。

公元五世紀初，鳩摩羅什來到長安，在姚秦政府支持和一大批有高度文化修養的僧人如僧肇、僧睿等幫助下，先後譯出了《中論》、《百論》、《十二門論》、《大品般若經》、《小品般若經》、《維摩經》、《法華經》、《金剛經》等七十四部經論，計三百八十四卷。由於他翻譯的佛經譯筆樸質流暢，文字精佳，所以一直流傳不歇。

真諦是南朝梁武帝時來華的天竺僧人。在長達二十年的譯經生涯中，先後譯出的經論有《十七地論》、《中論》、《如實論》、《金光明經》、《彌勒下生經》、《攝大乘論》、《轉識輪》、《唯識論》、《俱舍釋論》等四十八部，計三百三十二卷。這些經論中，《攝大乘論》、《轉識輪》、《唯識論》等，都是印度大乘唯識學創始人無著和世親的名著，從而為大乘唯識學識傳入中國，作出了很大的貢獻。

鳩摩羅什等人以後直到唐朝末葉，期間雖然又出現了好多翻譯家，但貢獻最為巨大的卻是獨行五萬里，孤征十七年，足跡遍於西域、印度，畢生致力於中印文化交流事業的玄奘法師。在佛經翻譯中，玄奘法師的翻譯成果，不但在於譯出了《大般若經》六百卷，《大毗婆沙論》二百卷，《瑜伽師地論》一百卷，《成唯識論》十卷等計一千三百三十五卷，並且同時還成了與以前舊譯佛經有所不同的新創始人。

玄奘以後，從事佛經翻譯而成就卓著的，還有法顯、義淨、不空等大師。

由於歷代中外翻譯家前赴後繼，不斷翻譯以及大量中國僧人撰述的結果，隨者印刷技術的發展，到了宋太祖開寶年間，終於開始了佛教大型叢書《大藏經》，又稱為《一切經》的集刻。此後，《大藏經》在元、明、清等朝多次雕版刊印，蔚為大觀。回顧以往，雖說我國藏經編輯從南北朝時已經開始，到唐玄宗開元年間已集經有一千零七十六部，總計達五千零四十八卷之多，但卻因受印刷條件的限制而沒有能夠正式滙刻成書。

從現存大藏經看，主要的官私刻本大致有北宋時期的《開寶藏》、《崇寧藏》、《毘盧藏》、《圓覺藏》、《資福藏》、《磧砂藏》，遼王朝的《契丹藏》，金元王朝的《趙城藏》、《普寧藏》，明王朝的《洪武南藏》、《永東南藏》、《永樂北藏》、《嘉興藏》，清王朝的《龍藏》，以及清末民國活字排印的《頻伽藏》、《大正藏》、《普慧藏》、《弘教藏》、《卍字藏》、《卍續藏》等。

此外，清末時期由北京刻經處、金陵刻經處、揚州刻經處、常州天寧寺等處所刻佛典滙集而成的《百衲本大藏經》；從隋代高僧靜琬開始募化雕刻，直到明代末年積存起來的北京《房山石經》，也堪稱藏經中的異軍。

以上歷代所刻藏經，由於歷時綿久，除清代《龍藏》以及民國活字版等少數幾種，大多數已殘缺不全，好在當前任繼愈教授主持編纂校勘的影印本《中華大藏經》，即將陸續出版，藉窺金豹。全書以《趙城藏》為底本，窮收博采《房山石經》、《資福藏》、《磧砂藏》、《普寧藏》、《永樂南藏》、《嘉興藏》，以及朝鮮《高麗藏》等藏經，按內容體系擇善而從，互補不足。藏經總數四二○○餘種，總計二三○○○卷，分正、續兩編，分裝二二○冊分期分批推出。出齊後的這部《中華大藏經》，堪稱迄今為止世界上收羅最為富的一部《大藏經》。

《大藏經》的「藏」，有容納收藏的含義。在分類上，《大藏經》主要按經、律、論三部按部就班，分別稱為經藏、律藏、論藏，合稱「三藏」。經是釋迦牟尼為指導弟子修行所說的種種理論性典籍；律是釋迦牟尼為弟子日常生活和修習所規定的行為準則——戒律；論是佛弟子根據各自心得體會，為闡明經、律義蘊而作的一些論著。

佛敎三藏的分類起源極早。當時佛滅不久，弟子們為了永遠記住佛的遺敎，開始通過集中會誦、編纂，把大家聽到的佛說法用文字形式統一記錄下來，就是歷史上有名的對於佛的遺敎的結集。這樣一次二次，前後總共經過四次大的結集工作，於是佛敎的經律，就在這種結集過程中逐步地形成了。

由於歷史條件的制約，佛敎經律的傳播大致經過了口傳、抄寫、印刷三個時期。第一次結集，由阿難比丘背誦釋迦牟尼說法，隨之又由優婆離反覆八十二次誦釋迦牟尼制定的僧團戒律，以便讓大家都記在心裡。通過這次結集，佛教的經和律開始形成，但卻只是口傳，沒有寫本。此後經過第二次結集，到第三次結集時，帝須在會上闡發佛理，抨擊外道之徒歪曲佛教教義的異說，於是出現了「論」。這次結集，非但奠定了佛教經、律、論「三藏」基礎，並且從此以後，還開始有了巴利文和梵文的記錄。

隨著社會經濟文化的不斷發展，「三藏」經過口傳、抄寫，直到印刷技術發明後的印刷傳播，佛教在人們心目中的影響，猶如星火燎原那樣，變得越來越大了。

「三藏」在古印度經歷口傳和抄寫階段，及至傳到中國，已經形成文字，所以佛經在我國這塊土地上，基本只經歷了抄寫和印刷兩個階段，而無所謂口傳階段。在內容上，中土大藏經還因為補進了好多中國高僧的撰著，而顯得格外的別具異彩。

縱觀中土藏經，流傳較廣的有《心經》、《阿彌陀經》、《維摩經》、《楞伽經》、《楞嚴經》、《般若經》、《華嚴經》、《金剛經》、《法華經》、《大般若經》、《阿含經》；《四分律》、《五分律》、《十誦律》、《成實論》、《俱舍論》、《大智度論》、《中論》、《百論》、《十二門論》、《往生論》、《般若論》、《成唯識論》、《大乘起信論》等，此外還有不少中國僧人的著述。

統括「三藏」內外，中國僧人著名的佛學論著大致有《理惑論》、《肇論》、《出三藏記集》、《佛國記》、《大唐西域記》、《南海寄歸傳》、《開元釋教錄》、《高僧傳》、

《續高僧傳》、《法苑珠林》、《弘明集》、《廣弘明集》、《六祖壇經》、《華嚴金獅子章》、《景德傳燈錄》、《五燈會元》、《佛祖統記》、《宗鏡錄》、《碧岩集》、《古尊宿語錄》、《指月錄》、《菩提道次第廣論》等等。

《心經》全稱《般若波羅蜜多心經》。佛教認為，此岸是苦境，彼岸是樂境。所謂「波若波羅蜜多」，就是「智慧到彼岸」，也就是「離苦得樂」的意思。《心經》的現存漢文譯本有七種，其中以唐玄奘所譯本最為通行。經中旨趣在於用「般若」（智慧）觀察宇宙萬有「自性本空」，從而修習者證入一種不生不滅，不增不減，不垢不淨主，客觀世界都不復存在的理想精神境界。只要一旦進入這一精神境界，修習者就可以「心無掛礙」地「除一切苦」。因為這一教義代表了全部般若學說的核心，所以稱為《心經》。由於《心經》文字扼要，只二百多字，所以出家僧尼之外，在家居士能背誦的也大有人在。

《阿彌陀經》一卷，譯本有兩種，一種是後秦鳩摩羅什譯本，另一種是唐玄奘譯本。現在寺院僧尼誦習，多以鳩摩羅什譯本為主。經文所述，想像瑰奇，有聲有色地描繪了阿彌陀佛所在西方極樂世界「無有衆苦，但受諸樂」的種種美妙境況。後來《阿彌陀經》成了淨土宗的主要經典之一，至今為廣大僧尼念誦不息。

《維摩經》三卷，全稱《維摩詰所說經》，現在的漢文譯本有三種，以後秦鳩摩羅什譯本為最通行。經中通過維摩對佛弟子舍利弗、彌勒、文殊師利等人的回答，講說了大乘佛教般若性空的教理。維摩也叫維摩詰或毗摩羅詰，和釋迦牟尼是同時代人。

《楞伽經》，全稱《楞伽阿跋多羅寶經》，現存的漢本譯本有三種，一般通行的是南朝劉宋求那跋陀羅所譯的四卷本。楞伽是獅子國南方的一座山名，因為這四卷經是釋迦牟尼在楞伽山對衆弟子所說的法，所以就在經上用了「楞伽」的名稱。經中認為宇宙萬有都是虛假不實的自心所理，鼓勵修習者精神上追求並進入一種不生不滅的涅槃境界。《楞伽經》在中國流傳，最早由菩提達摩傳給慧可，後來成為我國禪宗、法相宗、法性宗等佛教宗派主要經典之一。

《楞嚴經》十卷，全稱《大佛頂如來蜜因修證了義諸菩薩萬行首楞嚴經》。唐《開元釋教錄》卷九說是釋懷迪和不知名的梵僧同譯，《宋高僧傳》卷二認為是天竺僧般若蜜帝（中文名極量）主譯，烏萇國沙門彌伽釋伽竺譯語，房融筆授，懷迪證譯，經名「首楞嚴」，意譯為：「一切事究竟鞏固」。經文闡述心性本體。屬於大乘佛教的秘密部。

因為經中雜見神化長生說教，又標出地、水、風、火、雷、見、識「七大」，和佛教顯宗的「四大」，密宗的「五大」宗旨不相吻合，加上唐、宋、元、明四大藏都沒有把這部經收集進去，所以人們對於這部經的真假問題，很有爭議。闡釋本有近代高僧圓瑛法師的《大佛頂首楞嚴經講義》。

《華嚴經》，全稱《大方廣佛華嚴經》。「大方廣」是聽證的法，佛以華（花）莊嚴佛身，故曰「華嚴」。現在的譯本有三種：①晉代佛馱跋陀羅所譯六十卷本；②唐代實叉難陀所譯八十卷本，又叫《八十華嚴》或《新華嚴》；③唐代般若所譯四十卷本，又叫《四十華嚴》。三種譯本以前兩種為通行。經中兩兩相對地提出總、別、同、異、成、壞「六相」，說明世界上一切事物都是相互依存，相互制約的，然而歸結到最後，這種事物間的依存和制約，以及整個客觀物質世界，無非是自我主觀精神的產物。

《金剛經》一卷，全稱《金剛般若波羅蜜經》。這卷經文的中譯本有鳩摩羅什、菩提流支、真諦、達摩笈多、唐玄奘、義淨等七種，通行的是後秦鳩摩羅什譯本。經名用堅實的金剛比喻不變不移的般若（智慧）清淨之體，所以叫做《金剛經》。經文主要闡明般若的實際在於不著事相（無相），也就是情無所寄（無住）。禪宗五祖弘忍聚徒講授《金剛經》，當時鬻柴棄學，不識一字的慧能，因為偶然聽到經中「應無所住，而生其心」之句，便豁然有所感悟，後來慧能繼承衣鉢，成為禪宗六祖，更是大力提倡讀《金剛經》。因為這一原因，後來《金剛經》就成了禪宗主要經典之一。

《法華經》，全稱《妙法蓮花經》，有晉竺法護、後秦鳩摩羅什、隋闍那掘多等三種中文譯本，其中以後秦鳩摩羅什七卷本為最通行。經中發揮三乘（聲聞、緣覺、菩薩）歸一，一切衆生都可成佛的旨趣，其法無上微妙，好比蓮花的居塵不染，所以便得了「妙法蓮花」這一經名。

《大般若經》六百卷，全稱《大般若波羅蜜多經》，唐代玄奘法師譯。這是一部滙集大乘空宗般若部類重要經典編成的佛學叢書。經中教理，集中闡述宇宙萬事萬物，都和「因緣和合」有關，由於闡述「因緣和合」的目的在於證實自性本空，所以後世也稱「空經」。在唐玄奘還沒把《大般若經》全部譯出的魏晉南北朝時，《大般若經》所囊括的一些其他經卷，已有零零星星的譯本出現，較為流行的有：①《放光般若》，朱士行譯；②《道行般若》，支讖譯；③《光贊般若》，竺法護譯；④《明度無極經》，支讖譯；⑤《大品般若》，這經為《放光般若》的中文異譯本，鳩摩羅什譯；⑥《小品般若》，這經為《道行般若》的中文異譯本，譯者也是鳩摩羅什。

《阿含經》是釋迦牟尼死後所集小乘經藏的總稱。「阿含」意譯為「教法」或「傳」，有輾轉傳說教法的含義。按照內容特點和文字長短，其經又可分為四部：①《增一阿含經》五十一卷，經文帶有法門之數，從一到十一相次編纂；②《長阿含經》二十二卷，把經文較長的各經都集在這一部；③《中阿含經》六十卷，把經文適中的各卷都集在這一部；④《雜阿含經》五十卷，經文最短，門類夾雜。

《四分律》，佛教律藏之一。相傳釋迦牟尼死後一百年，天竺僧人曇無德按照個人意願採集上座部律藏，因為前後編輯四次，按內容分為四分（夾）而成，所以叫做《四分律》。《四分律》傳入中國，由後秦佛陀耶舍和竺念佛兩人合譯，全書初分二十卷，二分十五卷，三分十四卷，四分十一卷，計六十卷。以後，中國佛學家對這本律書進行講習，撰注的很多，並被奉為律宗的重要典籍。現在法礪、道宣、懷素等高僧的疏、鈔。

《十誦律》六十一卷，後秦弗若多羅、鳩摩羅什翻譯，為佛敎五部律中說一切有部部律。原先，出家人學《十誦律》的很多，隋唐以後，隨著《四分律》研究的興起，專治《十誦律》的僧尼就日漸減少了。

《成實論》十六卷。古印度訶梨跋摩著，後秦鳩摩羅什譯。書名「成實」，「成」是成立，「實」是實義，意思就是成立真實之義。在小乘論中，由於此經在說「我空」（個人無自性）的同時，又兼說「法空」（客觀世界無自性），所以是一部向大乘空宗（中觀宗）過渡的著作。南北朝時，專門宣講《成實論》的法師，叫做「成實師」。在歷史風雨的淘洗下，現在有關這本書的舊疏都已散失，只在隋代慧遠所著《大乘義章》裡還保存著一些。

《俱舍論》，全稱《阿毗達摩俱舍論》，作者為公元四到五世紀時古印度的世親。相傳世親講說一切有部的聖典《婆婆論》並作六百零七偈以綜括要義。後來，世親應學者要求，又用散文形式對此作了解釋，就是流傳到現在的《俱舍論》。我國學者翻譯《俱舍論》的情況是：①南朝真諦譯本，二十二卷，後來散佚；②唐玄奘重譯，三十卷，現存玄裝門人普光所作《記》，法宗所作疏。過去，《俱舍論》作為俱舍宗的根本法典，很受重視，唐時還曾出現過一批專門宣講玄奘譯本的「俱舍師」，後來就衰微了。

《大智度論》一百卷，簡稱《智度論》或《大論》，古印度龍樹為解釋《大品般若經》而作，後秦鳩摩羅什譯，南北朝時，三論宗在我國南方盛行，北方法師講解《中論》、《百論》、《十二門論》三論的，多兼習《大智度論》，一時稱為「四論宗」。唐代惠均撰有《四論玄義》十卷。

《中論》四卷，又名《中觀論》。全書先由古印度龍樹作《中觀本頌》五百偈，後來又由他弟子目作注釋，後秦鳩摩羅什譯。在三論宗的三部主要著作中，《中論》的內容主要闡述「諸法性空」和「八不中道」等教義，並由此進而觀破一切法相，使之合乎中道。

《十二門論》一卷，古印度龍樹著，後秦鳩什羅譯。全書內容因從「觀因緣門」到「觀生門」分為十二門，以說明一切事物的性空理論而得名。

《百論》二卷，古印度龍樹弟子提婆著，世親作解，後秦鳩摩羅什譯。因為書中的內容分為二十品，每品各有五偈，合為百偈，所以名為《百論》。全書從破大、小兩乘的障蔽執著出發，為申述大、小乘的兩正張本。

《往生論》一卷，又名《淨土論》，全稱《無量壽經優波提舍願生偈》古印度世親著，北魏菩提流支譯。全書依據《無量壽經》，開頭用四句五言偈頌，贊揚阿彌陀佛淨土，發願往生，然後再對每首偈頌作出解釋，為淨土宗的重要典籍之一。

《成唯識論》十卷，簡稱《唯識論》。當時古印度護法等十大論師，曾對世親所著《唯識三十頌》各作注解，後來由唐玄奘綜合各家注解，以護法所注為主編譯而成，並取名為《成唯識論》。書中論述世界萬物，無非是耳、目、口、鼻、身、意、神識、靈性等「八識」的表現，從而宏揚了以精神為自然本質的「三界唯識」，「萬法唯識」等教義。《成唯識論》是唯識宗的主要經典論著之一，此後，玄奘弟子窺基還著有《成唯識論述記》一書。

《大乘起信論》，相傳為古印度馬鳴著，有兩個譯本：①南朝真諦譯，一卷；②唐朝實叉難陀譯，二卷。書中以一心二門，總括佛教大綱，為我國華嚴宗尊奉的典籍之一。然而由於其書提出真如隨緣起而生起萬法的「真如緣起」學說，和法相宗阿賴耶識含藏一切種子，生起萬法的「阿賴耶緣」說很有不協調的地方，所以也有認為是出於我國南北朝時人的偽撰。

《理惑論》二卷，又名《牟子理惑論》，相傳東漢末年牟融著。書中廣引孔子、老子論點，宣揚佛教與儒、道精神一致，後被收進僧祐所編《弘明集》中，為我國學者所撰的早期佛教著作。然而，由於《弘明集》注解說：「一名蒼梧太守牟子博傳」，據考牟融字子優，不字子博，再從全書調和三教的情況分析，所以也有人懷疑為是六朝人的撰著。

《肇論》，這是南朝梁陳時人滙編東晉僧肇《物不遷論》、《不真空論》、《般若無知論》等文而成的一個集子。書中論述萬物各住本位不變，世上一切相對的動靜都屬假象；客觀現實世界空無實性；般若從大體上講也屬無相無知等論點。一般認為，此書屬於般若和玄學合流的產物。

《出三藏記集》十五集，南朝齊梁時僧祐編著。書中記載東漢到梁所譯經、律、論「三藏」目錄、序記，以及譯經人傳記等，為我國現存最早有關佛學著述編目的專著。

《弘明集》十四卷，南朝齊梁時僧祐編，由於全書以弘道明教為宗旨，所以取書名為「弘明」。書中輯錄從東漢到梁朝百餘家有關佛學的論著和書啟。此後唐代道宣又編《廣弘明集》三十卷，除體例稍有不同，實際上成了《弘明集》的續卷。

《壇經》一卷，又名《施法壇經》、《法寶壇經》、《六祖法寶壇經》、全稱《六祖大師法寶壇經》。這是由禪宗六祖慧能弟子法海，記錄滙集老師在廣東韶州(州治在今廣東韶關)大梵寺說教而成的一部佛學著作，後人並在此基礎上陸續有所增訂，計五十七條。書中內容大致分為行由、般若、疑問、定慧、坐禪、懺悔、機緣、頓漸、宣詔、咐囑十品、提倡明心見性，頓悟成佛。在佛學著作中，中國佛弟子撰著被稱為「經」的，只有這一種。

《華嚴金獅子章》，這是唐代華嚴宗實際創始人法藏為女皇武則天宣講華嚴義理的記錄整理稿，為華嚴宗中國僧人的重要撰著。書中用金獅子比喻說，金體由工匠加工做成金獅子，因此金獅子是因緣和合生起的產物。金獅子既然是緣起，那就說明這一物質現象本屬虛空。為此，人們如果把虛幻的金獅子執著為實有，實在是一種虛妄的分別之心在起作用。但是，話也要說回來，讓金獅子為實有，也不是純屬憑空而來的妄執，而是依緣而起所產生的「似有」。由於構成這種「似有」的金獅子的金的本體始終不變，所以說到底，金獅子最終還是有虛妄的。這就是華嚴宗緣起理論的基石。

附篇　明暘法師傳略

一九八九年五月十八日晚上七時，我因醞釀寫作《佛教生活風情》一書，冒雨去座落在延安西路鎮寧路口的圓明講堂請教我師明暘大和尙。圓明講堂是老師的住處，當時他正在燈火通明的樓上揮毫作書，邊上圍了幾個年逾半百的優婆夷在為他侍奉紙筆。一番寒暄過後，老師順便也為我揮毫兩紙，一紙是「佛光普照」，另一紙是「慈航普渡」。揮畢老師請我在沙發上小坐，喝著清芬的香茗，老師關切地詢問了我的寫作情況，認為這是一件功德無量的事。接著，他讓人取出他撰寫的《佛法概要》一書送我，以作為我今後寫作此書的參考。由於這時一旁方桌上已陸續地擺上了幾碟簡樸的小菜，隨之又盛上了幾碟香噴噴的白粥，知是我師將用晚餐了。於是不敢久留，辭別老師，退了出來。回到家裡，時間已是九點多了。

剛一坐下，我就迫不及待地打開《佛法概要》，如飢如渴地恭讀起來。當然是先看目錄，全書共分「釋迦牟尼佛的一生」、「佛陀教導的修正法門」、「常隨佛學十大弟子和五大菩薩」、「佛滅後的印度佛教和東傳中國」、「禪宗史話」、「淨土法門在中國的流傳」、「律宗初探」、「我的一點膚淺體會」等八個大類。接著我又恭讀了其中的部分章節。讀罷掩卷摩挲這印刷精美、義理深蘊的巨著，老師為弘揚佛法，利國利民，正不知花去了多少心血！想著想著，歸依時那一幕，又不禁浮上心來。

那還是一九八五年農曆五月的一個上午，在優婆夷李明華介紹陪同下，在圓明講堂集體歸依龍華寺方丈明暘大和尚。歸依之前，先由講堂把歸依者的姓名、性別、出生年、月等登記造册，然後用大紅紙塡發歸依證書。接過歸依證書，只見上面赫然寫有：

歸　依

三寶弟子洪丕謨，法名妙謨收執。

本師和尚「明暘」（印）

公元一九八五年夏曆五月十二日

後來，我把「妙謨」改為「妙摩」。這裡表過不提。儀式開始，三鞠躬後，老師為我們親切地講了歸依佛、法、僧三寶的意義，以及「四大宏誓願」、「五戒」等一些做居士的基本要領。不久歸依儀式結束，老師還留我們在講堂吃了一頓午飯。粗粗估計下來，男的女的，老的少的，當時集體歸依的信徒大概有近百人之多。

慚愧得很，自從成為明暘大和尚弟子後，至今雖已多年，由於平時工作繁忙，一直很少有機會侍奉師側，請益佛理，待到這次下決心為老師作傳，方知平時對老師了解得太少太少了。

一切還得從頭講起。公元一九一六年農曆丙辰那年，福州市一個姓陳的書香世家，降生了一個哇哇墮地的小生命，這人就是後來為弘揚佛法奮鬥了一輩子的明暘大和尚。

陳心濤父親大名叫陳南金。當時，陳南金一方面在福州城裡做律師，一方面又兼著一處林場的經理職務。母親的芳名叫蔣樹英，是個受過專業教育的刺繡人才，並曾一度擔任過福州女子刺繡學校的校長。

在家裡，稟性聰慧而又溫文的陳心濤排行最小。後來，陳心濤哥哥不幸一場大病，藥石無效，被病魔奪去了寶貴的生命。經過這次精神上的沈重打擊，父母對陳心濤更是鍾愛有加，關心倍至。

從四歲開始，做母親的不但在生活上處處無微不至地照料著小陳心濤，並且還開始了對他的啟蒙教育。五歲那年，陳心濤被家裡送進私塾求學。一年以後，六歲的陳心濤又背起書包，活蹦活跳地來到西峰小學讀書。十歲時，陳心濤念完小學，將要開始步入人生求學的另一個階段了。按理，聰慧文趨的陳心濤通過勤奮學習，將來成為一個學問家或企業家，應當說是完全沒有問題的。可是，他下一步走的又是一條什麼樣的道路呢？一個偶然的機緣，竟意想不到地把他引向了弘法的大業。

原來一九二六年年尾，佛教界一代宗師圓瑛大和尚應邀來到福州白塔寺講經說法。陳心濤母親蔣樹英本是個虔誠的佛教信徒，因為有著這個機會，就牽著十歲的兒子陳心濤來到白塔寺一心聽經，大概是夙因所起作用吧，小陳心濤一聽慈祥親切的圓瑛法師講經，就被深深地迷住了。待到一個月後講經結束，圓瑛法師接任福州太湖雪峰寺方丈的時候，如痴如狂的小陳心濤，竟然在母親點頭同意下，一心一意地隨大和尚住進了深藏在山坳裡的雪峰古寺。

這時正值冬月歲月，寺裡全體僧衆正按照傳統習慣，入堂參禪坐禪。在整個參坐過程中，小陳心濤雖然對參禪的真諦還莫名其妙，一竅不通，可是却始終一心不亂，屏息靜心地跟著衆僧堅持到底，半點兒也不起屋外去玩的妄想雜念。面對小陳心濤初次參坐不可思議的突出表現，滿堂僧衆禁不住紛紛向圓瑛大和尚祝賀：「這孩子一定大有宿根。」

經過這次考驗，圓瑛大和尚終於滿心歡喜正式答應了這個孩子歸依佛門的要求，把他收為弟子，並親賜法名曰新，號明暘。從此，作為一個虔誠的佛教徒，明暘開始了他一生弘法利生的漫長征程。

話雖如此，但圓瑛大和尚畢竟是個考慮問題十分周到的高僧。為此，當明暘初步歸依佛門後，可是圓瑛卻遲遲的不為他削髮受三壇大戒，讓他成為一個正式的小比丘。原因是明暘畢竟還是一個只有十歲的孩子，還要有一個培養和考察的過程。

一九二七年，明暘先是跟圓瑛來到上海赫德路（今常德路）中國佛教協會住了一段時間，後來又隨師去寧波七塔寺等地。一天，圓瑛把明暘叫來身邊，教他需要早晚誦習的有關功課，並關照他用兩個星期的時間先把《楞嚴咒》背出來。在佛經咒中，由於咒語詞義奧澀難解，所以純用梵文音譯，如《楞嚴咒》的第一條開頭就是：「南無薩恆他蘇伽多耶阿囉呵帝三藐三菩陀寫……」加上咒裡還有好多的冷僻字，這就更增加了背誦的難度。

《楞嚴咒》全咒共五會，四二七句，二六二〇字，算不上長，但也絕不算短，這對於一個從來也沒有摸過經咒並且識字不多的孩子來說，就絕對不是件容易的事了。然而，「明知山有虎，偏向虎山行」，小明暘接過功課，把自己關在小樓空屋，逼著自己用最大的毅力一字一字，一句一句地強記硬啃，結果又記又啃，總共只用了十二天，就把整篇《楞嚴咒》滾瓜爛熟地背了下來。接著，明暘又在圓瑛指導下，潛心用功，在短短的三個月裡，把出家人要用一年或更多時間才能背下來的早晚功課，全都裝進了聰穎的小腦袋裡。

這樣過了一年，當日曆翻到一九二八年時，圓瑛接任天童寺方丈之職，把明暘也帶去天童寺。這年冬天，由於經過了二年的嚴峻時間考驗，圓瑛大和尚終於正式在天童寺為年紀只有十二歲的明暘授三壇大戒。受戒以後，明暘正式成了個小小比丘。

授戒之前，為了慎重起見，圓瑛還特地寫信一封，徵求明暘家裡對兒子出家的意見。要不了多久，圓瑛就收到了明暘母親的來信，打開一看，信裡飽含感情，識見不凡地寫道：

暘兒蒙師慈度，聽其出家，甚善。但受戒後，精研教典，他日成就法器，自利利他，則陳氏無子而有子矣。

對於出家時的這一段經歷，後來我師明暘在回憶時，深切地說：我一生難忘的是，母親同意我出家時，給先師的信。雖然只有短短的幾十個字，可是卻流露了師恩、母恩的浩蕩，如果我不精進修學，就難以報答了。

事實確也如此，明暘正式出家後，在圓瑛的布置指導下，這個年僅十二歲的小比丘不僅每天禮佛誦經，埋頭研究佛教教理，叢林制度，佛事儀規等精深宏闊的佛學專門知識，同時還勇猛精進地旁及儒學、歷史、詩文、書法等領域。出家第二年起，圓瑛為了鍛鍊和培養明暘的膽識，開始把這個才滿十三歲的小比丘推上寺裡講壇宣講佛經。經過這次鍛鍊，以後圓瑛外出講經，總是愛把小明暘帶到身邊作為一名小小的助教。

一九三三年，明暘跟著老師圓瑛來上海弘法。這時，歸依圓瑛的在家佛弟子顧居士，為了給老師弘法提供一個理想的場所，不惜把自己離靜安寺不遠的一處房屋捐獻出來。這處捐獻的房屋，就是後來聞名遠近的圓明講堂。現在，圓明講堂內部析為兩個部份，樓上是「圓瑛法師紀念堂」，樓下是上海佛教居士林。

一九三三年以後到一九三七年的一段時間裡，小明暘除了經常幫助擔任中國佛教會會長的圓瑛法師處理一些日常事務，還不時地隨師外出到各大叢林，以及佛教團體弘法講經。隨著知識的日積月累和實踐經驗的與日俱增，小明暘在圓瑛的身教言傳下，已鍛鍊得日趨成熟了。

一九三一年，日本侵略者製造九一八事變，侵占我國東三省。當時，圓瑛法師和全國人民一樣，義憤塡膺，以中國佛教界領袖的身份，通告全國佛教徒，啟建護國道場，同時代表中國佛教界，寫信給日本佛教界，要求日本佛教界和中國人民站在一起，發揚佛陀的大無畏精神，共同制止日本軍閥主義的侵略行經。

一九三七年七月，蘆溝橋事變爆發，國難當頭，揭開了抗日戰爭的序幕。作為佛教會會長，圓瑛立時通電全國佛教界，召開中國佛教會理監事緊急會議，號召全國佛教徒積極參加抗日救國運動。不久，在八一三戰事中，圓瑛又創造了「蘇滬僧侶救護團」並親自擔任團長。救護團設三個部份：僧侶戰區救護隊，難民收容所，佛教醫院。明暘作為圓瑛大和尙的隨侍，擔任了三個方面的總聯絡，夜以繼日地奔波在硝煙彌漫的街頭，出入於槍林彈雨的巷陌，以大悲無我的精神，為保護上海作出了艱苦不懈的努力。

隨著戰爭形勢的急劇轉變，為了在寧波、漢口等全國範圍內普遍建立僧侶救護隊募集資金，一九三七年十月，明暘和圓瑛一起飄洋過海來到新加坡，請求華僑總商會組織「新加坡華僑籌款救國委員會」。接著，他倆又轉輾印度尼西亞、馬來西亞、菲律賓等地，呼籲組織各地「華僑籌款救國委員會」。在南洋各地，明暘和圓瑛還憑借在名山大刹講經的機會，大力倡導「一元錢救國運動」，激發廣大僑胞的愛國熱情。

回國後不久，一九三九年夏，明暘和圓瑛又第二次赴南洋群島，繼續募款。兩次飄洋過海期間，都得到南洋愛國華僑陳嘉庚、胡文虎等人的大力幫助。由於聽經盛況空前，所以每堂經結束下來，歸依弟子總是成千上百，捐獻踴躍。在南洋僑胞熱情支持，各地華報鼎力宣傳下，他們在把募得的巨額資金寄回國內的同時，還購置了大量醫藥用品帶回國內。

一九三九年十月，圓明講堂成立蓮池念佛會，不料這時外面突然闖來四輛黑色小車，車上跳下二十來個便衣憲兵，不由分說，直衝講堂樓上，把明暘和圓瑛拷上手銬，連打帶推押上汽車，直馳北四川路橋堍「日本憲兵司令部」，以「抗日分子」的罪名進行問罪。

第二天，一早，又把他們師徒押解到南京日本憲兵總司令部。監獄裡，明暘和圓瑛雖然遭日本憲兵長達一個月的嚴刑拷打和威逼誘供，但卻理直氣壯，從容陳詞，以佛教徒大慈大悲，大無畏的精神對付敵人。審訊間隙，他倆還見縫插針地把監獄當成道場，一心念佛，把自身安危完全置之度外。

最後，在上海新聞輿論和其他各界人士的聲援下，憲兵司令部考慮到圓瑛法師在佛教界的威望，不得不釋放了他們師徒。當讀完釋放書後，那位宣讀的軍官感慨地說：「能活著從這裡出去的人前所未有，你們倆可算是破天荒了。」

明暘和圓瑛回到圓明講堂，又有虹東本願寺的日本僧人藤井草宣幾次來請圓瑛出任中日佛教會長，誘逼他們師徒和敵偽合作。但是，圓瑛以「老病」為由，婉言推諉，並對外宣稱閉門謝客，專事著書。明暘在圓瑛身邊，一面照料圓瑛生活，一面深究佛學義理。就這樣，師徒倆在「孤島」上海，過起了對國家大事一天沒有忘懷的「隱居」生活。

一九四五年抗戰勝利，圓明講堂創辦了附設在講堂裡的圓明楞嚴專宗學院和上海圓明佛學院。作為圓瑛的左右手，明暘主持了學院的教務工作，為培養高質量的佛學接班人，作出了默默的貢獻。在這期間，明暘還好幾次跟著老師去位於南海群島的星洲、吉隆坡、檳榔嶼等地講經弘法，普渡衆生。

一九四九年，正當他們師徒悉心致力佛事，大有作為之際，中國政局發生了急遽變化，在這人心緊張，面臨抉擇的關鍵時刻，南洋佛教界頻頻派人，來信來電說，共產黨不信佛，要鏟除宗教，你們師徒還是快來南洋弘法，安度餘生為妙。在去和留的抉擇面前，不諳政治的明暘和圓瑛，經過反覆權衡，最後由圓瑛覆信明確表示：「我是中國人，生在中國，死在中國，決不他往。」對於老師的抉擇，明暘自然十分支持。正當他們拿定主意，決定留在國內的時候，圓瑛法師的在家弟子趙樸初居士突然來到圓明講堂。經過趙樸初的一番講解，他們留在國內的主意更堅定了。

一九五三年夏，中國佛教協會在北京召開成立大會。會上，圓瑛大和尚雖然因病請假，沒有能夠出席會議，但卻仍被推選為建國後中國佛教協會第一任會長。在這以前一九五二年秋協會籌備期間，明暘還以會長隨行秘書身份，和老師圓瑛一起去北京出席由宋慶齡、郭沫若等人發起的「亞洲及太平洋區域和平會議」。會議結束後，明暘和圓瑛又應邀參加了國慶節的國宴，受到國家領袖的接見。回滬以後，他們師徒立即召集四衆弟子，召請四大名山高僧大德，在圓明講堂做「祝願世界和平水陸道場講經法會」四十九天，盛況空前。

一九五三年九月，圓瑛大和尚不幸在寧波天童寺溘然病逝。老師患病期間，明暘始終隨侍在側，表示了對老師的一片眷戀之心。此後，明暘毅然挑起老師的未竟事業，開始獨立主持圓明講堂弘法利生的大業。

明暘從一九二六年十歲時在福州白塔寺聽圓瑛大和尚講經，到一九五三年三十餘歲老師逝世的二十九年裡，是他畢生弘法利生的第一個時期。關於這個時期的特點，他在《佛法概要》前言中總結為：「依止先師，在他培育扶養下，成為一名比丘，我隨師側，執侍巾瓶，除協助管理上海圓明講堂事務外，輾轉各地，弘宗演教，以法利生。」並說在此時期，主要協助老師圓瑛做了以下這些工作：

①老師七次擔任中國佛教協會會長，我協助老師處理日常會務工作，抄寫和保管文件，代覆往來書信，聯合國內外佛教徒為佛教事業及社會慈善，抗日救國事業等工作。

②隨師到全國各地講經弘法。每次講經，我都擔任輔講，並將講經內容詳作記錄，整理成為講義。《圓瑛法滙》這部叢書，基本上都是我和師兄弟們的記錄，後經老師修改，定稿

成書。

③鑒於佛敎人才缺少，抗日勝利前後，協助先師創辦圓明楞嚴專家學院，上海圓明佛學院，並主持敎務等工作，為佛敎造成一批優秀人才，遍布於國內外。

④先師熱心社會福利事業，在寧波、泉州、古田、上海等地辦孤兒院、慈兒院、圓瑛小學、佛敎醫院、難民收容所、圓明大悲會、佛敎公墓等慈善事業，在一些具體事務上，我都參加進行工作。

圓瑛老師逝世後，明暘接過老師遺願，為老師的未竟事業，以一步一個腳印的踏實精神，開創了弘法利生，饒益有情的新紀元。

一九五五年，明暘法師在圓明講堂和世界佛敎居士林等處，先後開講《金剛經》和《阿彌陀經》等佛敎著名經卷。

《金剛經》全稱《金剛般若波羅蜜經》，全經因用金剛比喻智慧，有能斷除煩惱的作用而得名。經文主要闡述般若（智慧）的實際在於不著事相（無相），也就是情無所寄（無住），被我國禪家南宗奉為修習的重要經典。

《阿彌陀經》是說佛弟子修持佛法，只要一心稱念「阿彌陀佛」名號，死後便可往生西方極樂淨土。由於《阿彌陀經》倡導的這種修持方法，簡便易行，所以在佛敎界有著很大的影響，並被推為淨土宗主要經曲之一。明暘法師這一時期開講《金剛經》和《阿彌陀經》，說明他繼承老師各宗並弘，禪淨雙修，圓融無礙的弘法生涯。

一九五六年，明暘法師又在上海佛教信徒會開講《楞嚴經》大意。《楞嚴經》是佛教經典中一部有名的經典著作。圓瑛大和尚在世之時，一生學《楞嚴》，講《楞嚴》，注《楞嚴》，辦「楞嚴學院」，自稱「楞嚴講主」。明暘在圓瑛門下受業三十多年，自然深受影響。這次開講《楞嚴經》大意，在廣施法雨的同時，也含有報答老師培育之恩的深意。

從一九五八年起，在全國刮起左傾風潮的影響下，佛教界也和其他各界一樣，經歷挫折。這時，和明暘法師深有感情的圓明講堂，被迫一度關閉。面對這種局面，明暘法師的弘法利生事業，遭到了一次沈重的打擊，但更大的打擊和挫折還在後面。

一九六六年五月十六日以後，文化大革命的狂風席捲全國，一九六二年後恢復的圓明講堂自然也難逃厄運，又一次地被迫關閉，改為工廠。面對無情的現實，明暘法師無可奈何地脫去僧衣，穿上工作服，先後幹起了縫紉工、收發工，以及書抄、刻寫、油印等工作。作為佛教界的重點人物和橫掃對象，在那個非常時期，明暘好幾次地受到嚴厲批鬥。生活上的磨難，正是增長道心的良好機緣，可是精神上的摧殘迫害，使得以慈悲普渡作為一生事業的明暘痛苦萬分，有幾次，他甚至走到自殺的邊緣。然而，每當他陷入深深痛苦而難以自拔時，老師圓瑛寧靜而又堅毅不拔開雲霧見清天，光明和春熙，總有一天會重新回到大地。

一九七九年十一屆三中全會以來，國家撥亂反正，百廢俱興，佛教界也和其他各界一樣，同沐恩澤。在一片春陽中，明暘法師重新披上僧裝，榮任上海玉佛寺首席和尚。從此，掀開了大和尚弘法生涯新的一頁。

一九八○年，明暘法師受中國佛教協會趙樸初會長委託，帶著復興的愉悅來到蘇州靈岩山，任務是協助修復遭到文革嚴重破壞的靈岩山寺並籌建「中學佛學院靈岩分院」，同時擔任佛學院靈岩山分院的院長。

這一年，明暘法師還著手開始《佛法概要》一書的編寫工作。在這本煌煌巨著中，明暘法師傾注了無限的心血，並自述書的內容從以下六個方面進行闡述：

①本書依據北漢語佛教資料撰述佛陀的傳記和言教。衆所周知，我國是北傳佛教的故鄉，本書主要是發揚大乘佛教，這對繼承和發展中華民族文化傳統，對尊重各族人民的信仰都有好處。

②佛教是佛陀和他弟子共同創造的，因此本書在佛陀傳後面，詳細介紹十大聲聞，五大菩薩的生平事跡和修習法門。我們從這些聖賢應化事跡中能學到許多寶貴的東西。特別是五大菩薩的介紹，在國內外還是稀有。如果五大菩薩的思想，能牢固地播種在讀者的八識田中，可以預期，將來一定會鮮花簇簇，碩果累累，福慧具足，依正莊嚴。

③先師生前嚴淨毗尼，禪淨雙修。為了發揚廣大先師的思想，故對這三部分內容詳加發揮。這是一條通向菩提涅槃的康莊大道，故我們應按照先師的足跡，以求佛的果海。

④先師一生強調各宗並弘，圓融無礙。本書根據這一思想對中國佛教各宗作了全面介紹。藥能對症，是為良藥，佛說八萬四千法門，對治衆生八萬四千種煩惱。對機者都是佛法，但只要符合「三法印」和「一實相法印」就是妙藥。

⑤一九五二年九月，我作為隨行秘書陪師出席「亞洲及太平洋區域和平會議」。會議結束後，參加了國慶國宴，受到國家領袖的接見。先師親眼看到新中國國際威望的提高，國家宗教政策的正確。回滬後，召集四衆弟子，邀請四大名山法師，在圓明講堂做「祝願世界和平水陸道場講經法會」四十九天，充分體現宗教信仰自由政策，讓全國佛教徒安下心來，努力為新中國建設服務。

⑥一九五三年六月，先師光榮地被選為「中國佛教協會第一屆第一任會長」，為愛國愛教，和平事業作出貢獻。本書根據先師提倡愛國愛教大乘佛教入世精神，從始至終以菩薩行願引導佛弟子共同努力莊嚴國土，利樂有情。

一九八三年元月二十二日，德高望重的明暘法師被推舉為龍華寺方丈。在「佛像開光方丈升座」儀式中，明暘大和尚身披紅色袈裟，親自主持了三十多年沒有見過，莊嚴肅穆，盛大隆重的典禮。以後，明暘除了繼續過問寺內殿堂佛像修建裝點工作，還興致勃勃地開講了《佛說阿彌陀經》。

喜事接連而至。這一年夏天，在明暘大和尚努力下，圓明講堂再次恢復宗教活動，不久又在圓瑛升西三〇周年之際的農曆八月十二，重新修復開放蒙塵已久的圓瑛法師紀念堂。

一九八五年初，上海佛教協會召開第五屆代表會議。會議修改了《上海佛教協會章程》，選舉產生了新的理事會，真禪法師蟬聯會長，明暘法師等十七人當選為副會長。這一年冬，明暘大和尚又榮任福州雪峰寺的座元和尚。雪峰寺是當時年僅十歲的小明暘最早與之結緣的佛寺，這次故地重來，六十年光陰刹那刹那，轉眼即逝，而世事滄桑，明暘大和尚不禁感慨萬千。這時他心頭似乎確確實實地感到，肩上莊嚴國土，弘法利生的擔子更重了。

一九八六年到一九八七年春，為了進一步培養佛教人才和普及佛學知識，明暘大和尚又先後在龍華寺和佛教居士林、圓明講堂等地講演《佛說八大人覺經》、《在家的律學》、以及《法華經普門品》等經書。佛教居士林和圓明講堂雖然牌子掛的是兩塊，其實地點卻在延安西路的同一座院子裡。

一九八四年到一九八六年這一階段，我師明暘大和尚先後二次參加全國政協宗教組組織的落實宗教政策調查團。在趙樸初團長帶領下，他們一行風塵樸樸，足跡遍布陝西、河南、江蘇、以及武漢、成都、重慶、上海等省市進行實地調查，然後向有關領導部門反映情況，提出建議，為進一步落實宗教政策，做了大量的實際工作。

近幾年來，我師明暘還以七十多歲的高齡，於負責龍華寺觀音殿和羅漢堂重建工作的同時，在龍華寺旁擇地籌建龍華佛教賓館，以便更好地為國內外廣大佛教信仰者和遊客服務。

佛教作為一個國際性宗教，我師明暘在把主要精力集中於國內弘法的同時，還孜孜不倦地致力中外佛事交流和國際友好往來活動。還在一九七九年以來，明暘大和尚就曾多次赴香港、日本、美國等地區和國家，參加各種國際佛教活動，為宣傳弘揚中國佛教事業和維護世界和平，作出了個人的不懈努力。

一九八七年七月中旬，他受中國佛教協會委託，擔任「中國廣濟寺、龍華寺僧伽赴美法務團」團長，率領法師、居士和工作人員一行七十人，去美國加利福尼亞州達摩鎮萬佛聖城如來寺舉行為期七天的「水陸法會」，超荐水陸空亡靈，祈禱世界和平，人民安樂。

目前，明暘法師的法務活動十分繁忙，並在宗教界和社會上擔任了大量的職務。這些職務主要有：①上海龍華寺方丈，②北京廣濟寺方丈，③寧波天童寺方丈，④中國佛教協會副會長，⑤上海市佛教協會副會長，⑥上海佛學院副院長，⑦全國政協常委，⑧上海市政協委員，⑨全國殘疾人福利基金會理事等。

我師明暘自述，從一九五三年圓瑛法師圓寂到現在，是他六十年來弘法利生的第二個時期。在這個時期中，他把所做的主要工作，自我歸結為以下四點：

①一九六二年五月，當圓明講堂第一次恢復時，就恢復了圓瑛法師紀念堂。文革中，講堂和紀念堂遭到破壞。一九八三年五月，圓明講堂和紀念堂第二次又得到恢復。現在的紀念堂，將先師在各個時期弘法利生的情況，通過圖片、報紙、實物、手稿、墨跡等再現於世，

供人瞻仰懷念，使今之佛子能從中汲取智慧和力量。每逢先師誕辰、忌辰，舉行佛七紀念法念法動。

②出版《圓瑛法滙》。在各方面支持下，先師的著作曾經多次印行流通，達十萬冊。文革後又複重印十五種，共二十餘萬冊，滿足了國內外讀者的要求，使四衆弟子均沾利樂，法喜充滿。

③為了發揚先師大乘佛教入世精神，從一九七九年以來，我兩次往香港，四次赴美國，四次到日本參加國際佛教活動，進行交流，增進友誼，對保衛世界和平作出努力。在國內興辦慈善事業上，我能積極向有關方面捐款，修行布施波羅蜜。

④一九八三年初，被推舉為龍華寺方丈後，為繼承先師熱心僧伽教育的精神，創辦龍華寺僧伽培訓班，選擇先師著作，進行教學，造就一批愛國愛教，行解並集的僧才，使慧炬常明，佛日增輝。

眼下已經五月告終，在紅了櫻桃，綠了芭蕉的初夏季節，懷著對老師崇敬的心情揮筆疾書。撰罷此文，老師的形象和事跡在我腦際久久廻蕩……祝老師身心康強，消災延壽，為佛陀的弘法利生事業，散發出更多的光和熱。

大展出版社有限公司	圖書目錄

地址：台北市北投區11204
致遠一路二段12巷1號
郵撥： 0166955～1
電話：(02) 8236031
8236033
傳眞：(02) 8272069

•法律專欄連載•電腦編號58

台大法學院 法律學系／策劃
法律服務社／編著

①別讓您的權利睡著了[1]	180元
②別讓您的權利睡著了[2]	180元

•趣味心理講座•電腦編號15

①性格測驗1	探索男與女	淺野八郎著	140元
②性格測驗2	透視人心奧秘	淺野八郎著	140元
③性格測驗3	發現陌生的自己	淺野八郎著	140元
④性格測驗4	發現你的真面目	淺野八郎著	140元
⑤性格測驗5	讓你們吃驚	淺野八郎著	140元
⑥性格測驗6	洞穿心理盲點	淺野八郎著	140元
⑦性格測驗7	探索對方心理	淺野八郎著	140元
⑧性格測驗8	由吃認識自己	淺野八郎著	140元
⑨性格測驗9	戀愛知多少	淺野八郎著	140元
⑩性格測驗10	由裝扮瞭解人心	淺野八郎著	140元
⑪性格測驗11	敲開內心玄機	淺野八郎著	140元
⑫性格測驗12	透視你的未來	淺野八郎著	140元
⑬血型與你的一生		淺野八郎著	140元
⑭趣味推理遊戲		淺野八郎著	140元

•婦幼天地•電腦編號16

①八萬人減肥成果	黃靜香譯	150元
②三分鐘減肥體操	楊鴻儒譯	130元
③窈窕淑女美髮秘訣	柯素娥譯	130元
④使妳更迷人	成　玉譯	130元
⑤女性的更年期	官舒妍編譯	130元
⑥胎內育兒法	李玉瓊編譯	120元
⑧初次懷孕與生產	婦幼天地編譯組	180元

⑨初次育兒12個月　婦幼天地編譯組　180元
⑩斷乳食與幼兒食　婦幼天地編譯組　180元
⑪培養幼兒能力與性向　婦幼天地編譯組　180元
⑫培養幼兒創造力的玩具與遊戲　婦幼天地編譯組　180元
⑬幼兒的症狀與疾病　婦幼天地編譯組　180元
⑭腿部苗條健美法　婦幼天地編譯組　150元
⑮女性腰痛別忽視　婦幼天地編譯組　150元
⑯舒展身心體操術　李玉瓊編譯　130元
⑰三分鐘臉部體操　趙薇妮著　120元
⑱生動的笑容表情術　趙薇妮著　120元
⑲心曠神怡減肥法　川津祐介著　130元
⑳內衣使妳更美麗　陳玄茹譯　130元
㉑瑜伽美姿美容　黃靜香編著　150元
㉒高雅女性裝扮學　陳珮玲譯　180元

・青春天地・電腦編號17

①A血型與星座　柯素娥編譯　120元
②B血型與星座　柯素娥編譯　120元
③O血型與星座　柯素娥編譯　120元
④AB血型與星座　柯素娥編譯　120元
⑤青春期性教室　呂貴嵐編譯　130元
⑥事半功倍讀書法　王毅希編譯　130元
⑦難解數學破題　宋釗宜編譯　130元
⑧速算解題技巧　宋釗宜編譯　130元
⑨小論文寫作秘訣　林顯茂編譯　120元
⑩視力恢復！超速讀術　江錦雲譯　130元
⑪中學生野外遊戲　熊谷康編著　120元
⑫恐怖極短篇　柯素娥編譯　130元
⑬恐怖夜話　小毛驢編譯　130元
⑭恐怖幽默短篇　小毛驢編譯　120元
⑮黑色幽默短篇　小毛驢編譯　120元
⑯靈異怪談　小毛驢編譯　130元
⑰錯覺遊戲　小毛驢編譯　130元
⑱整人遊戲　小毛驢編譯　120元
⑲有趣的超常識　柯素娥編譯　130元
⑳哦！原來如此　林慶旺編譯　130元
㉑趣味競賽100種　劉名揚編譯　120元
㉒數學謎題入門　宋釗宜編譯　150元
㉓數學謎題解析　宋釗宜編譯　150元
㉔透視男女心理　林慶旺編譯　120元

㉕少女情懷的自白	李桂蘭編譯	120元
㉖由兄弟姊妹看命運	李玉瓊編譯	130元
㉗趣味的科學魔術	林慶旺編譯	150元
㉘趣味的心理實驗室	李燕玲編譯	150元
㉙愛與性心理測驗	小毛驢編譯	130元
㉚刑案推理解謎	小毛驢編譯	130元
㉛偵探常識推理	小毛驢編譯	130元
㉜偵探常識解謎	小毛驢編譯	130元
㉝偵探推理遊戲	小毛驢編譯	130元
㉞趣味的超魔術	廖玉山編著	150元
㉟趣味的珍奇發明	柯素娥編著	150元

•健 康 天 地• 電腦編號18

①壓力的預防與治療	柯素娥編譯	130元
②超科學氣的魔力	柯素娥編譯	130元
③尿療法治病的神奇	中尾良一著	130元
④鐵證如山的尿療法奇蹟	廖玉山譯	120元
⑤一日斷食健康法	葉慈容編譯	120元
⑥胃部強健法	陳炳崑譯	120元
⑦癌症早期檢查法	廖松濤譯	130元
⑧老人痴呆症防止法	柯素娥編譯	130元
⑨松葉汁健康飲料	陳麗芬編譯	130元
⑩揉肚臍健康法	永井秋夫著	150元
⑪過勞死、猝死的預防	卓秀貞編譯	130元
⑫高血壓治療與飲食	藤山順豐著	150元
⑬老人看護指南	柯素娥編譯	150元
⑭美容外科淺談	楊啟宏著	150元
⑮美容外科新境界	楊啟宏著	150元
⑯鹽是天然的醫生	西英司郎著	140元

•實用女性學講座• 電腦編號19

①解讀女性內心世界	島田一男著	150元
②塑造成熟的女性	島田一男著	150元

•校 園 系 列• 電腦編號20

①讀書集中術	多湖輝著	150元
②應考的訣竅	多湖輝著	150元
③輕鬆讀書贏得聯考	多湖輝著	150元

・實用心理學講座・電腦編號21

①拆穿欺騙伎倆	多湖輝著	140元
②創造好構想	多湖輝著	140元
③面對面心理術	多湖輝著	140元
④僞裝心理術	多湖輝著	140元
⑤透視人性弱點	多湖輝著	140元
⑥自我表現術	多湖輝著	150元
⑦不可思議的人性心理	多湖輝著	150元
⑧催眠術入門	多湖輝著	150元
⑨責罵部屬的藝術	多湖輝著	150元
⑩精神力	多湖輝著	150元

・超現實心理講座・電腦編號22

①超意識覺醒法	詹蔚芬編譯	130元
②護摩秘法與人生	劉名揚編譯	130元
③秘法！超級仙術入門	陸　明譯	150元
④給地球人的訊息	柯素娥編著	150元
⑤密教的神通力	劉名揚編著	130元
⑥神秘奇妙的世界	平川陽一著	180元

・養 生 保 健・電腦編號23

①醫療養生氣功	黃孝寬著	250元

・心 靈 雅 集・電腦編號00

①禪言佛語看人生	松濤弘道著	150元
②禪密教的奧秘	葉逯謙譯	120元
③觀音大法力	田口日勝著	120元
④觀音法力的大功德	田口日勝著	120元
⑤達摩禪106智慧	劉華亭編譯	150元
⑥有趣的佛教研究	葉逯謙編譯	120元
⑦夢的開運法	蕭京凌譯	130元
⑧禪學智慧	柯素娥編譯	130元
⑨女性佛教入門	許俐萍譯	110元
⑩佛像小百科	心靈雅集編譯組	130元
⑪佛教小百科趣談	心靈雅集編譯組	120元
⑫佛教小百科漫談	心靈雅集編譯組	150元

⑬佛教知識小百科	心靈雅集編譯組	150元
⑭佛學名言智慧	松濤弘道著	180元
⑮釋迦名言智慧	松濤弘道著	180元
⑯活人禪	平田精耕著	120元
⑰坐禪入門	柯素娥編譯	120元
⑱現代禪悟	柯素娥編譯	130元
⑲道元禪師語錄	心靈雅集編譯組	130元
⑳佛學經典指南	心靈雅集編譯組	130元
㉑何謂「生」　阿含經	心靈雅集編譯組	130元
㉒一切皆空　般若心經	心靈雅集編譯組	130元
㉓超越迷惘　法句經	心靈雅集編譯組	130元
㉔開拓宇宙觀　華嚴經	心靈雅集編譯組	130元
㉕真實之道　法華經	心靈雅集編譯組	130元
㉖自由自在　涅槃經	心靈雅集編譯組	130元
㉗沈默的教示　維摩經	心靈雅集編譯組	130元
㉘開通心眼　佛語佛戒	心靈雅集編譯組	130元
㉙揭秘寶庫　密教經典	心靈雅集編譯組	130元
㉚坐禪與養生	廖松濤譯	110元
㉛釋尊十戒	柯素娥編譯	120元
㉜佛法與神通	劉欣如編著	120元
㉝悟（正法眼藏的世界）	柯素娥編譯	120元
㉞只管打坐	劉欣如編譯	120元
㉟喬答摩・佛陀傳	劉欣如編著	120元
㊱唐玄奘留學記	劉欣如編譯	120元
㊲佛教的人生觀	劉欣如編譯	110元
㊳無門關（上卷）	心靈雅集編譯組	150元
㊴無門關（下卷）	心靈雅集編譯組	150元
㊵業的思想	劉欣如編著	130元
㊶佛法難學嗎	劉欣如著	140元
㊷佛法實用嗎	劉欣如著	140元
㊸佛法殊勝嗎	劉欣如著	140元
㊹因果報應法則	李常傳編	140元
㊺佛教醫學的奧秘	劉欣如編著	150元
㊻紅塵絕唱	海　若著	130元
㊼佛教生活風情	洪丕謨、姜玉珍著	220元

・經 營 管 理・電腦編號01

◎創新經營六十六大計（精）	蔡弘文編	780元
①如何獲取生意情報	蘇燕謀譯	110元
②經濟常識問答	蘇燕謀譯	130元

③股票致富68秘訣	簡文祥譯	100元
④台灣商戰風雲錄	陳中雄著	120元
⑤推銷大王秘錄	原一平著	100元
⑥新創意・賺大錢	王家成譯	90元
⑦工廠管理新手法	琪　輝著	120元
⑧奇蹟推銷術	蘇燕謀譯	100元
⑨經營參謀	柯順隆譯	120元
⑩美國實業24小時	柯順隆譯	80元
⑪撼動人心的推銷法	原一平著	120元
⑫高竿經營法	蔡弘文編	120元
⑬如何掌握顧客	柯順隆譯	150元
⑭一等一賺錢策略	蔡弘文編	120元
⑯成功經營妙方	鐘文訓著	120元
⑰一流的管理	蔡弘文編	150元
⑱外國人看中韓經濟	劉華亭譯	150元
⑲企業不良幹部群相	琪輝編著	120元
⑳突破商場人際學	林振輝編著	90元
㉑無中生有術	琪輝編著	140元
㉒如何使女人打開錢包	林振輝編著	100元
㉓操縱上司術	邑井操著	90元
㉔小公司經營策略	王嘉誠著	100元
㉕成功的會議技巧	鐘文訓編譯	100元
㉖新時代老闆學	黃柏松編著	100元
㉗如何創造商場智囊團	林振輝編譯	150元
㉘十分鐘推銷術	林振輝編譯	120元
㉙五分鐘育才	黃柏松編譯	100元
㉚成功商場戰術	陸明編譯	100元
㉛商場談話技巧	劉華亭編譯	120元
㉜企業帝王學	鐘文訓譯	90元
㉝自我經濟學	廖松濤編譯	100元
㉞一流的經營	陶田生編著	120元
㉟女性職員管理術	王昭國編譯	120元
㊱ＩＢＭ的人事管理	鐘文訓編譯	150元
㊲現代電腦常識	王昭國編譯	150元
㊳電腦管理的危機	鐘文訓編譯	120元
㊴如何發揮廣告效果	王昭國編譯	150元
㊵最新管理技巧	王昭國編譯	150元
㊶一流推銷術	廖松濤編譯	120元
㊷包裝與促銷技巧	王昭國編譯	130元
㊸企業王國指揮塔	松下幸之助著	120元
㊹企業精銳兵團	松下幸之助著	120元

㊺企業人事管理	松下幸之助著	100元
㊻華僑經商致富術	廖松濤編譯	130元
㊼豐田式銷售技巧	廖松濤編譯	120元
㊽如何掌握銷售技巧	王昭國編著	130元
㊿洞燭機先的經營	鐘文訓編譯	150元
52新世紀的服務業	鐘文訓編譯	100元
53成功的領導者	廖松濤編譯	120元
54女推銷員成功術	李玉瓊編譯	130元
55ＩＢＭ人才培育術	鐘文訓編譯	100元
56企業人自我突破法	黃琪輝編著	150元
58財富開發術	蔡弘文編著	130元
59成功的店舖設計	鐘文訓編著	150元
61企管回春法	蔡弘文編著	130元
62小企業經營指南	鐘文訓編譯	100元
63商場致勝名言	鐘文訓編譯	150元
64迎接商業新時代	廖松濤編譯	100元
66新手股票投資入門	何朝乾　編	180元
67上揚股與下跌股	何朝乾編譯	150元
68股票速成學	何朝乾編譯	180元
69理財與股票投資策略	黃俊豪編著	180元
70黃金投資策略	黃俊豪編著	180元
71厚黑管理學	廖松濤編譯	180元
72股市致勝格言	呂梅莎編譯	180元
73透視西武集團	林谷燁編譯	150元
76巡迴行銷術	陳蒼杰譯	150元
77推銷的魔術	王嘉誠譯	120元
7860秒指導部屬	周蓮芬編譯	150元
79精銳女推銷員特訓	李玉瓊編譯	130元
80企劃、提案、報告圖表的技巧	鄭　汶　譯	180元
81海外不動產投資	許達守編譯	150元
82八百件的世界策略	李玉瓊譯	150元
83服務業品質管理	吳宜芬譯	180元
84零庫存銷售	黃東謙編譯	150元
85三分鐘推銷管理	劉名揚編譯	150元
86推銷大王奮鬥史	原一平著	150元
87豐田汽車的生產管理	林谷燁編譯	150元

•成功寶庫• 電腦編號02

①上班族交際術	江森滋著	100元
②拍馬屁訣竅	廖玉山編譯	110元

④聽話的藝術	歐陽輝編譯	110元
⑨求職轉業成功術	陳　義編著	110元
⑩上班族禮儀	廖玉山編著	120元
⑪接近心理學	李玉瓊編著	100元
⑫創造自信的新人生	廖松濤編著	120元
⑭上班族如何出人頭地	廖松濤編著	100元
⑮神奇瞬間瞑想法	廖松濤編譯	100元
⑯人生成功之鑰	楊意苓編著	150元
⑱潛在心理術	多湖輝　著	100元
⑲給企業人的諍言	鐘文訓編著	120元
⑳企業家自律訓練法	陳　義編譯	100元
㉑上班族妖怪學	廖松濤編著	100元
㉒猶太人縱橫世界的奇蹟	孟佑政編著	110元
㉓訪問推銷術	黃静香編著	130元
㉕你是上班族中強者	嚴思圖編著	100元
㉖向失敗挑戰	黃静香編著	100元
㉙機智應對術	李玉瓊編著	130元
㉚成功頓悟100則	蕭京凌編譯	130元
㉛掌握好運100則	蕭京凌編譯	110元
㉜知性幽默	李玉瓊編譯	130元
㉝熟記對方絕招	黃静香編譯	100元
㉞男性成功秘訣	陳蒼杰編譯	130元
㊱業務員成功秘方	李玉瓊編著	120元
㊲察言觀色的技巧	劉華亭編著	130元
㊳一流領導力	施義彥編譯	120元
㊴一流說服力	李玉瓊編著	130元
㊵30秒鐘推銷術	廖松濤編譯	120元
㊶猶太成功商法	周蓮芬編譯	120元
㊷尖端時代行銷策略	陳蒼杰編著	100元
㊸顧客管理學	廖松濤編著	100元
㊹如何使對方說Yes	程　羲編著	150元
㊺如何提高工作效率	劉華亭編著	150元
㊼上班族口才學	楊鴻儒譯	120元
㊽上班族新鮮人須知	程　羲編著	120元
㊾如何左右逢源	程　羲編著	130元
㊿語言的心理戰	多湖輝著	130元
51扣人心弦演說術	劉名揚編著	120元
53如何增進記憶力、集中力	廖松濤譯	130元
55性惡企業管理學	陳蒼杰譯	130元
56自我啟發200招	楊鴻儒編著	150元
57做個傑出女職員	劉名揚編著	130元

㊿靈活的集團營運術	楊鴻儒編著	120元
⑩個案研究活用法	楊鴻儒編著	130元
⑪企業教育訓練遊戲	楊鴻儒編著	120元
⑫管理者的智慧	程　義編譯	130元
⑬做個佼佼管理者	馬筱莉編譯	130元
⑭智慧型說話技巧	沈永嘉編譯	130元
⑯活用佛學於經營	松濤弘道著	150元
⑰活用禪學於企業	柯素娥編譯	130元
⑱詭辯的智慧	沈永嘉編譯	130元
⑲幽默詭辯術	廖玉山編譯	130元
⑳拿破崙智慧箴言	柯素娥編譯	130元
㉑自我培育・超越	蕭京凌編譯	150元
㉒深層心理術	多湖輝著	130元
㉓深層語言術	多湖輝著	130元
㉔時間即一切	沈永嘉編譯	130元
㉕自我脫胎換骨	柯素娥譯	150元
㉖贏在起跑點—人才培育鐵則	楊鴻儒編譯	150元
㉗做一枚活棋	李玉瓊編譯	130元
㉘面試成功戰略	柯素娥編譯	130元
㉙自我介紹與社交禮儀	柯素娥編譯	130元
㉚說NO的技巧	廖玉山編譯	130元
㉛瞬間攻破心防法	廖玉山編譯	120元
㉜改變一生的名言	李玉瓊編譯	130元
㉝性格性向創前程	楊鴻儒編譯	130元
㉞訪問行銷新竅門	廖玉山編譯	150元
㉟無所不達的推銷話術	李玉瓊編譯	150元

・處世智慧・電腦編號03

①如何改變你自己	陸明編譯	120元
②人性心理陷阱	多湖輝著	90元
④幽默說話術	林振輝編譯	120元
⑤讀書36計	黃柏松編譯	120元
⑥靈感成功術	譚繼山編譯	80元
⑧扭轉一生的五分鐘	黃柏松編譯	100元
⑨知人、知面、知其心	林振輝譯	110元
⑩現代人的詭計	林振輝譯	100元
⑫如何利用你的時間	蘇遠謀譯	80元
⑬口才必勝術	黃柏松編譯	120元
⑭女性的智慧	譚繼山編譯	90元
⑮如何突破孤獨	張文志編譯	80元

⑯人生的體驗	陸明編譯	80元
⑰微笑社交術	張芳明譯	90元
⑱幽默吹牛術	金子登著	90元
⑲攻心說服術	多湖輝著	100元
⑳當機立斷	陸明編譯	70元
㉑勝利者的戰略	宋恩臨編譯	80元
㉒如何交朋友	安紀芳編著	70元
㉓鬥智奇謀（諸葛孔明兵法）	陳炳崑著	70元
㉔慧心良言	亦　奇著	80元
㉕名家慧語	蔡逸鴻主編	90元
㉗稱霸者啟示金言	黃柏松編譯	90元
㉘如何發揮你的潛能	陸明編譯	90元
㉙女人身態語言學	李常傳譯	130元
㉚摸透女人心	張文志譯	90元
㉛現代戀愛秘訣	王家成譯	70元
㉜給女人的悄悄話	妮倩編譯	90元
㉞如何開拓快樂人生	陸明編譯	90元
㉟驚人時間活用法	鐘文訓譯	80元
㊱成功的捷徑	鐘文訓譯	70元
㊲幽默逗笑術	林振輝著	120元
㊳活用血型讀書法	陳炳崑譯	80元
㊴心　燈	葉于模著	100元
㊵當心受騙	林顯茂譯	90元
㊶心・體・命運	蘇燕謀譯	70元
㊷如何使頭腦更敏銳	陸明編譯	70元
㊸宮本武藏五輪書金言錄	宮本武藏著	100元
㊹厚黑說服術	多湖輝著	90元
㊺勇者的智慧	黃柏松編譯	80元
㊼成熟的愛	林振輝譯	120元
㊽現代女性駕馭術	蔡德華著	90元
㊾禁忌遊戲	酒井潔著	90元
52摸透男人心	劉華亭編譯	80元
53如何達成願望	謝世輝著	90元
54創造奇蹟的「想念法」	謝世輝著	90元
55創造成功奇蹟	謝世輝著	90元
56男女幽默趣典	劉華亭譯	90元
57幻想與成功	廖松濤譯	80元
58反派角色的啟示	廖松濤編譯	70元
59現代女性須知	劉華亭編著	75元
61機智說話術	劉華亭編譯	100元
62如何突破內向	姜倩怡編譯	110元

㊴讀心術入門	王家成編譯	100元
㊵如何解除內心壓力	林美羽編著	110元
㊶取信於人的技巧	多湖輝著	110元
㊷如何培養堅強的自我	林美羽編著	90元
㊸自我能力的開拓	卓一凡編著	110元
⑩縱橫交涉術	嚴思圖編著	90元
⑪如何培養妳的魅力	劉文珊編著	90元
⑫魅力的力量	姜倩怡編著	90元
⑬金錢心理學	多湖輝著	100元
⑭語言的圈套	多湖輝著	110元
⑮個性膽怯者的成功術	廖松濤編譯	100元
⑯人性的光輝	文可式編著	90元
⑱驚人的速讀術	鐘文訓編譯	90元
⑲培養靈敏頭腦秘訣	廖玉山編著	90元
⑳夜晚心理術	鄭秀美編譯	80元
㉑如何做個成熟的女性	李玉瓊編著	80元
㉒現代女性成功術	劉文珊編著	90元
㉓成功說話技巧	梁惠珠編譯	100元
㉔人生的真諦	鐘文訓編譯	100元
㉕妳是人見人愛的女孩	廖松濤編著	120元
㉗指尖・頭腦體操	蕭京凌編譯	90元
㉘電話應對禮儀	蕭京凌編著	90元
㉙自我表現的威力	廖松濤編譯	100元
㉚名人名語啟示錄	喬家楓編著	100元
㉛男與女的哲思	程鐘梅編譯	110元
㉜靈思慧語	牧　風著	110元
㉝心靈夜語	牧　風著	100元
㉞激盪腦力訓練	廖松濤編譯	100元
㉟三分鐘頭腦活性法	廖玉山編譯	110元
㊱星期一的智慧	廖玉山編譯	100元
㊲溝通說服術	賴文琇編譯	100元
㊳超速讀超記憶法	廖松濤編譯	120元

・健康與美容・電腦編號04

①B型肝炎預防與治療	曾慧琪譯	130元
③媚酒傳（中國王朝秘酒）	陸明主編	120元
④藥酒與健康果菜汁	成玉主編	150元
⑤中國回春健康術	蔡一藩著	100元
⑥奇蹟的斷食療法	蘇燕謀譯	110元
⑧健美食物法	陳炳崑譯	120元

⑨驚異的漢方療法	唐龍編著	90元
⑩不老強精食	唐龍編著	100元
⑪經脈美容法	月乃桂子著	90元
⑫五分鐘跳繩健身法	蘇明達譯	100元
⑬睡眠健康法	王家成譯	80元
⑭你就是名醫	張芳明譯	90元
⑮如何保護你的眼睛	蘇燕謀譯	70元
⑯自我指壓術	今井義晴著	120元
⑰室內身體鍛鍊法	陳炳崑譯	100元
⑲釋迦長壽健康法	譚繼山譯	90元
⑳腳部按摩健康法	譚繼山譯	120元
㉑自律健康法	蘇明達譯	90元
㉓身心保健座右銘	張仁福著	160元
㉔腦中風家庭看護與運動治療	林振輝譯	100元
㉕秘傳醫學人相術	成玉主編	120元
㉖導引術入門⑴治療慢性病	成玉主編	110元
㉗導引術入門⑵健康・美容	成玉主編	110元
㉘導引術入門⑶身心健康法	成玉主編	110元
㉙妙用靈藥・蘆薈	李常傳譯	90元
㉚萬病回春百科	吳通華著	150元
㉛初次懷孕的10個月	成玉編譯	100元
㉜中國秘傳氣功治百病	陳炳崑編譯	130元
㉞仙人成仙術	陸明編譯	100元
㉟仙人長生不老學	陸明編譯	100元
㊱釋迦秘傳米粒刺激法	鐘文訓譯	120元
㊲痔・治療與預防	陸明編譯	130元
㊳自我防身絕技	陳炳崑編譯	120元
㊴運動不足時疲勞消除法	廖松濤譯	110元
㊵三溫暖健康法	鐘文訓編譯	90元
㊷維他命C新效果	鐘文訓譯	90元
㊸維他命與健康	鐘文訓譯	120元
㊺森林浴—綠的健康法	劉華亭編譯	80元
㊼導引術入門⑷酒浴健康法	成玉主編	90元
㊽導引術入門⑸不老回春法	成玉主編	90元
㊾山白竹（劍竹）健康法	鐘文訓譯	90元
㊿解救你的心臟	鐘文訓編譯	100元
51牙齒保健法	廖玉山譯	90元
52超人氣功法	陸明編譯	110元
53超能力秘密開發法	廖松濤譯	80元
54借力的奇蹟⑴	力拔山著	100元
55借力的奇蹟⑵	力拔山著	100元

㊱五分鐘小睡健康法	呂添發撰	100元
㊲禿髮、白髮預防與治療	陳炳崑撰	100元
㊳吃出健康藥膳	劉大器著	100元
㊴艾草健康法	張汝明編譯	90元
㊵一分鐘健康診斷	蕭京凌編譯	90元
㊶念術入門	黃静香編譯	90元
㊷念術健康法	黃静香編譯	90元
㊸健身回春法	梁惠珠編譯	100元
㊹姿勢養生法	黃秀娟編譯	90元
㊺仙人瞑想法	鐘文訓譯	120元
㊻人蔘的神效	林慶旺譯	100元
㊼奇穴治百病	吳通華著	120元
㊽中國傳統健康法	靳海東著	100元
㊾下半身減肥法	納他夏・史達賓著	110元
㊿使妳的肌膚更亮麗	楊　皓編譯	100元
71酵素健康法	楊　皓編譯	120元
73腰痛預防與治療	五味雅吉著	100元
74如何預防心臟病・腦中風	譚定長等著	100元
75少女的生理秘密	蕭京凌譯	120元
76頭部按摩與針灸	楊鴻儒譯	100元
77雙極療術入門	林聖道著	100元
78氣功自療法	梁景蓮著	100元
79大蒜健康法	李玉瓊編譯	100元
80紅蘿蔔汁斷食療法	李玉瓊譯	120元
81健胸美容秘訣	黃靜香譯	100元
82鍺奇蹟療效	林宏儒譯	120元
83三分鐘健身運動	廖玉山譯	120元
84尿療法的奇蹟	廖玉山譯	120元
85神奇的聚積療法	廖玉山譯	120元
86預防運動傷害伸展體操	楊鴻儒編譯	120元
87糖尿病預防與治療	石莉涓譯	150元
88五日就能改變你	柯素娥譯	110元
89三分鐘氣功健康法	陳美華譯	120元
90痛風劇痛消除法	余昇凌譯	120元
91道家氣功術	早島正雄著	130元
92氣功減肥術	早島正雄著	120元
93超能力氣功法	柯素娥譯	130元
94氣的瞑想法	早島正雄著	120元

・家庭／生活・電腦編號05

①單身女郎生活經驗談	廖玉山編著	100元
②血型・人際關係	黃静編著	120元
③血型・妻子	黃静編著	110元
④血型・丈夫	廖玉山編譯	130元
⑤血型・升學考試	沈永嘉編譯	120元
⑥血型・臉型・愛情	鐘文訓編譯	120元
⑦現代社交須知	廖松濤編譯	100元
⑧簡易家庭按摩	鐘文訓編譯	150元
⑨圖解家庭看護	廖玉山編譯	120元
⑩生男育女隨心所欲	岡正基編著	120元
⑪家庭急救治療法	鐘文訓編著	100元
⑫新孕婦體操	林曉鐘譯	120元
⑬從食物改變個性	廖玉山編譯	100元
⑭藥草的自然療法	東城百合子著	200元
⑮糙米菜食與健康料理	東城百合子著	元
⑯現代人的婚姻危機	黃　静編著	90元
⑰親子遊戲　0歲	林慶旺編譯	100元
⑱親子遊戲　1～2歲	林慶旺編譯	110元
⑲親子遊戲　3歲	林慶旺編譯	100元
⑳女性醫學新知	林曉鐘編譯	130元
㉑媽媽與嬰兒	張汝明編譯	150元
㉒生活智慧百科	黃　静編譯	100元
㉓手相・健康・你	林曉鐘編譯	120元
㉔菜食與健康	張汝明編譯	110元
㉕家庭素食料理	陳東達著	140元
㉖性能力活用秘法	米開・尼里著	130元
㉗兩性之間	林慶旺編譯	120元
㉘性感經穴健康法	蕭京凌編譯	110元
㉙幼兒推拿健康法	蕭京凌編譯	100元
㉚談中國料理	丁秀山編著	100元
㉛舌技入門	增田豐　著	130元
㉜預防癌症的飲食法	黃静香編譯	150元
㉝性與健康寶典	黃静香編譯	180元
㉞正確避孕法	蕭京凌編譯	130元
㉟吃的更漂亮美容食譜	楊萬里著	120元
㊱圖解交際舞速成	鐘文訓編譯	150元
㊲觀相導引術	沈永嘉譯	130元
㊳初為人母12個月	陳義譯	130元

㊴圖解痲將入門	顧安行編譯	130元
㊵痲將必勝秘訣	石利夫編譯	130元
㊶女性一生與漢方	蕭京凌編譯	100元
㊷家電的使用與修護	鐘文訓編譯	130元
㊸錯誤的家庭醫療法	鐘文訓編譯	100元
㊹簡易防身術	陳慧珍編譯	130元
㊺茶健康法	鐘文訓編譯	130元
㊼生活的藝術	沈永嘉編著	120元
㊽雜草雜果健康法	沈永嘉編著	120元
㊾如何選擇理想妻子	荒谷慈著	110元
㊿如何選擇理想丈夫	荒谷慈著	110元
51中國食與性的智慧	根本光人著	150元
52開運法話	陳宏男譯	100元
53禪語經典＜上＞	平田精耕著	150元
54禪語經典＜下＞	平田精耕著	150元
55手掌按摩健康法	鐘文訓譯	150元
56脚底按摩健康法	鐘文訓譯	150元
57仙道運氣健身法	高藤聰一郎著	150元
58健心、健體呼吸法	蕭京凌譯	120元
59自彊術入門	蕭京凌譯	120元
60指技入門	增田豐著	130元
61下半身鍛鍊法	增田豐著	150元
62表象式學舞法	黃靜香編譯	180元
63圖解家庭瑜伽	鐘文訓譯	130元
64食物治療寶典	黃靜香編譯	130元
65智障兒保育入門	楊鴻儒譯	130元
66自閉兒童指導入門	楊鴻儒譯	150元
67乳癌發現與治療	黃靜香譯	130元
68盆栽培養與欣賞	廖啟新編譯	150元
69世界手語入門	蕭京凌編譯	150元
70賽馬必勝法	李錦雀編譯	200元
71中藥健康粥	蕭京凌編譯	120元
72健康食品指南	劉文珊編譯	130元
73健康長壽飲食法	鐘文訓編譯	150元
74夜生活規則	增田豐著	120元
75自製家庭食品	鐘文訓編譯	180元
76仙道帝王招財術	廖玉山譯	130元
77「氣」的蓄財術	劉名揚譯	130元
78佛教健康法入門	劉名揚譯	130元
79男女健康醫學	郭汝蘭譯	150元
80成功的果樹培育法	張煌編譯	130元

㉛實用家庭菜園	孔翔儀編譯	130元
㉜氣與中國飲食法	柯素娥編譯	130元
㉝世界生活趣譚	林其英著	160元
㉞胎教二八〇天	鄭淑美譯	180元
㉟酒自己動手釀	柯素娥編著	160元

・命理與預言・電腦編號06

①星座算命術	張文志譯	120元
③圖解命運學	陸明編著	100元
④中國秘傳面相術	陳炳崑編著	110元
⑤輪迴法則（生命轉生的秘密）	五島勉著	80元
⑥命名彙典	水雲居士編著	100元
⑦簡明紫微斗術命運學	唐龍編著	130元
⑧住宅風水吉凶判斷法	琪輝編譯	120元
⑨鬼谷算命秘術	鬼谷子著	150元
⑫簡明四柱推命學	李常傳編譯	150元
⑭十二支命相學	王家成譯	80元
⑮啟示錄中的世界末日	蘇燕謀編譯	80元
⑯簡明易占學	黃小娥著	100元
⑰指紋算命學	邱夢蕾譯	90元
⑱樸克牌占卜入門	王家成譯	100元
⑲Ａ血型與十二生肖	鄒雲英編譯	90元
⑳Ｂ血型與十二生肖	鄒雲英編譯	90元
㉑Ｏ血型與十二生肖	鄒雲英編譯	100元
㉒ＡＢ血型與十二生肖	鄒雲英編譯	90元
㉓筆跡占卜學	周子敬著	120元
㉔神秘消失的人類	林達中譯	80元
㉕世界之謎與怪談	陳炳崑譯	80元
㉖符咒術入門	柳玉山人編	100元
㉗神奇的白符咒	柳玉山人編	160元
㉘神奇的紫符咒	柳玉山人編	120元
㉙秘咒魔法開運術	吳慧鈴編譯	180元
㉚中國式面相學入門	蕭京凌編著	90元
㉛改變命運的手相術	鐘文訓編著	120元
㉜黃帝手相占術	鮑黎明著	130元
㉝惡魔的咒法	杜美芳譯	150元
㉞脚相開運術	王瑞禎譯	130元
㉟面相開運術	許麗玲譯	150元
㊱房屋風水與運勢	邱震睿編譯	160元
㊲商店風水與運勢	邱震睿編譯	130元

㊳諸葛流天文遁甲	巫立華譯	150元
㊴聖帝五龍占術	廖玉山譯	180元
㊵萬能神算	張助馨編著	120元
㊶神祕的前世占卜	劉名揚譯	150元
㊷諸葛流奇門遁甲	巫立華譯	150元
㊸諸葛流四柱推命	巫立華譯	180元

•教養特輯• 電腦編號07

①管教子女絕招	多湖輝著	70元
⑤如何教育幼兒	林振輝譯	80元
⑥看圖學英文	陳炳崑編著	90元
⑦關心孩子的眼睛	陸明編	70元
⑧如何生育優秀下一代	邱夢蕾編著	100元
⑨父母如何與子女相處	安紀芳編譯	80元
⑩現代育兒指南	劉華亭編譯	90元
⑫如何培養自立的下一代	黃静香編譯	80元
⑬使用雙手增強腦力	沈永嘉編譯	70元
⑭教養孩子的母親暗示法	多湖輝著	90元
⑮奇蹟教養法	鐘文訓編譯	90元
⑯慈父嚴母的時代	多湖輝著	90元
⑰如何發現問題兒童的才智	林慶旺譯	100元
⑱再見！夜尿症	黃静香編譯	90元
⑲育兒新智慧	黃静編譯	90元
⑳長子培育術	劉華亭編譯	80元
㉑親子運動遊戲	蕭京凌編譯	90元
㉒一分鐘刺激會話法	鐘文訓編著	90元
㉓啟發孩子讀書的興趣	李玉瓊編著	100元
㉔如何使孩子更聰明	黃静編著	100元
㉕３•４歲育兒寶典	黃静香編譯	100元
㉖一對一教育法	林振輝編譯	100元
㉗母親的七大過失	鐘文訓編譯	100元
㉘幼兒才能開發測驗	蕭京凌編譯	100元
㉙教養孩子的智慧之眼	黃静香編譯	100元
㉚如何創造天才兒童	林振輝編譯	90元
㉛如何使孩子數學滿點	林明嬋編著	100元

•消遣特輯• 電腦編號08

①小動物飼養秘訣	徐道政譯	120元
②狗的飼養與訓練	張文志譯	100元

③四季釣魚法	釣朋會編	120元
④鴿的飼養與訓練	林振輝譯	120元
⑤金魚飼養法	鐘文訓編譯	130元
⑥熱帶魚飼養法	鐘文訓編譯	180元
⑦有趣的科學（動腦時間）	蘇燕謀譯	70元
⑧妙事多多	金家驊編譯	80元
⑨有趣的性知識	蘇燕謀編譯	100元
⑩圖解攝影技巧	譚繼山編譯	220元
⑪100種小鳥養育法	譚繼山編譯	200元
⑫樸克牌遊戲與贏牌秘訣	林振輝編譯	120元
⑬遊戲與餘興節目	廖松濤編著	100元
⑭樸克牌魔術・算命・遊戲	林振輝編譯	100元
⑯世界怪動物之謎	王家成譯	90元
⑰有趣智商測驗	譚繼山譯	120元
⑲絕妙電話遊戲	開心俱樂部著	80元
⑳透視超能力	廖玉山譯	90元
㉑戶外登山野營	劉青篁編譯	90元
㉒測驗你的智力	蕭京凌編著	90元
㉓有趣數字遊戲	廖玉山編著	90元
㉔巴士旅行遊戲	陳羲編著	110元
㉕快樂的生活常識	林泰彥編著	90元
㉖室內室外遊戲	蕭京凌編著	110元
㉗神奇的火柴棒測驗術	廖玉山編著	100元
㉘醫學趣味問答	陸明編譯	90元
㉙樸克牌單人遊戲	周蓮芬編譯	100元
㉚靈驗樸克牌占卜	周蓮芬編譯	120元
㉜性趣無窮	蕭京凌編譯	110元
㉝歡樂遊戲手册	張汝明編譯	100元
㉞美國技藝大全	程玫立編譯	100元
㉟聚會即興表演	高育強編譯	90元
㊱恐怖幽默	幽默選集編譯組	120元
㊲兩性幽默	幽默選集編譯組	100元
㊹藝術家幽默	幽默選集編譯組	100元
㊺旅遊幽默	幽默選集編譯組	100元
㊻投機幽默	幽默選集編譯組	100元
㊼異色幽默	幽默選集編譯組	100元
㊽青春幽默	幽默選集編譯組	100元
㊾焦點幽默	幽默選集編譯組	100元
㊿政治幽默	幽默選集編譯組	130元
(51)美國式幽默	幽默選集編譯組	130元

・語文特輯・電腦編號09

①日本話1000句速成	王復華編著	30元
②美國話1000句速成	吳銘編著	30元
③美國話1000句速成　附卡帶		220元
④日本話1000句速成　附卡帶		220元

・武術特輯・電腦編號10

①陳式太極拳入門	馮志強編著	元
②武式太極拳	郝少如編著	元
③練功十八法入門	蕭京凌編著	120元
④教門長拳	蕭京凌編譯	150元
⑤跆拳道	蕭京凌編譯	150元
⑥正傳合氣道	程曉鈴譯	150元
⑦圖解雙節棍	陳銘遠著	150元
⑧格門空手道	鄭旭旭編著	180元
⑨實用跆拳道	陳國榮編著	180元
⑩武術初學指南	李文英、解守德編著	元

・趣味益智百科・電腦編號11

①宇宙和星辰的奧妙	林振輝譯	70元
②神奇魔術入門	陳炳崑譯	70元
③智商180訓練金頭腦	徐道政譯	90元
④趣味遊戲107入門	徐道政譯	60元
⑤漫畫入門	張芳明譯	70元
⑥氣象觀測入門	陳炳崑譯	50元
⑦圖解游泳入門	黃慶篤譯	80元
⑧野外露營指南	林振輝譯	60元
⑨少女派對入門	陳昱仁譯	70元
⑩簡易勞作入門	陳昱仁譯	70元
⑪手製玩具入門	趣味百科編譯組	80元
⑫圖解遊戲百科	趣味百科編譯組	70元
⑬奇妙火柴棒遊戲	趣味百科編譯組	70元
⑭奇妙手指遊戲	趣味百科編譯組	70元
⑮快樂的勞作—走	趣味百科編譯組	70元
⑯快樂的勞作—動	趣味百科編譯組	70元
⑰快樂的勞作—飛	趣味百科編譯組	70元
⑱不可思議的恐龍	趣味百科編譯組	70元

國立中央圖書館出版品預行編目資料

佛教生活風情 / 洪丕謨,姜玉珍著. — 初版. —
臺北市 : 大展, 民83
面 ; 公分. — (心靈雅集 ; 47)

ISBN 957-557-454-0(平裝)

1. 佛教 - 信仰錄

225.8 83005911

行政院新聞局局版臺陸字
第100127號核准

ISBN 957-557-454-0

佛教生活風情

著　者／洪 丕 謨
　　　／姜 玉 珍
發行人／蔡 森 明
出版者／大展出版社有限公司
社　址／台北市北投區（石牌）
　　　致遠一路二段12巷1號
電　話／（02）8236031・8236033
傳　眞／（02）8272069
郵政劃撥／0166955－1
登記證／局版臺業字第2171號

法律顧問／劉 鈞 男 律師
承印者／高星企業有限公司
裝　訂／日新裝訂所
排版者／千賓電腦打字有限公司
電　話／（02）8836052
初　版／1994年（民83年）8月
定　價／220元